Thesis-ABC

In 31 Tagen zur Bachelorarbeit
oder Masterarbeit

von Silvio Gerlach

4. Auflage

W0192121

STUDEO VERLAG BERLIN

Die Deutsche Bibliothek — CIP Einheitsaufnahme

Gerlach, Silvio:

Thesis-ABC - In 31 Tagen zur Bachelorarbeit oder Masterarbeit/von Silvio Gerlach. 4. Aufl. Berlin: Studeo® Verlag, 2017

ISBN 978-3-936875-87-4 Studeo® Verlag Berlin

ISBN 978-3-936875-87-4

© Studeo® Verlag Berlin 2019

 **Aristolo**

Inhalt

Vorwort

„Ich will nur noch fertig werden! Die Note ist mir egal." Geht's Dir auch so? Dann bist Du nicht allein. Eigentlich ist das Ende des Studiums ja ein Grund zur Freude und auch ein stolzer Moment... Wenn nur diese eine Sache nicht wäre, diese 40 bis 60 Seiten Text, die Du noch schreiben musst. Das Leben könnte so schön sein...
Das Thesis-ABC bringt Dir die Freude und den Stolz zurück, mit dem 31 Tage Masterplan, mit Anleitungen, Beispielen, Musterformulierungen und vielen Tipps.

Die Idee des Thesis-ABC ist simpel:

- Warum??? Beantworte VOR jedem Schritt oder Sprint das WARUM?
- Definiere ein greifbares **Ziel**, im Exposé oder im Text!!!
- Schau Dir die Techniken und Beispiele in den Meilensteinen und Sprints an.
- Fang an und höre erst mit der fertigen Thesis auf, nach ungefähr 31 Tagen Arbeit.

Das Ergebnis dieses Vorgehens: **STÄNDIGE ERFOLGSERLEBNISSE durch sichtbare Ergebnisse.**
Und zu allem glücklichen Überfluss wird Deine Note damit auch sehr gut. Du erreichst Dein Ziel (Ich will endlich fertig werden!) und sogar noch mehr (Ich habe meine Bestnote!)
Fang also am besten gleich an und werde fertig, mit Bestnote.

Gutes Gelingen wünscht

Silvio Gerlach
Berlin, im Oktober 2017

MEILENSTEIN 1:
Thema, Quellen.
Leitfrage gefunden!

MEILENSTEIN 1:
Thema, Quellen. Leitfrage gefunden!

WARUM?	Du willst einen Anfang.
Dein Ziel?	Ja, ich bin bereit!
Dauer	26 h = 3,25 Arbeitstage

Sprint 1: WARUM schreibe ich die Thesis?
– Formuliere Ziel und Motiv

WARUM?	Du willst ein klares Ziel und Motiv für das Projekt
Dein Ziel?	...ist ein Motiv, das Dich durch das Projekt trägt. Dann kannst Du fast alles ertragen.
Dauer	15 Minuten = 0,25 h

Wie kläre ich das Ziel und Motiv für mich?

Ich will die Thesis schreiben, weil... vollende den Satz. Vielleicht denkst Du, das ist doch klar, ich will endlich fertig werden... Das wars. Aber warum dauert das Ganze trotzdem so lange? Weil Du ein KONKRETES Ziel brauchst. Dann fällt Dir alles leichter.

Was könnte Dich also motivieren?

- weil Du am 1. des Monats Mai oder Sept. oder Dez. etc. einen neuen Job anfängst...
- weil in genau drei Monaten Deine Geldquelle versiegt ist...
- weil Du es Person XY zeigen willst...

- weil auf Dich eine neue Stelle oder ein neues Projekt in Deiner Firma warten…
- weil Du schneller als Person AB sein willst…
- weil Du eine sehr gute Note brauchst, wegen einer Wette oder was auch immer…

Egal, was es ist. Formuliere Dein Ziel so KONKRET wie möglich. Eine Reise oder Hochzeit tun es auch… Hänge Dir den Satz an die Wand: Ich will die Thesis fertig haben, weil…

Das Wichtigste auf einen Blick:

1. Stell Dir unbedingt die Frage, WARUM will ich die Thesis fertig haben?
2. Nimm Dir Zeit für die Antwort. Aber auch nicht zu lange ☺
3. Setze Dir ein Anschlussprojekt. Das ist am einfachsten.

Mögliche „Mini"-Sprints (Änderungen, Ergänzungen):

Dein Motiv könnte noch verfeinert werden. Aber an sich sollte es stabil bleiben.

Sprint 2: BEI WEM schreibe ich? – Entscheide über Betreuer und Fach

WARUM?	Du willst die passenden Betreuer.
Dein Ziel?	...ist EIN Erst-Betreuer und eventuell Zweitbetreuer.
Was steht danach NEU im Exposé?	Der Betreuer steht auf dem Deckblatt.
Dauer	1 h

Nach welchen Kriterien entscheide ich mich für ein Fach und einen Betreuer?

Wähle Fach und Betreuer mit diesen Kriterien. Entscheide Dich auch für eine Note ☺

Optionen der Fachwahl	Kriterien der Entscheidung für ein Fach
• Lieblingsfach wählen • Spezialisierungsfach wählen • Fach des Wunsch-Betreuers wählen • Fach, das übrig bleibt	• Interesse • Erfahrungen im Fach • Positive Erfahrungen mit Professor • Für künftige Laufbahn interessant • gute Note möglich • überschaubare Risiken • überschaubarer Aufwand
Aspekte der Betreuerwahl.	
• Kann mich dieser Lehrstuhl betreuen? (formale Voraussetzungen!) • Kennt mich dieser Betreuer? • Hat dieser Betreuer Zeit? • Akzeptiert sie mein Thema? • Interessiert sich dieser Betreuer für meinen Themenbereich? • Ist „humane" Bewertung zu erwarten? • Kann ich wählen, ob theoretisch, praktisch, empirisch?	

Checkliste der formalen Anforderungen des Lehrstuhls	Checkliste der inhaltlichen Anforderungen des Lehrstuhls
• Termine für Anmeldung fest oder flexibel (z. B. jederzeit oder alle zwei Monate) • Anmeldung sofort nötig oder flexibel, nachdem die ersten Seiten fertig sind • Art der Kommunikation (Email, Treffen, Kolloquium, Telefon) • Umfang der Arbeit • Exposé notwendig? • Form der Einreichung des Themas	• Verlangt der Lehrstuhl eine echte Forschungsfrage für empirische Arbeiten? • Erlaubt der Lehrstuhl eine praktische Arbeit? • Möchte der Lehrstuhl eine Verbindung von Wissenschaft und Praxis?

Wonach richtet sich die Note?

Welche Note soll es werden? Hier sind die typischen Kriterien für die Benotung.

Sehr gut	Gut
• Aktuelles, anspruchsvolles Thema • Perfekte Entwicklung der Argumente • Stand der Forschung perfekt dargestellt • Forschungsbedarf präzise abgeleitet • Forschungsfrage sauber formuliert • Sehr gutes Forschungsdesign • Problemlösung exzellent • Argumentation präzise und schlüssig • Keine formellen und sprachlichen Fehler • Eine praktisch makellose Arbeit.	• Arbeit gut aufgebaut • interessante Forschungsfrage • einige neue Aspekte in der Lösung • klarer und logischer Aufbau der Arbeit • Text schlüssig • sprachlich sauber • nur wenige formale Fehler

Befriedigend	Ausreichend
• solide aufgebaut • inhaltlich nichts wesentlich Neues • Arbeit ordentlich abgehandelt • mehr oder weniger aus fremden Quellen zusammengeschrieben • wenig eigene Reflektion und Analyse • häufigere formale Fehler • sprachliche Unsauberkeiten	• Schwache Gliederung • Lückenhafte Argumentation • Theorie und Praxis nicht verbunden • Fehlende Übergänge • Formale Fehler • Sprachliche Schwächen • Unsaubere Quellenarbeit • Ungenügende Quellenverwertung • Keine Reflektion • Kaum Analysen

Ungenügend

- Zusammengestoppelte Gliederung
- Große Lücken in Argumentation
- Theorie oberflächlich, ohne Praxisbezug
- Meist fehlende Übergänge
- Extrem viele formale Fehler
- Erhebliche sprachliche Schwächen
- Falsche Zitierweise
- Extrem wenige Quellen
- Keinerlei Reflektion/Analyse
- Viele wörtliche Zitate ohne Zusammenhang

Das Wichtigste auf einen Blick:

1. Suche und finde den passenden Betreuer.
2. Du musst die Anforderungen des Betreuers gut kennen.

Mögliche „Mini"-Sprints (Änderungen, Ergänzungen):

Die Betreuer-Wahl lässt sich nicht so leicht ändern...

Sprint 3: WELCHE Art Thesis schreibe ich?
– Lege die Art der Thesis fest

WARUM?	Du willst die passende Art der Arbeit.
Dein Ziel?	...ist eine Entscheidung für EINEN Thesis-Typ.
Was steht danach NEU im Exposé?	Beim Vorgehen steht eine Notiz über die Art der Arbeit.
Dauer	15 Minuten = 0,25 h

Das Thema entscheidet über alles, die Herausforderungen, den Spaß, die Note... Obwohl die Themenfindung eigentlich der kürzeste Abschnitt im ganzen Projekt ist, ist sie am schwersten. Denn im Thema mit einem Umfang von acht bis 20 Wörtern muss alles angelegt sein, was dann im Text von 40 oder 80 oder 100 Seiten steht. Das ist schwierig.

Entscheide Dich aber zuerst für die Art der Arbeit, den so genannten Thesis-Typ. Hier sind die vier Thesis-Typen jeweils mit Beispielthema zum Oberthema Ebooks.

Themen-Muster	Erläuterung	Beispielthema
Literaturarbeit - LIT	Eine reine **Literaturarbeit**. Dazu werden aktuelle Quellen ausgewertet	Die Entwicklung des Ebook-Marktes in Deutschland seit 2005 – eine systematische Analyse
Empirie-Arbeit - EMP	In einer **Empirie-Arbeit** werden neben einer Literaturauswertung Daten mittels Befragung, Interview, Messungen, Beobachtung etc. gesammelt und ausgewertet.	Der Kaufprozess bei Ebook-Kunden – eine empirische Analyse
Literature Review - REV	Das ist eine **spezielle Literaturarbeit**, bei welcher der aktuelle Forschungsstand zu einer bestimmten Frage aus wissenschaftlichen Artikeln (auf Englisch!) zusammengetragen und systematisiert wird.	Zielgruppenpräferenzen im Ebook-Markt im internationalen Vergleich - aktueller Forschungsstand
Praxisarbeit - PRA	Bei einer **Praxisarbeit** geht es um die Entwicklung einer Lösung für eine Firma oder Organisation.	Entwicklung eines Marketing-Konzeptes für einen Ebook-Fachverlag für den deutschen Markt

Praktisch jedes Thema lässt sich einem dieser Typen zuordnen. Der häufigste Typ ist die Literaturarbeit oder das Literature Review. Danach folgen empirische Arbeiten und Praxisarbeiten.

Welcher Thesis-Typ ist am besten?

Das kommt drauf an... Hier sind die Vor- und Nachteile der Thesis-Typen

Typ	Beispielthema	Vorteile	Nachteile
LIT	Die Entwicklung des Ebook-Marktes in Deutschland seit 2005 – eine systematische Analyse	überschaubarer Aufwand, Quellen vorhanden, gut planbar, unabhängig, kaum Risiken	Thema und Leitfrage finden ist schwierig, Eigenleistung schwer, Plagiatsgefahr, evtl. schlechtere Note als empirische Arbeit
REV	Zielgruppen-präferenzen im Ebook-Markt im internationalen Vergleich - aktueller Forschungsstand	überschaubarer Aufwand, klare Leitfrage, gut planbar, unabhängig, kaum Risiken, Eigenleistung klar, schnelles Abarbeiten möglich	Englisch muss gut sein, gute Quellen finden am Anfang schwierig, aktuelles Thema finden schwierig, Betreuer-Einmischung möglich
EMP	Der Kaufprozess bei Ebook-Kunden – eine empirische Analyse	eigene Daten statt Literatur, klare Eigenleistung, bessere Note möglich, Methodik klar, Raum für Kreativität, man lernt etwas, ist interessanter	mehr Aufwand, Abhängigkeit von Probanden, Risiken, Methodenkompetenz nötig, ungewisser Ausgang
PRA	Entwicklung eines Marketing-Konzeptes für einen Ebook-Fachverlag für den deutschen Markt	Thema vorgegeben, Eigenleistung klar, Betreuung in Firma, Feedback, Man lernt, kann kreativ sein, Kontakte, Reputation, Job-Fenster	Betreuerakzeptanz gering, abhängig von Firma, Konfliktpotential bei 2 Betreuern, Planung + Ergebnisse unsicher, hoher Druck

Welchen Thesis-Typ soll ich wählen?

Wenn Du die freie Wahl hast und gut Englisch kannst? ➔ Review

Wenn Du die freie Wahl hast und nicht so gut Englisch kannst? ➔ Literaturarbeit

Wenn es ein empirisches Thema sein muss? ➔ Empirische standardisierte Befragung

Wenn Du in einer Firma bist? ➔ Praxis-Arbeit (Konzeptentwicklung) oder Empirie-Arbeit

Wichtiger Hinweis für diesen Leitfaden:

Dieser Leitfaden hilft bei allen Thesis-Typen. An manchen Stellen müssen wir aber Unterscheidungen machen. Wir weisen an den entsprechenden Stellen darauf hin, mit dieser Übersicht:

Literaturarbeit/Literature Review	Empirie Seite X, Praxis Seite X

Das Wichtigste auf einen Blick:

1. Entscheide Dich frühzeitig für den Thesis-Typ.
2. Gehe die Vorteile und Nachteile durch.

Mögliche „Mini"-Sprints (Änderungen, Ergänzungen):

Die Wahl des Thesis-Typs ist fix. Aber man kann ein Element aus der Empirie-Arbeit einbauen, nämlich EIN Expertengespräch über die Ergebnisse.

Sprint 4: WORÜBER schreibe ich?
– Finde ein Arbeitsthema

WARUM?	Du willst ein spannendes Arbeitsthema.
Dein Ziel?	...ist ein Arbeitsthema, das Dich bis zum Ende interessiert und motiviert.
Was steht danach NEU im Exposé?	Ein Arbeitsthema steht auf dem Deckblatt.
Dauer	4 h

Wie finde ich ein Arbeitsthema?

Den Thesis-Typ hast Du schon festgelegt. Jetzt brauchst Du noch ein Thema. Auf vier Wegen findet sich ein Thema:

1. Thema vom Betreuer.
2. Thema von einer Firma oder Organisation.
3. Thema selbst überlegen.
4. Thema vom Thesis-Coach.

Thema	Vorteile	Nachteile
Betreuer	Problem schnell gelöst Thema gefällt Betreuer Chance auf Ansprechpartner Chance auf Feedback	Thema kann schwer sein Betreuer erwartet meist sehr viel Thema könnte Teil seiner Forschung sein, von der Du noch wenig weißt
Firma	Thema meist schnell verfügbar konkrete Ansatzpunkte Ansprechpartner vorhanden Infoquellen definiert	Thema ist meist umfangreich Thema ist meist sehr speziell Risiken kaum abschätzbar nicht sichtbare Ziele der Firma Abhängigkeit von der Firma
Selbst	trifft genau Stärken und Interessen schon Material vorhanden schon Vorkenntnisse vorhanden	kann lange dauern unsicherer Ausgang unnötige Schritte
Thesis-Coach	Thema passt genau zu mir Thema ist sauber formuliert Risiken sind begrenzt Struktur ist bereits vorhanden kein Wettbewerb um gute Themen	kostet Geld Suche notwendig Fachexperten kennen Thesis-Probleme nicht guter Themen-Coach schwer zu finden

Beispiel-Themen für verschiedene Fächer zu den vier Thesis-Typen

Statt langer Erklärungen sind hier Beispielthemen für verschiedene Fächer.

Marketing-Beispielthemen der vier Thesis-Typen

Nr.	Muster	Beispielthema
LIT	Literaturarbeit	Die Entwicklung des Ebook-Marktes in Deutschland seit 2005 – eine systematische Analyse
REV	Literature Review	Zielgruppenpräferenzen im Ebook-Markt im internationalen Vergleich - aktueller Forschungsstand
EMP	Empirie Arbeit	Der Kaufprozess bei Ebook-Kunden – eine empirische Analyse
PRA	Praxisarbeit	Entwicklung eines Marketing-Konzeptes für einen Ebook-Fachverlag für den deutschen Markt

Unternehmensführung - Beispielthemen der vier Thesis-Typen

Nr.	Muster	Beispielthema
LIT	Literaturarbeit	Der Prozess der Strategie-Entwicklung in KMU – eine systematische Analyse
REV	Literature Review	Strategy formulation in Small and Medium Enterprises – a review
EMP	Empirie Arbeit	Vergleich des eBriefs mit alternativen Kommunikationskanälen – eine kritische Analyse aus Firmensicht
PRA	Praxisarbeit	Entwicklung einer Geschäftsfeld-Strategie für den deutschen Markt für ein Dienstleistungsunternehmen

Personal-Beispielthemen der vier Thesis-Typen

Nr.	Muster	Beispielthema
LIT	Literaturarbeit	Ursachen des Fachkräftemangels in Deutschland – eine systematische Analyse
REV	Literature Review	Motivationsfaktoren von High Potentials – a review
EMP	Empirie Arbeit	Auswirkungen des Fachkräftemangels auf deutsche Unternehmen – eine systematische Analyse am Beispiel Maschinenbau
PRA	Praxisarbeit	Entwicklung eines Weiterbildungs-Konzeptes für Firma XY

Controlling-Beispielthemen der vier Thesis-Typen

Nr.	Muster	Beispielthema
LIT	Literaturarbeit	Kennzahlen zur Ermittlung des Risikoprofils von KMU – eine systematische Analyse
REV	Literature Review	Risikoevaluationskonzepte für Dienstleistungsfirmen – ein Literature Review
EMP	Empirie Arbeit	Nutzung von Kennzahlen für Liquiditätsmanagement in Startups– eine empirische Analyse
PRA	Praxisarbeit	Entwicklung eines Kennzahlensystems für ein Online-Startup

Psychologie-Beispielthemen der vier Thesis-Typen

Nr.	Muster	Beispielthema
LIT	Literaturarbeit	Methoden zur Diagnose von Autismus – eine systematische Analyse
REV	Literature Review	Erfahrungen in der Behandlung von Patienten mit Asperger-Syndrom – eine Literaturanalyse
EMP	Empirie Arbeit	Betreuungsansätze für Kinder mit psychologisch krankem Elternteil – eine empirische Analyse der Erfahrungen in Einrichtung XY
PRA	Praxisarbeit	untypisch für Psychologie

Pädagogik-Beispielthemen der vier Thesis-Typen

Nr.	Muster	Beispielthema
LIT	Literaturarbeit	Reformschulen in Deutschland im Zeitalter des Internets – eine systematische Analyse
REV	Literature Review	Ansätze zur Reduktion von Stress bei Grundschülern - aktueller Forschungsstand
EMP	Empirie Arbeit	Auswirkungen des Einsatzes von Tablets im Unterricht auf die Lern-Motivation von Abiturienten – eine empirische Analyse
PRA	Praxisarbeit	Entwicklung eines Unterrichtskonzepts im Fach Geographie

Volkswirtschaftslehre-Beispielthemen der vier Thesis-Typen

Nr.	Muster	Beispielthema
LIT	Literaturarbeit	Ursachen der Jugendarbeitslosigkeit in Deutschland – eine systematische Analyse
REV	Literature Review	Inflationsentwicklung in Folge staatlicher Eingriffe – aktueller Forschungsstand
EMP	Empirie Arbeit	Entwicklung gesamtwirtschaftlicher Kennzahlen in Deutschland nach der Eurokrise – eine empirische Analyse
PRA	Praxisarbeit	untypisch für VWL

Politikwissenschaft-Beispielthemen der vier Thesis-Typen

Nr.	Muster	Beispielthema
LIT	Literaturarbeit	Leitbilder der Energiepolitik ausgewählter Länder der Eurozone – eine systematische Analyse
REV	Literature Review	Ansätze für direkte Demokratie im Zeitalter von Social Media - aktueller Forschungsstand
EMP	Empirie Arbeit	Auswirkungen der Änderungen im Finanzausgleich auf die Region Utopia – eine empirische Analyse
PRA	Praxisarbeit	untypisch für Politikwissenschaft

Soziologie-Beispielthemen der vier Thesis-Typen

Nr.	Muster	Beispielthema
LIT	Literaturarbeit	Mobbing in sozialen Netzwerken – eine systematische Analyse
REV	Literature Review	Beobachtungsmethoden in der soziologischen Forschung - aktueller Forschungsstand
EMP	Empirie Arbeit	Gruppenverhalten in Grundschulen – eine empirische Analyse
PRA	Praxisarbeit	untypisch für Soziologie

Ingenieurwissenschaft-Beispielthemen der vier Thesis-Typen

Nr.	Muster	Beispielthema
LIT	Literaturarbeit	Muster meist nicht akzeptiert, weil Praxisarbeit gefordert ist. Ansätze für Motoren-Downsizing im Automobilsektor – eine systematische Analyse
REV	Literature Review	Muster meist nicht akzeptiert, weil Praxisarbeit nötig ist. Ansätze für Motoren-Downsizing im Sportwagensegment – ein Review
EMP	Empirie Arbeit	Typisches Muster: Optimierungspotenzial spezifischer konzeptioneller Änderungen am Bauteil ABC – eine experimentelle Analyse
PRA	Praxisarbeit	Typisches Muster: Entwicklung eines Downsizing-Konzeptes für den ABC-Motor

Wann ist ein Thema für mich passend und machbar?

Ein Thema ist für Dich machbar, wenn:

- Du genug passende Quellen und Daten findest,
- Du die Methoden beherrschst oder lernen kannst und
- wenn Du die Forschungsfrage mit den Daten und Quellen beantworten kannst.

Wie finde ich MEIN Arbeitsthema in sechs Schritten?

Schritt 1: Mache ein Brainstorming interessanter Begriffe und Stichworte

Du brauchst einen Anfang, einen Untersuchungsgegenstand. Wir nennen das Objekt. Fange mit ersten Begriffen oder Stichworten an und dann arbeite Dich vor. Nehmen wir Beispiele aus verschiedenen Fächern:

- Digitalisierung (BWL)
- Leseschwäche (Pädagogik)
- Nanotechnologie (Ingenieurwissenschaft)
- Bewältigungsstrategien (Psychologie)
- Migration (Soziologie)
- Bargeldabschaffung (VWL)
- Urbanisierung (Geografie)
- String Theorie (Mathematik)
- E-Governance (Politikwissenschaft)
- Ebooks (Querschnitt: Psychologie, Pädagogik, Design, BWL-Marketing, Weiterbildung)
- Etc. (alles was Dich interessieren könnte)

**Liste mehrere interessante Stichworte oder Objekte für DEIN Fach auf.
Hier sind Beispiele:**

Marketing:	Ebooks, Digitalisierung, Social Media, Influencer, Social Shopping
Pädagogik:	Ebooks, Leseschwäche, Elearning, MOOC, Cross-Media-Learning
Psychologie:	Ebooks, Bewältigungsstrategien, Sucht, Stress, Emotionen
Controlling:	Digitalisierung, Kennzahlensysteme
Politikwiss.:	E-Governance, Wählerwanderung, Direkte Demokratie
Ingenieurwiss.	Nanotechnologie, E-Antriebe, Big Data, Telematik
Geschichte:	Bauernkrieg, Kalter Krieg, Einigungskriege
Soziologie:	Migration, Emigration, LOHAS
Geografie:	Urbanisierung, Gleichgewichte, Erosion
Architektur:	Bruno Taut, Shopping Malls, Großbauten, Waldsiedlung

**Natürlich wird Deine Liste nur Begriffe aus Deinem Fach enthalten.
Hier sind zwei Beispiele:**

Ebooks:	Digitalisierung:
• Inhalte, Themen	• IT-Systeme
• Formate, Multimedia	• Datenbanken
• Verwertungsrechte	• Big-Data-Technologien
• Datenschutz	• Datenschutz
• Autoren	• Prozesse
• Lesegewohnheiten	• Projekte
• Didaktik	• Risiken
• Vertriebskanäle	• Erfolgsfaktoren und Treiber
• Vermarktung	• Best practices
• Preise	• Effizienz
• Kaufmotive	
• Geräte	
• Verlage	

Welche Quellen helfen bei der Begriffssuche/Objektsuche?
- Inhaltsverzeichnisse von Grundlagenlehrbüchern und Fachbüchern
- Abbildungen, Grafiken, Übersichten zum Begriff
- Fachartikel, Titel, Abstract über den Begriff
- Fachforen zum Themenbereich
- Gespräche mit Experten
- Artikel in Fachzeitungen

Welche Fragen helfen bei der Suche nach den passenden Begriffen?
- Was wollte ich schon immer wissen?
- Was hat mich in letzter Zeit gewundert oder fasziniert?
- Womit beschäftige ich mich gerade, mit welchen Fragen?
- Welches Thema ist für meine Zukunft interessant?
- Welche Fragen sind in meinem Fachgebiet aktuell und relevant, welche Probleme und Trends in der Branche?
- Welche Kapitel im Lehrbuch interessieren mich?
- Welche interessanten Artikel in habe ich in der letzten Zeit gelesen?

Schritt 2: Kürze die Liste der Begriffe

Die folgenden fünf KO-Kriterien kürzen Deine Liste von Begriffen sehr fix. Ein Begriff fliegt besser raus, wenn eines der folgenden Kriterien zutrifft:

1. irrelevant,
2. ausgelutscht,
3. nicht interessant (für Dich!!! Das ist völlig legitim, es ist DEIN Projekt).
4. vollkommen unerforscht,
5. Datenzugang nur für Insider (muss man aber schauen).

Sortiere die übrig gebliebene Liste der Begriffe mit diesen Fragen:
- Welche Begriffe interessieren mich am meisten?
- Womit könnte ich mich länger beschäftigen?
- Was könnte mir für die Zukunft nützen?
- Zu welchen Stichworten gibt es viele Quellen?
- Was würde dem Betreuer gefallen?
- Zu welchen Stichworten weiß ich schon etwas?

Finde Deine zwei bis drei Favoriten unter den Begriffen. Vertraue ruhig erstmal Deiner Intuition. Mehr als drei Begriffe machen nur mehr Arbeit...

Schritt 3: Finde Definitionen und Modelle für die Begriffe

Eine Definition führt einen Begriff immer auf einen Oberbegriff zurück. Suche Definitionen für Deine Favoriten in wissenschaftlichen Quellen wie Büchern und Artikeln. Fange gerne mit Online-Quellen wie Wikipedia an, nutze aber für die endgültigen Definitionen ausschließlich Fachbücher und Studien!

Wenn Du klare und eindeutige und anerkannte Definitionen für einen Begriff findest, dann kannst Du mit diesem Begriff weiterarbeiten und darauf Deine Thesis bauen. Wenn nicht, dann könnte es trotzdem ein guter Ansatz sein, aber erst für Deine Dissertation... Suche besser andere, schon definierte Begriffe.

Wie finde ich Modell mit Google?

Gib in Google ein: Begriff + Modell (Beispiel: Digitalisierung Modell, auch auf Englisch!) Klicke auf die Bilder, auf Deutsch und Englisch. Schau, was es gibt.

In den Bildern finden sich Modelle aus verschiedensten Quellen. Schau, wie tiefgehend sie sind.

Noch ein Beispiel: Big Data Modell

Schritt 4: Recherchiere wissenschaftliche Artikel

Suche nach aktuellen Studien (Papers) zu den Begriffen (maximal fünf Jahre alt), in scholar.google.com oder anderen wissenschaftlichen Suchkatalogen. Wirst Du nicht fündig, dann prüfe, ob der Begriff überhaupt in Frage kommt.

Diese Fragen zur Recherche musst Du mit JA beantworten, dann kannst Du mit dem Begriff weiterarbeiten:

- Finden sich viele Artikel zum Begriff und zu verwandten Begriffen? Dies deutet auf viele offene Fragen hin.
- Finde ich mindestens fünf aktuelle relevante wissenschaftliche Artikel zum Begriff?
- Finde ich in Studien oder Fachbüchern mindestens 1 bis drei relevante Modelle mit meinem Begriff?

Ist das Thema machbar? Ja, wenn Du diese Fragen mit JA beantworten kannst:
- Ich kann die Modelle zum Begriff nachvollziehen, wenn ich mich damit beschäftige.
- Ich kann Zugang zu notwendigen Datenquellen und damit Daten bekommen.
- Ich kann die Methoden in den Griff bekommen.

Schritt 5: Entscheide Dich für einen Begriff und damit ein Objekt

Arbeite nur mit dem einem Begriff weiter wie Bewältigungsstrategien oder Digitalisierung im Human Resources Management. Einen zweiten Begriff kannst Du als Plan B behalten.

Wiederhole die Schritte 1 bis 4 so lange, bis Du bei Deinem Begriff ein gutes Gefühl hast.

Schritt 6: Mach es Dir leichter und arbeite mit einem Analyse-Typ

Was ist ein Analyse-Typ?

WICHTIG: JEDE Art von Forschung ist eine Analyse, JEDE! Eine Analyse ist die gedankliche oder tatsächliche Zerlegung eines Gegenstandes oder Objekts in seine Bestandteile, die gründliche Betrachtung und Beschreibung dieser Elemente und ihres Zusammenspiels untereinander und auch mit der Umwelt, stets im Hinblick auf einen bestimmten Aspekt, eine Frage. Bitte lies diesen Satz noch einmal! Das Verständnis von Analyse ist der Schlüssel zur Thesis, zu Forschung UND zum Erfolg im Leben. Du machst jeden Tag Dutzende Analysen. Probleme entstehen immer dann, wenn bei diesen Analysen Fehler gemacht werden...

Der Analyse-Typ ist die Art der Analyse nach dem Fokus auf ein Objekt. Der Fokus definiert den Ausschnitt oder Aspekt des Objektes für die Betrachtung und Untersuchung in der Arbeit.

Folgende Typen lassen sich unterscheiden:
- Merkmalsanalyse
- Vergleichsanalyse
- Ursachen-Analyse
- Faktoren-Analyse
- Wirkungsanalyse
- Risiko-Analyse

- Beziehungs-Analyse
- Evolutions-Analyse
- Bewertungs-Analyse
- Potenzial-Analyse
- Es gibt noch weitere...

Das ist bestimmt zu abstrakt. Nehmen wir besser Beispiele.

Wie sehen die Analyse-Typen mit Beispielen aus?

Das Untersuchungsobjekt ist eine Person oder auch ein Team:

Der Fokus der Analyse kann das Kompetenzprofil einer Person sein (Merkmalsanalyse) oder die Beziehung mit der Familie (Ursachen-Analyse, Wirkungsanalyse, Beziehungs-Analyse, Faktoren-Analyse) oder die Entwicklung der Kompetenzen der Person (Evolutions-Analyse) oder weitere Aspekte.

Mögliche Personen als „Objekte": Soldaten, Studenten, Schulkinder, Alkoholiker, Sportler, Lehrer, Einwohner, Gärtner, Politiker... TEAMs: Projekt-Teams, Schulklassen, Abteilung etc.

Das Untersuchungsobjekt ist ein soziales System wie eine Organisation:

Der Fokus der Analyse kann die Mitarbeitersituation einer Firma sein (Merkmalsanalyse) oder die Beziehung mit der Kommune (Ursachen-Analyse, Wirkungsanalyse, Beziehungs-Analyse, Faktoren-Analyse) oder die Risikosituation in einer Abteilung der Firma (Risiko-Analyse) oder die Entwicklung der Firma im Bereich Innovation (Evolutions-Analyse) oder weitere Aspekte.

Mögliche Systeme als „Objekte": Firma, Schule, UNO, Taubenverein, Uni, Kinderstiftung, Garnison etc.

Das Untersuchungsobjekt ist ein soziales System wie ein Markt:

Der Fokus der Analyse kann die Struktur des Marktes sein oder die Teilnehmer (Merkmalsanalysen) oder die Beziehung mit einem anderen Markt und die Auswirkungen darauf oder die marktbestimmenden Faktoren oder Ereignisse und deren Wirkungen auf den Markt (Ursachen-Analyse, Wirkungsanalyse, Beziehungs-Analyse, Faktoren-Analyse) oder die bisherige und künftige Entwicklung des Marktes (Evolutions-Analysen) oder weitere Aspekte.

Mögliche Märkte als Objekte: Kapitalmarkt, Arbeitsmarkt, Kaffeemarkt, Automarkt, Sojamarkt, Rentenmarkt, Aktienmarkt, Jeans-Markt etc.

Das Untersuchungsobjekt ist ein soziales System wie eine Stadt:
Der Fokus der Analyse kann die Infrastruktur einer Stadt sein oder deren Bevölkerungszusammensetzung (Merkmalsanalysen) oder die Beziehung mit dem Umland und die Auswirkungen darauf (Ursachen-Analyse, Wirkungsanalyse, Beziehungs-Analyse, Faktoren-Analyse) oder die bisherige und künftige Entwicklung der Stadt (Evolutions-Analysen) oder weitere Aspekte.
Mögliche Städte und Gemeinden als „Objekte": Berlin, Meiningen, Schwallungen, Eisenach, Potsdam, Moskau, Córdoba (Argentinien), Buenos Aires, Marburg, Frankfurt am Main, Brüssel, Berlin-Mitte etc.

Weitere mögliche Typen von Objekten sind:
Dinge wie Motoren; Lebewesen wie Pflanzen und Tiere und Bakterien etc.; Prozesse wie Persönlichkeitsentwicklung oder Krankheitsverlauf; Ereignisse wie Krisen oder Wahlen oder Events; Aktivitäten aller Art wie Lernen, Arbeiten, Sport treiben etc.
Alle diese „Objekte" lassen sich analysieren. Der Analyse-Type ist der Fokus der Analyse. Das ist der Teil oder Aspekt, den wir uns anschauen, der Ausschnitt aus der Wirklichkeit wie die **Rechenfähigkeiten von deutschen Drittklässlern**. Jeder dieser Analyse-Typen kann darauf ausgerichtet werden. Schauen wir auf Beispielthemen für die meist gebrauchten Analyse-Type. Die Rechenfähigkeiten von deutschen Drittklässlern sind ein guter Ansatz.

Merkmalsanalyse (oder auch Status-Analyse) - Beispiel-Thema:
Stand der Rechenfähigkeiten von deutschen Drittklässlern im internationalen Vergleich – eine systematische Analyse

Ursachen- oder Faktoren-Analyse - Beispiel-Thema:
Ursachen für/Einflussfaktoren in Bezug auf den Stand der Rechenfähigkeiten von deutschen Drittklässlern – eine systematische Analyse

Evolutionsanalyse - Beispiel-Thema:

Entwicklung der Rechenfähigkeiten von deutschen Drittklässlern nach der Reform XY – eine systematische Analyse

Wirkungsanalyse - Beispiel-Thema:

Auswirkungen der Reform XY auf die Rechenfähigkeiten von deutschen Drittklässlern – eine systematische Analyse

Bewertungsanalyse - Beispiel-Thema:

Evaluation der Auswirkungen der Reform XY auf die Rechenfähigkeiten von deutschen Drittklässlern – eine kritische Analyse

Erarbeitung (Elaboration) eines Konzepts - Beispiel-Thema:

Erarbeitung eines Konzepts zur Verbesserung der Rechenfähigkeiten von deutschen Drittklässlern

Bitte spiele jetzt mal Deine Stichworte mit diesen Analyse-Typen durch und Dir wird es viel leichter fallen, Dein Arbeitsthema zu formulieren.

Nun widmen wir uns noch den Besonderheiten der Themenfindung nach dem Thesis-Typ.

Literaturarbeit/Literature Review, Empirie S. 27, Praxis S. 30

Arbeitsthema finden für eine Literatur-Arbeit oder ein Literature Review

Diese beiden Arten der Thesis sind sich sehr ähnlich. Nur das Review ist letztlich als wissenschaftlicher Text akzeptabel, weil es einer Methode folgt. Die so genannte Literaturarbeit ist dagegen eher eine Sammlung von Inhalten aus allen möglichen Quellen. Dabei ist es schwierig, einen Roten Faden zu behalten. Jede verwendete Text-Quelle muss mit wissenschaftlichen Methoden zustande gekommen sein, sonst ist sie streng genommen nicht verwendbar. Denn die zitierten Erkenntnisse sind nicht nachvollziehbar. Besser ist also, man legt auch eine einfache Literaturarbeit wie ein Literature Review an.

Die folgenden beiden Beispiele geben eine Orientierung für die Suche nach dem Arbeitsthema. Dabei greifen wir schon etwas vor und schauen auf Forschungsfrage und Ziel.

Kurzexposé-Beispiel für eine Literatur-Arbeit

Aufgabe	Ergebnis
Objekt/Motiv	Der deutsche Ebook-Markt und seine Entwicklung
Frage	welche Trends gab es im Ebook-Markt in den letzten Jahren und welche Perspektiven gibt es?
Ziel	Das Ziel sind Erkenntnisse über Trends, Entwicklungen und Perspektiven im deutschen Ebook-Markt in den letzten Jahren.
Methoden	Gründliche Literaturrecherche und -auswertung
Thema	Entwicklung des deutschen Ebook-Markts – eine systematische Analyse

Kurzexposé- Beispiel für ein Literature Review

Aufgabe	Ergebnis
Objekt/Motiv	Open Innovation und deren Risiken
Frage	Welche Risiken von Open innovation wurden in Studien untersucht, mit welchen Erkenntnissen?
Ziel	Das Ziel ist ein Überblick von Studien mit Ergebnissen, Methoden, Schwächen und offenen Fragen.
Methoden	Gründliche Recherche und Auswertung relevanter Studien (papers) in wissenschaftlichen Journals
Thema	Risiken von open innovation – ein Literaturüberblick

Schauen wir uns jetzt das Vorgehen bei der Themensuche an.

Wie finde ich selbst ein Thema für ein Literature Review?

Im Review geht es um einen Überblick von Wissen aus wissenschaftlichen Quellen. Dies sind so genannte Papers, also Studien und Artikeln aus anerkannten wissenschaftlichen Zeitschriften oder Journals. Diese Studien sind leider meist auf Englisch. Das Objekt beim Review ist ein Phänomen, ein Forschungsbereich, ein Zusammenhang, der in wissenschaftlichen Studien in den letzten Jahren untersucht wurde. Das ist noch etwas allgemein. Nehmen wir als Beispiel eine Frage der BWL, aus dem Bereich Personal.

Thema: „Einfluss von Diversity auf die Produktivität in Unternehmen"
Frage: Wie wirkt sich Diversity auf die Produktivität in Unternehmen aus?
WICHTIG: DEINE Forschungsfrage für die Arbeit lautet etwas anders, nämlich:
Welche Erkenntnisse gibt es aktuell über den Einfluss von Diversity auf die Produktivität in Unternehmen?

Dein Ziel für die Arbeit lautet demnach:

Das Ziel der Arbeit ist eine Übersicht aktueller Erkenntnisse über den Einfluss von Diversity auf die Produktivität in Unternehmen.

Bitte lies noch mal die letzten Sätze zum Beispielthema. Sie sind extrem wichtig. Damit kannst Du Deine Aufgabe für Deine Thesis sehr klar formulieren, egal worüber Du schreibst.

Die Frage lautet für das Beispielthema, inwieweit die Beschäftigung von Menschen aus unterschiedlichen Kulturen, unterschiedlichen Alters, unterschiedlicher religiöser Orientierung, unterschiedlicher Ausbildung etc. einen Einfluss auf die Produktivität hat. Das ist ein relevantes Thema für Unternehmen in allen Ländern. Dazu gibt es sicher Studien, allerdings meist in Englisch.

Eine ausgewertete Studie kann immer nur einen bestimmten Ausschnitt einer größeren Forschungsfrage untersuchen. Also lässt sich die Frage unseres Beispiels nach dem Zusammenhang zwischen Diversität und Produktivität anhand national tätiger Unternehmen, für chinesische Unternehmen, für amerikanische, südamerikanische oder südeuropäische Unternehmen usw. untersuchen. Sie kann für gehobene Berufe, für Dienstleistungsbereiche oder bestimmte Branchen analysiert werden. Aus mehreren oder möglichst vielen dieser Studien (viele heißt etwa 15 bis 30) ergibt sich wie bei einem Puzzle ein gewisses Bild.

Worum geht es im Literature Review?

Letztlich geht es um den Überblick der Erkenntnisse vorhandener Studien über das Thema. Diese Fragen helfen Dir bei der Auswertung einer Studie, wie ein Raster oder Kompass. Sie müssen für JEDE Studie einzeln beantwortet werden.

1. Welche Forschungsfrage und welche Variable/Faktoren wurden in der Studie untersucht?

2. Welche Arten von Daten (Sample), in welchem Umfang und wo und wann und über wen oder von wem oder aus welcher Quelle wurden in der Studie genutzt?

3. Welche Methoden wurden in der Studie zur Datenerhebung und Datenanalyse genutzt?
4. Welche Erkenntnisse wurden in der Studie gewonnen?
5. Welche Fragen blieben in der Studie offen?

Die Antworten trägst Du in diese Tabelle ein, die so genannte Review-Matrix.

Nr.	Autoren	Titel	Jahr	Forshungsfrage	Untersuchte Faktoren	Methoden/ Modelle	Stichprobe	Ergebnisse/ Erkenntnisse	Intepretation/ Einordnung
1									
2									
3									

Abbildung 3: Matrix für das Literature Review

So sieht ein Beispiel aus.

Nr.	Autoren	Titel	Jahr	Forshungsfrage	Untersuchte Faktoren	Methoden/ Modelle	Stichprobe	Ergebnisse/ Erkenntnisse	Llicken/Probleme/ Kritik	Interpretation/ Einordnung
1	Shasha Tenga. Kok Wei Khonga & Wei Wei Gohb	Persuasive Communica-tion: A Study of Major At- titu-de-Behavior Theories in a Social Media Context	2015	critically review, discuss, and examine five major atti-tude-behavior theories in the social psychology field	Theory of Planned Behavior, Elabo-ration Likelihood Model. Heuristic-Sys-tematic Model. Cognitive Disso-nance Theory, Social Judgment Theory	Keword based Literature review' with well defined exclusion criteria	50 papers (after exclusion)	steadily increasing number of research articles applying ELM TPB studies in the social media context accumulated 6 articles in 8 years For HSM studies in the social media context, it is recognized as a rather sporadic occur-rence in the trend	CDT: Unable to accura-tely predict human behaviour Difficult to observe and measure dissonance Failing to provide a reliable method to assess the degree of dissonance SJT: Weaker evidence in assimilation and cont-rast effects Unable to measure correlations of ego-in-volvement variables	It is fairly important to state that the TPB is a widely used theory within and beyond the social psychology domain. Unlike ELM. heuri-stic cues in HSM were criticized as only one part of the peripheral cues of ELM. Lacking in conceptualizing framework. HSM received less empirical support from extant studies
2	Yu-Ting Chang, Hueiju Yu, Hsi-Peng Lu	Persuasive messages, popularity cohesion, and message diffusion in social media marketing	2014	This research investigates how persuasive messages (i.e., argument quality, post popula-rity, and post attractiveness) can lead internet users to click like and share mes-sages in social mediamarketing activities.	H1. Argument quality of posts has a posi-tive effect on usefulness. H2a. Post popu-larity positively affects usefulness. H2b. Post popu-larity positively affects preference. H3. Post attracti-veness positively affects preference.	Literature review: Structural equation modeling analyzes questionnaire data two-step analysis: AMOS examines measurement model. Then. AMOS examines structural model, study uses confirmatory factor analysis (CFA) to evaluate measure-ment model.	392 fans survey from a fan page on Facebook	First, this research shows that on social network sites. argu-ment quality, post popularity, and attracti-veness reinforce useful-ness and preference. Second, results indicate that usefulness affects fan behaviors Third, this research finds that the like inten-tion of page fans is the essential factor in their sharing intention	First, this study is only applicable to pages with abundant content, but not to popular pages, such as those of famous individuals. the sample in this rese-arch consists of fans of only one page this research uses an online questionnaire. Thus, it is difficult to analyze post popularity and why users forward posts	This study uses ELM theory to explore popu-larity cohesion. message diffusion, and persuasive messages in social networking groups

Abbildung 4: Beispiel Matrix für Literature Review

Du siehst in der ausgefüllten Tabelle sehr schnell die Schwerpunkte in bisherigen Studien. Welche Daten, welche Faktoren, welche Methoden, welche Erkenntnisse gibt es. Damit kannst Du die Studien bequem sortieren und clustern.

Trage die Antworten stichpunktartig in die Review-Tabelle ein. Alle Studien werden nach diesem Schema ausgewertet, auch kommende. Diese Review-Matrix leistet Dir bis zum Ende der Thesis sehr gute Dienste.

Das Beispielthema zeigt noch mal, wie das abläuft.

Thema: **„Einfluss von Diversity auf die Produktivität in Unternehmen"**
Frage: **Wie wirkt sich Diversity auf die Produktivität in Unternehmen aus?**

Beim Beispielthema geht es z. B. in einer Studie um Diversity im Hinblick auf den Faktor „Sprache und Kultur bei Arbeitnehmern". Eine andere Studie beschäftigt sich mit der gleichen Frage für eine andere Gruppe von Mitarbeitern wie Auszubildende. Wieder andere Studien untersuchen die gleiche Fragestellung in verschiedenen Ländern. Die Auswertung aller Studien in der Review-Matrix zusammen ergibt dann ein bestimmtes Gesamtbild. Dabei bleiben natürlich immer Lücken, die dann weiter erforscht werden können und sollten. Das ist der Forschungsbedarf. Daraus leitet sich die Forschungsfrage für neue Studien ab. Das ist aber nicht Deine Forschungsfrage!!!

Wie komme ich zu meinem Objekt oder Gegenstand für ein Review?
Die Suche nach dem Objekt ist eine gezielte Recherche in Artikel-Datenbanken. Das Ziel ist die Entdeckung eines so genannten Clusters von Studien zu einem Themenbereich. Folgendes Vorgehen führt zum Ziel:

Step	Vorgehen allgemein	Beispiele/Hinweise
1	Eingrenzung des Themenbereichs	Personalmanagement, Aktuelleres, Stichworte wie Gleichstellung, Ältere AN, Expats, Motivation, kulturelle Faktoren, Bildung, Diversity etc.
2	Übersetzung der Stichworte ins Englische	Human resource management, Motivation, Expats, staff 50plus, culture, diversity etc.
3	Recherche von Zeitschriften zu den Themenbereichen	Suche nach Human resource management, BWL-Journals: http://vhbonline.org/service/jourqual/ vhb-jour-qual-21-2011/alphabetische-uebersicht-jq-21/ Kurzform: http://studeo.ws/vhb-123 Diese drei sind geeignet: Human Resource Management (B) Human Resource Management Journal (B) Human Resource Management Review (C)

Step	Vorgehen allgemein	Beispiele/Hinweise
4	Stöbern in geeigneten Zeitschriften und Suche nach den Stichworten in den Artikelüberschriften	Direkt in die Zeitschriften gehen, Suche in Abstracts ist meist auf deren Webseiten möglich
5	Auswahl von bis zu fünf Artikeln zu einem Stichwort, die genauer betrachtet werden	Kriterien: aktuell, umfangreich, am Anfang der Forschung (oft zitiert), man kann das oft nicht sofort entscheiden, also erst mal anfangen
6	Gründliches Lesen der Hauptartikel	Ziel ist Verständnis der Materie; Inhalte der Artikel sind das Koordinatensystem; WAS haben die untersucht und WIE und WELCHE Erkenntnisse haben sie gewonnen
7	Abstract lesen und Gemeinsamkeiten in der Herangehensweise suchen	Auf den Webseiten der Journals meist möglich
8	Zusammenstellung relevanter Stichworten für die weitere Suche in anderen Zeitschriften und Artikeln	Abgleich mit erster Liste
9	Intensive Recherche von Artikeln zu den Stichworten, mindestens ein Dutzend!	Die nächsten Artikel finden sich meist schnell, erstmal sammeln, auch wenn nicht gleich der Nutzen ersichtlich ist, Suche ist ein Prozess, nicht alle Studien finden sich bei der ersten Suche, drei bis vier Suchen (Schleifen) notwendig, je tiefer man im Thema ist, umso besser erkennt man, welche Artikel gut sind
10	Sortieren und systematisieren der Artikel	Erst mal nur grob, nach Land, nach Methode, nach Bereich im Thema, falls möglich
11	Beschaffen der geeigneten Artikel, im Internet oder in der Bibliothek	Wer sucht, der findet oft kostenlose Kopien, entscheiden, ob sich Investition lohnt. www.subito-doc.de nutzen,
12	Intensives Studium der zwei oder drei ergiebigsten Artikel zum Thema	Die drei wichtigsten sollten schon klar sein, falls nicht, wird es im Lauf des Lesens klar
13	Entscheidung über die Fragestellung der Arbeit	Fragestellung ist vorläufig, in der Regel die Systematisierung der Erkenntnisse
14	Formulieren der Forschungsfrage und Besprechung mit dem Betreuer	Vorläufige Forschungsfrage siehe Aufgabe 2

Nach welchen Kriterien sollte ich die Studien auswählen?

- Die Fragestellung darf nicht zu alt sein, weil dann alles schon gesagt ist und auch andere Studien schon verschiedene Studien ausgewertet haben. (Eine solche Studie, in der ein paar Dutzend andere Studien zu einer Frage dargestellt, beschrieben und bewertet werden, wird als Metastudie bezeichnet.)
- Recherche ist zentral, daher früh damit anfangen.
- Internationale Kataloge nutzen wie EBSCO, EconLit, Medi.
- Ranking von Journals beachten, ABCDE.
- Flexibel sein, Themen kommen in Frage, wenn es viele Artikel gibt, möglichst aus A und B Journals.
- Pragmatisch sein und nicht nur nach Interesse gehen. Was sich finden lässt ist entscheidend!
- Nicht verzweifeln, wenn man am Anfang nicht gleich alles versteht. Mit der Zeit dringt man immer tiefer in die Materie ein.

Wie sieht eine Aufgabenstellung vom Betreuer für ein Literature Review aus?

Es kommt auch vor, dass ein Dozent ausdrücklich eine solche Aufgabe stellt, häufig um die Literatur Recherche für seine eigene Publikation wie Thesis oder Habilitation zu erweitern. Er braucht beispielsweise die Recherche für seine Fragestellung „Kultur im Unternehmen bzw. in der Unternehmenskultur, unter besonderer Berücksichtigung von Diversität". Dabei geht es nicht nur um Produktivität, sondern beispielsweise auch um Mitarbeiterzufriedenheit, Innovationspotenzial oder anderes.

Ein weiteres Motiv ist die Aufarbeitung der Fortschritte in einem bestimmten Forschungsbereich. Wenn also ein Professor eine neue Auflage für sein Lehrbuch verfasst, möchte er die letzten neuen Erkenntnisse mit einarbeiten. Dazu möchte er eine schöne Übersicht. Du kannst Deine Betreuer also sehr glücklich machen.

Empirie-Arbeit

Arbeitsthema für eine Empirie-Arbeit

Das folgende Beispiel gibt Dir eine Orientierung für die Suche nach dem Arbeitsthema.

Kurzexposé- Beispiel für eine Empirie -Arbeit

Aufgabe	Ergebnis
Objekt/Motiv	Ebook-Käufer und deren Gewohnheiten
Frage	Welche Gewohnheiten weisen Ebook-Käufer auf?
Ziel	Das Ziel sind Erkenntnisse über die Nutzungsgewohnheiten von Ebook-Käufern.
Methoden	Forschungsstand ermitteln, Befragung der Zielgruppe durchführen und auswerten
Thema	Gewohnheiten von Ebook-Käufern – eine empirische Analyse

Wie finde ich ein Thema für eine Empirie-Arbeit?

Das Objekt einer empirischen Analyse ist ein Ausschnitt aus der Wirklichkeit. Es geht um die Gewinnung von Erkenntnissen über ein bestimmtes Objekt. Als Objekte kommen alle Objekte der Literaturarbeit infrage wie Erscheinungen, Gegebenheiten, Methoden, materielle und immaterielle Objekte etc.

Der Unterschied zwischen einer Literaturarbeit und einer empirischen Arbeit ist das neue Wissen bei einer empirischen Arbeit. Bei einer Literaturarbeit oder einem Literature Review stammt das Wissen dagegen aus Literaturquellen.

Zwei Wege zum Objekt bzw. Thema:

- ein Betreuer
- selbst suchen

Vor- und Nachteile bei Thema vom Betreuer

Vorteile	Nachteile
• Man hat schnell ein Objekt.	• Das Objekt muss nicht unbedingt mein Interesse treffen.
• Das Objekt gefällt dem Betreuer.	• Das Projekt ist sicher nicht trivial, sondern Teil eines Forschungsprojektes.
• Es ist eine echte Wissenslücke und nicht meine persönliche Wissenslücke.	• Die Erwartungen sind meist hoch.
• Es gibt eine klare Aufgabenstellung.	• Der Auftraggeber hat klare Vorstellungen über die Ergebnisse, die man erfüllen muss.
• Es gibt Betreuung und Feedback.	• Im Laufe des Projekts könnten wegen des Forschungsprojektes Richtungsänderungen erfolgen.
• Es gibt in der Regel wenige Risiken.	• Rücksicht auf Termine vom Lehrstuhl
	• Abhängigkeit von Dateninput

Vor- und Nachteile eines eigenen empirischen Themas

Vorteile	Nachteile
• Das Thema trifft mein Interesse zu 100 %. • Ich kann den Schwierigkeitsgrad des Themas selbst festlegen. • Ich kann schon vorarbeiten. • Ich kann auf meinen Hausarbeiten aufbauen. • Ich kann mir ein Thema mit Potenzial für den Job oder eine Thesis suchen. • Ich kann relativ frei planen.	• Die Suche dauert meist länger. • Einige Literaturarbeit ist notwendig, um das Thema abzusichern. • Aufgabenstellung ist selbst zu formulieren. • Forschungsrahmen ist selbst zu definieren. • „Überzeugen" des Betreuers kann länger dauern. • Es gibt mögliche versteckte Risiken. • Der Betreuer kann unterwegs Änderungswünsche haben, weil er erst dann das Projekt durchschaut.

Woran erkenne ich gute Themen-Ansätze für eine Empirie-Arbeit?

- Das Thema ist hochaktuell.
- Das Thema ist noch nicht gründlich aufgearbeitet.
- Zum Thema gibt es wenige wissenschaftliche Quellen.
- Sogar Definitionen und Abgrenzungen sind noch strittig.
- Zum Thema gibt es viele Online-Fundstellen mit intensiven Diskussionen.
- Eventuell gibt es auch schon einige Sachbücher zum Thema.
- Es gibt sehr viele Fragen zum Thema.
- Das Thema ist selbst noch in der Entwicklung und Entfaltung.

Wieso sind Social Media Plattformen ein gutes Beispiel für den Themenbereich?

Ein typisches Beispiel für ein solches Objekt im Jahr 2018 sind Social Media Plattformen wie Facebook, Google+, Pinterest etc.

- Diese Medien entwickeln sich rasant.
- Jeden Tag gibt es neue Plattformen.
- Jeden Tag gibt es neue Verbindungen zwischen den Plattformen.
- Jeden Tag gibt es neue Applikationen innerhalb der Plattformen.
- Jeden Tag werden Millionen in den Ausbau der Plattformen investiert.
- Hunderte von Millionen Nutzer mit unterschiedlichsten Interessen, Zielen, Merkmalen.
- Sie dringen immer mehr in alle Lebensbereiche vor.
- Es gibt einen Kampf/Showdown mit alten Medien. Etc.

Im Themenfeld Social Media sind Tausende Themen denkbar. Jede mögliche Gruppe von Nutzern (unterschieden nach Alter, Beruf, Einkommen, Stadt oder Land, Single oder in Beziehung oder verheiratet, Beruf, Land, Religion, Sprache, Kauftyp, Region oder sonstige Vorlieben) kann zu praktisch jedem Thema befragt werden. Damit ergeben sich schon für ein einziges Thema je nach Anzahl der Gruppen Tausende von eigenständigen Themen…

Welche „Objekte" sind gut geeignet für empirische Themenstellungen?

Besonders geeignet für empirische Analysen sind:

- Menschen und Gruppen von Menschen,
- Medien,
- komplexe Entwicklungen, egal in welchem Bereich,
- Interaktionen zwischen Objekten/Systemen.

Bei einer empirischen Analyse ist das Finden eines geeigneten Objekts enger verbunden mit der Forschungsfrage als bei jedem anderen Themen-Muster. Deshalb entscheiden wir uns für das Thema erst nach der Formulierung der Forschungsfrage!

Praxis-Arbeit

Arbeitsthema für eine Praxis-Arbeit

Das folgende Beispiel gibt Dir eine Orientierung für die Suche nach dem Arbeitsthema.

Kurzexposé- Beispiel für eine Praxis -Arbeit

Aufgabe	Ergebnis
Objekt/Motiv	Ebook-Verlag XY, Ebooks, der deutsche Ebook-Markt
Frage	Mit welchen Maßnahmen kann der Verlag XY seine Fach-Ebooks im deutschen Ebook-Markt gezielt vermarkten?
Ziel	Das Ziel ist ein Konzept für den Verlag XY zur gezielten Vermarktung von Fach-Ebook im deutschen Ebook-Markt?
Methoden	Gründliche Literaturrecherche und -auswertung; interne Gespräche, Auswertung interner Quellen
Thema	Entwicklung eines Marketing-Konzeptes für einen Ebook-Fachverlag für den deutschen Markt

Wie finde ich ein Thema für eine Praxis-Arbeit?

Das Objekt einer praktischen Arbeit ist das Unternehmen bzw. ein Ausschnitt davon. Da es eine wissenschaftliche Arbeit ist, muss es immer um die Beschaffung von Wissen gehen. Das kann eine Analyse von etwas sein oder die Ermittlung von Handlungsoptionen oder Alternativen und deren Bewertung. Auf jeden Fall ist es eine echte Aufgabe, die Lösung eines Problems.

Wie sieht ein Beispiel für eine Aufgabenstellung einer Praxisarbeit aus?

Analysieren Sie die Gründe für den Rückgang der Kundenzufriedenheit mittels Befragung von Vertriebsmitarbeitern und ausgewählten Kunden. Werten sie die Befragungen aus, ermitteln Sie die hauptsächlichen Gründe und mögliche Ansätze zur Steigerung der Kundenzufriedenheit. Erarbeiten Sie dazu einen konkreten Aktionsplan. Arbeiten Sie bei der Entwicklung dieses Aktionsplans eng mit den Mitarbeitern der Abteilung XY zusammen.

In welchem Unternehmen soll ich schreiben?

Wähle das Unternehmen mit Bedacht. Kläre diese Aspekte:

- Interesse an Branche und Schwerpunkten der Firma?
- Erwartungen und Anforderungen der Firma?
- Ist schon ein Thema vorhanden?
- Haben die Mitarbeiter Erfahrung in der Betreuung von Studenten?
- Qualität und Umfang der Betreuung der Arbeit?
- Art und Inhalt von Thema und Aufgabenstellung?
- Möglichkeit eines späteren Einstiegs?

Welche Fragen helfen beim Finden von Ansätzen für mögliche Themen im Unternehmen?

- Welche Erfahrungen hast Du bisher mit diesem Themenbereich?
- Kannst Du sofort was dazu sagen?
- Welche Anforderungen stellt das Thema in inhaltlicher Hinsicht?
- Welchen Umfang hat das Thema?
- Gibt es dafür fertige Modelle und Vorlagen in Büchern?
- Sind die Informationen dazu leicht zu beschaffen?

Welche Risiken gibt es bei Unternehmensthemen?

- Sehr praxisnah = weniger wissenschaftlich
- Thema sehr komplex
- Thema unpräzise, zu global
- „Politische" Probleme bei bestimmten Themen (Entlohnung, Leistungsbewertung…)
- Wenig Betreuung in der Firma
- Firma will eigentlich nur die Lösung, weniger einen langen Text
- Probleme bei Datenerhebung
- Probleme bei Themenfestlegung mit Professor

Was ist ein typisches Thema für eine Praxis-Arbeit?

Typisch ist die **Entwicklung eines Lösungskonzeptes** für ein bestimmtes Problem wie die Einführung einer neuen Software. Die Praxis-Arbeit in diesem Leitfaden konzentriert sich auf die Entwicklung eines Konzepts.

Kann eine Praxis-Arbeit auch eine Empirie-Arbeit sein?

Natürlich! Sehr oft ist die Praxis-Arbeit eine Empirie-Arbeit, wie die Befragung von Kunden oder Zulieferern oder auch Mitarbeitern. In diesem Falle solltest Du die Empirie-Arbeit als Thesis-Typ wählen.

Ist es „nur" eine **einfache Analyse** wie eine Marktanalyse oder die Analyse einer bestimmten Technologie oder eines Konzeptes, dann ist Deine Thesis eine Literaturarbeit oder ein Literature Review.

Im Folgenden steht die Konzeptentwicklung für ein bestimmtes Problem im Fokus.

Wie sieht die Grundidee der Erstellung eines Konzeptes aus?
Was sind IST-Situation und SOLL-Konzept?

Wir verstehen unter Konzept einen Plan zur Erreichung eines bestimmten Zieles bzw. zur Lösung eines bestimmten Problems. Dieser Plan enthält alle notwendigen Analysen und konkrete Vorschläge zur Überwindung bestimmter Probleme und Herausforderungen. Daraus ergeben sich Handlungsempfehlungen.

Wir fassen das Problem als eine SOLL-IST-Abweichung auf. Der aktuelle Zustand ist nicht der gewünschte Zustand. Die Aufgabe ist, einen Weg zu finden und zu beschreiben, wie die Firma vom IST-Zustand zum SOLL-Zustand gelangt. Daher ist ein Konzept immer ein SOLL-Konzept.

In der Regel ist die Lösung nicht trivial. Denn sonst hätte das ein Firmenmitarbeiter schon an einem Tag erledigt... Häufig ist eine Sammlung vieler Informationen und deren Auswertung notwendig. Mitunter gibt es auch mehrere Möglichkeiten, die erst gründlich analysiert und verglichen werden müssen, bevor man Empfehlungen zur Lösung geben kann.

Schauen wir uns typische Probleme an, die im Rahmen einer solchen Abschlussarbeit behandelt werden können.

Welche Probleme lassen sich in einer Praxis-Arbeit bearbeiten?
- Probleme bei der Einführung eines neuen Systems wie Controllingsystem, Projektmanagement, IT System, Wissensmanagementsystem, ein Logistik System etc.
- Probleme auf dem Markt bei Kundengewinnung, Kundenbindung oder Markteintritt in neue Märkte,
- Gewinnung und Bindung von Mitarbeitern,
- Steigerung der Mitarbeiterzufriedenheit,
- Steigerung der Kundenzufriedenheit,
- Verbesserung des Kostenrechnungssystems,
- Optimierung im Prozessmanagement,
- Verbesserung des Employer Branding,
- Reduzierung von Verschwendung in logistischen Systemen,
- Einführung besserer Arbeitszeitmodelle,
- viele weitere Probleme und Herausforderungen.

Offenbar ist die erste Aufgabe, das Problem selbst abzugrenzen und gründlich zu analysieren. Vielfältige Aspekte spielen eine Rolle wie organisatorische Aspekte, technische, personelle, finanzielle Aspekte, Aspekte der Materialwirtschaft, der Kommunikation, der Koordinierung usw.

Nach dieser Analyse des IST-Zustandes müssen Lösungsmöglichkeiten aufgezeigt werden.

Wie gehe ich am besten bei der Themenfindung für meine Praxis-Arbeit vor?
- Die Firma legt fest, in welchem Bereich die Arbeit geschrieben wird. Das definiert den Themenbereich. Mögliche Einsatzbereiche sind Personalmanagement, IT, Vertrieb, Rechnungslegung, Produktentwicklung etc.

- Definition des Problems: In dem Unternehmensbereich gibt es in der Regel eine offene Frage, welche im Laufe der Arbeit beantwortet werden soll. Das ist der Themenansatz. Das kann zum Beispiel die Einführung eines neuen Systems sein, das Fehlen bestimmter Informationen über den Markt, über Kunden, den Wettbewerb, neue Produkte, Mitarbeiterbedürfnisse, technische Probleme etc.
- Formulierung der Aufgabenstellung: in der Regel formuliert die Firma eine schriftliche Aufgabenstellung. Sollte dies nicht der Fall sein, muss Du selbst eine Aufgabenstellung formulieren und diese absegnen lassen. Ohne eine fixierte Aufgabe kommt es immer wieder zu Störungen und Problemen und Verzögerungen.

Welche Aufgaben sind in Unternehmen möglich?
- Beschaffung und Auswertung von Informationen (einfache Analyse = Literaturarbeit),
- Erhebung und Auswertung von Informationen (empirische Analyse),
- Ermittlung von Handlungsalternativen und deren Bewertung (Bewertungsarbeit),
- Präzise Problembeschreibung und damit Beschreibung der IST-Situation (das reicht mitunter schon!),
- Entwicklung/Erarbeitung eines ausführlichen Planes mit konkreten Maßnahmen zur Lösung eines Problems bzw. Änderung einer Situation.

FRAGEN UND ANTWORTEN
Was mache ich, wenn ich einfach keinen Ansatz finde?
Was heißt nichts? Nichts Relevantes oder Interessantes oder Machbares?
Dann prüfe, ob der Themenbereich wirklich Deine Domäne ist. Wähle falls nötig einen anderen, angrenzenden Bereich.

Wer kann mir legal helfen?
- Betreuer könnten helfen. Sie haben aber meist wenig Zeit.
- Kommilitonen könnten helfen, als Sparringspartner.
- Ein Thesis-Coach kann helfen (siehe www.studeo.de).

 **Aristolo**

Mit welchen Suchmaschinen sollte ich suchen?

Die Bildersuche von Google hilft bei der Suche nach Modellen.

Suche mit wissenschaftlichen Suchkatalogen wie scholar.google.com nach Artikeln.

Aber Deine ersten Begriffe musst Du dafür natürlich schon kennen.

Das Wichtigste auf einen Blick:

1. Stelle Dir die Frage, WORÜBER will ich schreiben?
2. Finde ein Thema/Objekt, das Dich wirklich interessiert und motiviert.

Tipp: Online-Tool für die Themenfindung (Sprint 4)

Mache den **Themen-Trip**

Finde den passenden Analyse-Typ für Dein Thema und formuliere dazu gleich
Leitfrage, Ziel und Aufgabenstellung der Arbeit

aristolo.com/thesis

Mögliche „Mini"-Sprints (Änderungen, Ergänzungen):

Dein Thema steht noch nicht ganz fest. Gehe erst die nächsten Schritte
und arbeite daran.

Sprint 5: WAS kommt in meine Thesis?
– Folge der Mustergliederung

WARUM?	Du willst wissen, was alles in die Arbeit gehört.
Dein Ziel?	...ist eine Mustergliederung für Deine Arbeit, als Raster, zum Langhangeln.
Was steht danach NEU im Exposé?	Die Mustergliederung.
Dauer	0,5 h

Wie sieht die grundlegende Gliederung einer Thesis aus?

JEDE Thesis ist eine wissenschaftliche Arbeit. Sie fängt beim Bekannten an und findet dann Erkenntnisse über das Unbekannte. Das spiegelt sich im Text wieder. Du musst die Grundlagen erläutern, dann die bisherigen Erkenntnisse beschreiben, die Lücke darstellen, Deinen Ansatz beschreiben, die Analyse außerhalb der Arbeit machen und die Ergebnisse aufschreiben und dann Schlüsse ziehen. Diese Muster-Gliederung deckt das alles ab.

1. Einleitung – Hinleitung zur Leitfrage
2. Theorien und Modelle
3. Aktueller Forschungsstand
4. Methoden
5. Ergebnisse
6. Fazit

Welche Inhalte stehen in den Kapiteln?

Schauen wir, was in den einzelnen Kapiteln steht. Die Formulierung von Kapitel-Fragen hilft Dir, Klarheit zu gewinnen. Du musst jeweils nur diese Fragen und noch ein paar detailliertere Fragen beantworten und Du bist durch. ☺

Kapitel 1: Einleitung

Inhalte sind:

- Kontext: Worum geht es? Welche Gründe gibt es für die Themenwahl? Welche Lücken bestehen?
- Studienüberblick: Welche Autoren haben darüber schon geforscht?
- Forschungsfrage: Welche Frage soll beantwortet werden?
- Forschungsdesign/Methodik: Welche Methoden sollen dafür genutzt werden?
- Aufbau: Welche Inhalte hat die Arbeit?

Textumfang: ca. 5 % (2-3 Seiten bei 50 Seiten)

Kapitel 2: Theorie

Welche Begriffe, Modelle und Theorien sind für die einzelnen Teile im Thema relevant, anerkannt und für das Projekt geeignet? Nur relevante, aktuelle, anerkannte Modelle sind erlaubt.

Textumfang: ca. 15 - 20 % (8 - 10 Seiten bei 50 Seiten)

Kapitel 3: Forschungsstand (Literature Review)

- Wer hat mit wem ⇒ die Autor/en
- Wann ⇒ Jahr der Veröffentlichung
- was ⇒ Objekt/Sample
- wie ⇒ die Methoden
- untersucht und
- was herausgefunden ⇒ Ergebnisse und
- wo publiziert ⇒ in welcher Publikation?
- Umfang: ca. 20-50 Seiten, in Tabellenform und Text
- Quelle: ca. 30 – 100 wissenschaftliche Artikel
- Jeweils Forschungsfragen, Modelle, Samples, Erkenntnisse und offene Fragen

Textumfang: ca. 15 - 20 % (8 - 10 Seiten bei 50 Seiten)

Kapitel 4: Methoden

- Wie lauten Detailfragen zum Thema?
- Wie lauten mögliche Hypothesen?
- Welche Datenbasis (Sample) kommt in Frage? Welche Auswahlkriterien, Merkmale, Wege der Ansprache sind relevant?
- Welche Methoden der Erhebung und Auswertung von Daten kommen in Frage und nach welche Kriterien werden die geeigneten ausgewählt?
- Welche Risiken gibt es und welche Gegenstrategien kommen in Frage?
- Welche Instrumente der Datengewinnung kommen in Frage wie Fragebogen, Interviewleitfaden, Erhebungsbogen, Versuchsaufbau u. ä.
- Welche Schritte enthält der Plan zur Durchführung der gewählten Analysen?

Textumfang: ca. 5 - 15 % (3 - 10 Seiten bei 50 Seiten, Empirie-Arbeiten haben deutlich mehr)

Kapitel 5: Ergebnisse

- Welche Erkenntnisse wurden gewonnen in Form von Text, Grafiken, Tabellen, Zahlen?
- Welche Antworten gibt es zu den Detailfragen?
- Wie lassen sich die Erkenntnisse interpretieren und diskutieren?

Textumfang: ca. 30 - 50 % (15 - 25 Seiten bei 50 Seiten, Empirie-Arbeiten haben deutlich mehr)

Kapitel 6: Fazit und Ausblick
- Was sind die wesentlichen Erkenntnisse der Arbeit?
- Welche unpersönlichen Aussagen bringen die Erkenntnisse auf den Punkt?
- Welche Schlussfolgerungen sind zwingend aus den Erkenntnissen der Arbeit zu ziehen?

Textumfang: ca. 5 % (2-3 Seiten bei 50 Seiten)

Du solltest jetzt einen ersten Eindruck haben und vor allem das Gefühl: das ist machbar. Die konkrete Formulierung der Kapitelüberschriften hängt dann vom Thesis-Typ und dem Thema ab.

Sind der Inhalt und damit auch die Gliederung nicht vom konkreten Thema abhängig?

Natürlich ist der Inhalt vom Thema abhängig. Die Kapitel-Überschriften enthalten die themenbezogenen Begriffe.

ABER: die Reihenfolge der Kapitel auf der 1. Ebene ist immer gleich, muss es sein. Du musst die theoretische Basis der Begriffe darstellen, dann das bisher Erkannte über das Thema, dann die Lücke, dann Dein Vorgehen und Deine Methoden und Daten beschreiben zum Schließen der Lücke, dann kommen die Ergebnisse und zuletzt Diskussion und Fazit. Das ist der Rote Faden für Ingenieure, BWLer, Pädagogen, Literaturwissenschaftler, Mathematiker, Biologen, VWLer, Psychologen, Theologen und alle anderen Fächer auch.

Der Reichtum Deines Textes befindet sich auf der dritten und vierten Ebene der Gliederung. Dort finden sich in den HINTEREN Kapiteln die eigenen Erkenntnisse und die Eigenleistung.

Wann sollte ich die Gliederung erstellen?

Die Gliederung gehört in das Exposé. Für den Anfang reicht es, nur die Struktur auf der ersten und zweiten Gliederungsebene zu sehen.

Was sind allgemeine Prinzipien für das Gliedern?
- Vom Allgemeinen zum Besonderen bzw. Detail
- Vom Alten zum Neuen
- Von der Theorie zur Praxis

- Von Bekannten zum Unbekannten
- Vom Fremden zum Eigenen
- Vom Großen zum Kleinen
- Vom Einfachen zum Komplizierten
- Von der Beschreibung zur Analyse
- Von innen nach außen
- Vom IST zum SOLL
- Vom Plan zu den Ergebnissen

Was ist der Gliederungs-Dreiklang?

Ein besonders nützliches Muster ist der Gliederungs-Dreiklang auf der zweiten Ebene für einzelne Teilbereiche im Thema:

1. Unterkapitel: **Allgemeines:** Begriffsdefinition und Einordnung in den Themenbereich
2. Unterkapitel: **Details:** Einzel-Elemente/Bestandteile
3. Unterkapitel: **Umfeld:** Praxisbezug, Praktische Relevanz, Anwendung, Einsatz etc.

Alle anderen Inhalte lassen sich darin einordnen. Der Dreiklang folgt dem Systemgedanken.

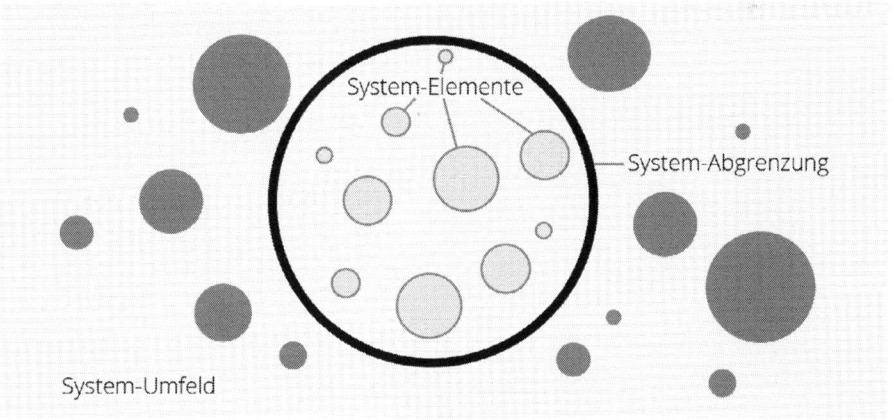

Das Wichtigste auf einen Blick:

1. Halte Dich an die Mustergliederung.
2. Achte immer auf den Roten Faden.

Mögliche „Mini"-Sprints (Änderungen, Ergänzungen):

Die Gliederung wird immer wieder verfeinert und vertieft.

Sprint 6: WIE schaffe ich die Thesis? – Folge dem Masterplan

WARUM?	Du willst einen Aktionsplan zum Abhaken.
Dein Ziel?	…ist ein Plan mit konkreten und machbaren Arbeitspaketen bis zum Ende.
Was steht danach NEU im Exposé?	Du hast einen Entwurf für den Arbeitsplan.
Dauer	0,5 h

Ist es wirklich möglich, einen Text von über 40, 60, 80 oder 100 Seiten in nur 31 Tagen zu schreiben? Ja, das ist möglich, mit unserem Masterplan, mit sieben Meilensteinen und 30 Sprints für eine Literaturarbeit oder ein Literature Review und 34 Sprints für eine Empirie-Arbeit oder eine Praxis-Arbeit. Siehe die beiden Masterpläne am Ende dieses Buches.

Warum funktioniert dieser 31 Tage Thesis-Masterplan?

1. Weil Du bei jedem Sprint die Antwort auf die Frage Warum? kennst
2. Weil Du STÄNDIG Erfolgserlebnisse hast = nach jedem Sprint
3. Weil Du in jedem Sprint Hilfe hast = Vorlagen, Beispiele, Checklisten

Wie sieht mein Thesis-Arbeitsplan aus?

Dieser Leitfaden ist schon Dein Arbeitsplan. Folge den Sprints und Du kommst an Dein Ziel, eine sehr gute Arbeit in überschaubarer Zeit zu schreiben.

Das Wichtigste auf einen Blick:

1. Halte Dich an den Plan, soweit es möglich ist.
2. Genieße die Erfolge!

Mögliche „Mini"-Sprints (Änderungen, Ergänzungen):

Der Plan wird im Laufe der Arbeit immer wieder verfeinert und angepasst.

Sprint 7: WOMIT fange ich an? – Mache einen Bauplan (Exposé)

WARUM?	Du willst was zum Festhalten für den Einstieg.
Dein Ziel?	...ist eine Schreibdatei für Dein Exposé (Word oder andere).
Was steht danach NEU im Exposé?	Deckblatt, Exposé-Kapitel und Verzeichnisse.
Dauer	0,5 h

Was steht im Exposé?

Das Exposé ist Deine Arbeit in Miniatur und Dein Kompass. Die Kapitel im Text gleichen der vorläufigen Gliederung im Exposé. Das Exposé ist der Arbeitsplan. Dein Text ist dann das Ergebnis der Arbeit.

Ein gutes Exposé enthält diese Abschnitte:

1. Begriffsklärungen und Definitionen,
2. Beschreibung der Ausgangssituation (Kontext) mit Studienüberblick,
3. Formulierung der Forschungsfrage und Detailfragen,
4. Zielformulierung,
5. Vorgehen/Methodik,
6. Aufbau der Arbeit,
7. Vorläufige Gliederung der Arbeit,
8. Vorläufiges Quellenverzeichnis,
9. Vorläufiger Arbeitsplan für den Einstieg (Exposé).

Wie lege ich die Exposé-Datei an?

Schritt 1: Lade die Word-Exposé-Vorlage auf aristolo.com herunter oder erstelle eine Datei mit den obigen neun Abschnitten.

Schritt 2: Bezeichne die Exposé-Datei mit vorname-name-thesis-exposee-version-1. docx

Schritt 3: Fülle das Deckblatt aus und mache damit diese Exposé-Datei zu DEINER Datei.

Welche Vorteile hat das Exposé für Dich und Dein Projekt?

1. Das Exposé ist ein Deal mit Dir selbst. Du willst das Geplante umsetzen.
2. Das Exposé ist Dein Einstieg. Es verhindert, dass Du ewig „anfängst". Mit dem Deckblatt hast Du den ersten Schritt schon gemacht. Dann fülle einfach die Abschnitte, NACHDEM Du die Muster gelesen hast.
3. Das Exposé wird zu Deiner ersten Version der Einleitung. Diese wird am Ende der Arbeit natürlich noch mal geprüft und angepasst. Du hast also schon die ersten Seiten!
4. Das Exposé ist die Gesprächsgrundlage für Betreuer und eventuelle Auftraggeber. Damit stellst Du sicher, dass Du schon nicht mehr durchfallen kannst, nämlich wenn Du alles so machst, wie im Exposé beschrieben.
5. Das Exposé gibt Dir die Sicherheit, dass Du das Projekt schaffen kannst. Alle Inhalte in Deinem Exposé sind aufeinander abgestimmt. Du bist schon mit den Inhalten vertraut.
6. Das Exposé enthält schon Deine Arbeitsaufträge. Du musst nicht mehr so viel grübeln, was Du als nächstes machen sollst.
7. Das Exposé ist Dein Koordinatensystem, Deine Geländekarte. Egal was Dir vor die Nase kommt: Du kannst es in Deine Arbeit und Gliederung einordnen, die Quellen, Anforderungen, Daten, Modelle, was auch immer.
8. Das Exposé ist wie Dein Text aufgebaut. Das Ausfüllen ist schon ein Training für die große Arbeit.
9. Das Exposé beschützt Dich vor Risiken. Du wirst schon sehr früh darauf aufmerksam und kannst was dagegen tun.

Fragen und Tipps zum Exposé
Was ist, wenn ich gar kein Exposé erstellen muss? Soll ich eins machen?
Du solltest auf jeden Fall ein Exposé schreiben. Denn dieses hat sich als Fahrplan bewährt. Ohne Exposé zu schreiben ist wie ein Orientierungslauf ohne Karte im unwegsamen Gelände. Du kannst es in der Besprechung als Deine Einleitung deklarieren.

Ist das Exposé für mich verbindlich?

Du solltest sehr viel Sorgfalt in die Ausarbeitung Deines Exposés legen. Deswegen ist dann Dein Exposé auch relativ verbindlich. Aber es bleibt immer noch Spielraum für notwendige Änderungen.

Soll ich das Exposé ändern, wenn ich während der Arbeit andere Erkenntnisse habe?

Du solltest nach der Anmeldung das Exposé nicht mehr formell ändern. Ändere gleich im Text.

Wie soll ich dem Betreuer das Exposé vorstellen, persönlich oder Email?

Das kommt drauf an. Wenn Du erwartest, dass er das Ganze gründlich liest und Dir auch konstruktives Feedback gibt, solltest Du es mailen. Wenn Du jedoch den Eindruck hast, dass ein Gespräch besser ist, dann drucke es aus und überreiche es persönlich.

Was mache ich, wenn das Exposé nicht angenommen wird?

Dann musst Du nachfragen was fehlt, was nicht in Ordnung ist. Meist kommt das aber in den Anmerkungen. Ist das Exposé zu lang, solltest Du eine Kurzform machen.

Wie lang sollte mein Exposé sein?

Das Exposé umfasst etwa 2-3 Seiten Text plus Gliederung, vorläufiges Quellenverzeichnis und Arbeitsplan.

Bei uns werden nur 2 Seiten als Exposé verlangt. Woran sollte ich mich am besten halten?

Natürlich wirst Du die 2 Seiten abgeben. Und unsere Vorlage ausfüllen. Warum? Siehe noch mal die Vorteile des Exposés. Deine beiden Seiten für die Abgabe stehen auch in unserer Vorlage.

Ich muss nur 30 Seiten schreiben. Sollte ich trotzdem so ein umfangreiches Exposé schreiben?

Egal, Du brauchst einen Plan, sonst stocherst Du im Nebel.

Das Wichtigste auf einen Blick:

1. Das Exposé ist Dein Bauplan, Dein Kompass, Dein Koordinatensystem.
2. Folge der strengen Gliederung und schreibe in unserer Exposé-Vorlage.

Aristolo

Mögliche „Mini"-Sprints (Änderungen, Ergänzungen):
Das Exposé ist zum Füllen da, bis es zur Einleitung wird.

Sprint 8: Finde erste relevante Quellen

WARUM? **Dauer**	Du willst Quellen für den Einstieg. 4 h
Dein Ziel?	...ist eine Liste der besten Fachbücher und Quellen zum Thema.
Was steht danach NEU im Exposé?	Eine Liste von ca. 20 bis 30 Quellen, Fachbücher und Studien

Wie gehe ich bei der Suche nach Quellen vor?

Beantworte diese drei Fragen.

Was und Wie	Fragen für die Suche	Ergebnisse
Wonach suchen?	Wonach suche ich? Was für Suchbegriffe ergeben sich aus Thema und Fragestellung?	Liste von relevanten Suchbegriffen
Wo suchen?	Wo suche ich? Welche Suchkataloge führen zu den relevanten Quellen?	Liste der Kataloge
Wie suchen?	Wie suche ich effizient? Welche Techniken der Suche führen zu den passenden Quellen?	Quellen mit Metadaten

Frage 1: Wonach suche ich?

Die ersten Suchbegriffe sind natürlich die aus dem Thema, also die Substantive und Adjektive. Normalerweise geht man so vor, dass man diese Suchbegriffe in bestimmte Kataloge eingibt und das Gefundene dann näher betrachtet. In der Regel stehen in einem Thema aber nicht mehr als vier oder fünf Worte. Manche davon sind auch so allgemein, dass man dazu sehr viel findet. Die paar Worte aus dem Thema sind offensichtlich nicht ausreichend.

Deshalb sollten wir verwandte Begriffe suchen und andererseits Wortgruppen bilden.

Suchbegriffe für das Beispielthema

Thema: Entwicklung des deutschen Ebook-Markts – eine systematische Analyse

Suchworte-Einzelworte: Ebooks, e-books, E-books, Ebuch, Ebook, Ebücher, digitales Buch, digitale Bücher, digital books. Markt, Markttrends, Marktentwicklung,

Suchworte-Wortgruppen: Ebook-Marketing, Ebook-Vermarktung etc.

Mitunter muss man Worte trennen. Bei Produktvermarktung sollte man einerseits nach Produkten und andererseits nach Vermarktung oder Marketing suchen.

Diese Listen werden sich im Laufe der Arbeit noch erweitern. Denn in den Suchergebnissen finden sich meist weitere Begriffe.

Die Eingabe aller Wörter in das Suchfeld führt vermutlich zu wenig Ergebnissen. Denn zu dem eigentlichen Thema gibt es noch nicht so viel. Sonst wäre ja die Arbeit überflüssig....

Nutze solch eine Tabelle für die Suche nach den Suchworten für das Thema.

Suchbegriffe	Synonyme	Erweiterungen	Englisch
Begriff 1 - Bsp: Ebook, Lernen, Medien etc.			
Begriff 2 - Bsp: Verlag, Lesen, Marketing etc.			

Varianten und englische Übersetzung der Suchbegriffe

Suchbegriffe	Synonyme	Erweiterungen	Englisch	Beispiel
Ebook	Digitales Buch	Digital book	Ebook	
Markt		Markttrends, Marktentwicklung, Marktstruktur	Market trends	market, market structure, market development

Frage 2: Wo suche ich? An welchen Suchorten finde ich die Fachbücher?

Suchorte	Typische Inhalte	Vorteile	Nachteile	Tipps
Amazon/ buchka-talog.de	Lieferbare deutsche und ausländische Bücher; oft auch Ebooks; Verweise zu ähnlichen Quellen	Aktuellste Quellen; meist sofort kaufbar; Rückgaberecht vier Wochen; oft „Blick ins Buch" möglich; Empfehlung ähnlicher Bücher; Ranking	unformatierte Quellenangaben; keine nicht lieferbaren Quellen; Frust, falls ein Buch erst bald erscheint, keine Artikel	gleich am Anfang dort suchen; Rückgaberecht nutzen; Quellenangaben in Citavi suchen; Screenshots Inhaltsverzeichnis machen
Google Books	books.google.com; Bücher weltweit; Vorschau	Oft Vorschau auf Einleitung, Gliederung, Quellen, oft viele Seiten sichtbar; Speichern von Funden; oft Definitionen auffindbar; oft Fußnoten sichtbar	Nicht downloadbar; meist fehlen gerade interessante Seiten; Abbildungs-Qualität wegen Scan schlecht	Screenshots machen; sehr gut für finale und kosmetische Recherchen; nicht allein darauf verlassen!
Wikipedia	Sehr viel Wissen zu allen möglichen Themen und Bereichen	enthält oft Wissen, das in anderen, seriösen Quellen noch nicht steht; oft Verweise auf seriöse Quellen; oft gut gegliedert; oft Links zu weiteren relevanten Begriffen	Auf keinen Fall zitierfähig; immer wieder Fehler; oft oberflächlich; vieles fehlt	Stichworte für die Suche finden; erste Definitionen, aber Vorsicht; als Inspiration nutzen; Quellenangaben zum Einstieg nutzen; eventuell Experten finden
Google	Das ganze Internet: Artikel, Bücher, Vorträge, Zeitungsartikel, Pressemitteilungen, Interviews einfach alles, alles	Sehr aktuell, sehr viel Inhalt, sehr schnell, überall zugänglich, Querverlinkung, flexible Suchalgorithmen einsetzbar	Viel Unpassendes; viele Pseudoquellen; unformatiert; Verführung zu unwiss. Belegen; ermüdend; Zeitfresser!	mit erweiterter Suche suchen, Suchalgorithmen lernen, nach Dateiformaten suchen; unbedingt Zeitlimit setzen (Timer)

Frage 3: Wie suche ich meine Quellen und Fachbücher?

Geschickt! Folge diesen Tipps.

Suche	Das Ziel	Wann?	Wo - Suchorte	Vorgehen
1. Erste Recherche (Einstiegs-Recherche)	5-10 allererste Quellen, Quellen mit Verweisen auf weitere Quellen	Ganz zu Beginn	Internet/Google, Alle-Kataloge	Suchbegriffe aus Thema nutzen, Grundlagenwerke suchen, Basisartikel suchen, Quellen mit vielen Verweisen suchen
2. Große Recherche	30-60 Quellen, mindestens so viele wie Seitenzahl, größter Teil der Quellen ist beschafft	4-mal im 1. Drittel	Basis- und Spezialkataloge, in ersten Quellen!	Zeitlimit zwei Tage; in Schichten suchen von max. 2 h; drei Ablagekategorien: ja, nein, vielleicht; nicht „festlesen"; Metadaten der Funde sofort auf PC speichern, Tipp: evernote.com!; nach jeder Schicht Quellen etwas sortieren; weglassen geht später immer noch
3. Spezielle Recherchen	Quellen als Belege für spezielle Textstellen	Bis Ende 2. Drittel	Internetkataloge	Suchbegriffe genau festlegen (wirklich wichtig?); Suchen möglichst bündeln; Metadaten sofort in Liste eintragen; nicht ablenken lassen
4. Finale Recherchen	Restliche Quellen, um alle Inhalte zu belegen	Bis zwei Wo. vor Ende	Suchmaschinen, Internetkataloge	offene Textstellen mit XXXX markieren; Zeitlimit setzen; Metadaten sofort in Liste eintragen
5. "Kosmetische" Recherchen"	Höhere Quellenanzahl, alternierende Quellenangaben	Bis 1 Woche vor Ende	Am besten innerhalb von ähnlichen Quellen, Internet eher nicht	Suche nach Quellen mit gleichen Inhalten; ähnliche Quellen helfen; nicht zu lange suchen; nicht erst am letzten Tag suchen; Metadaten sofort in Liste eintragen

1. Recherche: Erste Recherche/Einstiegsrecherche

Das Ziel sind Einstiegsquellen. In diesen werden die Grundbegriffe aus dem Thema behandelt. Sie enthalten oft Verweise auf weitere Quellen, die so genannte Bibliografie. Diese Suche steht ganz am Anfang und sollte 2 x 2 Stunden dauern. Schon nach zehn Minuten sollte man mindestens fünf Quellen gefunden haben. Falls nicht, muss man das Thema überdenken.

Vorgehen bei der Einstiegsrecherche:

- Suchbegriffe zurechtlegen,
- Fachbücher mit Suchbegriffen in Amazon, books.google.com und buchkatalog.de suchen,
- Suchergebnisse zügig bewerten, nach Relevanz und Metadaten ablegen,
- Suche nach Inhalten mit „Blick ins Buch",
- Kleine Pause,
- Alle Quellen auf Relevanz prüfen,
- Suchbegriffe überdenken und anpassen, falls Suche nicht ergiebig,
- in Suchkatalogen nach weiteren Büchern und Artikeln suchen,
- Verweise in Grundlagenbüchern auf Spezialquellen auswerten,
- aufhören, wenn 30 Quellen vorliegen,
- Quellenliste erstellen.

Woran erkenne ich geeignete Quellen?

Kriterium	Erläuterung	Vorgehen bei Prüfung	Tipps
Relevanz	Quelle ist relevant, wenn Suchbegriff in Titel, Abstract, Schlagwörtern; Gliederung steht	Nach Suchbegriffen suchen in Titel, Abstract, Schlagwörtern Gliederung und Einleitung; relevant, wenn Begriff mehrmals auftaucht	Am wichtigsten ist der Titel; auch verwandte Suchbegriffe nutzen
Wissen-schaftlichkeit	Autor ist Professor oder an Hochschule; Wiss. Verlag (Vahlen, Oldenbourg, Fischer, Springer, UTB, Schäfer-Pö-schel, Haufe, Gabler etc.); Verweise im Text; Bibliographie; Wiss. Zeitschrift	Suche in den richtigen Katalogen und die Quellen sind stets wissenschaftlich	Keine Kompromisse machen; Verweise in Quellen sind meist brauchbar

Kriterium	Erläuterung	Vorgehen bei Prüfung	Tipps
Ergiebigkeit	Belege für viele Textstellen; Modelle; Übersichten Themenbereich; Aufbereitung Forschungsstand	Gliederung prüfen; Suchbegriffe im Text suchen; nach Modellen suchen	Mindestens fünf ergiebige Quellen, mehr = besser; Handbücher mit Artikeln sehr ergiebig
Alter	je aktueller umso besser; Alter ist relativ, fall letzte Quelle zum Thema, kann auch zehn Jahre ok sein	Jahreszahl prüfen; Betreuer fragen, ob XX Jahre noch ok sind	Suche in neuesten Quellen sichert Aktualität; Auflagen beachten
Beschaffbarkeit	Eigene Bibliothek am besten; Artikel bei Subito bestellen; mitunter Fernleihe möglich	Nach Standort suchen; hartnäckig sein; Bibliothekare fragen; Foren nutzen; Freunde fragen	falls eine Quelle nicht beschaffbar, ersetzen durch andere; kaufen mitunter gute Option

Wege zur Beschaffung von Quellen

Kriterium	Erläuterung und Vorgehen	Vorteile und Nachteile	Tipps
Eigene Bibliothek	liegt am nächsten; aber erst im Online-Katalog nach Verfügbarkeit suchen; eventuell bestellen; Bibliothekare befragen	**PLUS:** Erreichbarkeit; Kopieren möglich; Fernleihe möglich; Online-Katalog-Suche möglich; Bestellen möglich **MINUS:** meist limitierter Bestand; alte Auflagen; wenige Zeitschriften	gutes Verhältnis mit Bibliothekar wichtig,; stets erst Online-Katalog-Suche; nach Fernleihe erkundigen
Deutsche Nationalbibliothek in Leipzig und Frankfurt/ Main	Beide Bibliotheken haben praktisch alle jemals auf Deutsch erschienenen Quellen mit einer ISBN oder ISSN; nur Lesesaal möglich; Kopieren möglich	**PLUS:** alles da; flexibel; man kann jemand zum Kopieren schicken **MINUS:** Anreise; copy-Kosten von 10 Cent/Seite; max. Vorbestellmenge	Kontakt-Netzwerk für Leipziger oder Frankfurter Kontakte anzapfen; frühzeitig machen; Sammelbestellung

Kriterium	Erläuterung und Vorgehen	Vorteile und Nachteile	Tipps
Subito (subito-doc. de)	Dienstleister für Kopieren von Fachartikel; abrechnen nach Seitenzahl; Onlinebestellung möglich	**PLUS:** bequem per Email oder Post; wenige Tage Wartezeit **MINUS:** Kosten pro Artikel ca. 5-10 Euro; Wartezeit	Artikel sammeln; frühzeitig machen; Such- und Kopierkosten gegenrechnen
Fernleihe	Bestellung über die eigene Bibliothek; oftmals auch online möglich	**PLUS:** sehr bequem über Bibliotheksverbünde; geringe Gebühren (1-2 EUR pro Buch); **MINUS:** Wartezeit von Tagen oder Wochen; keine Diplomarbeiten bestellbar	frühzeitig machen; Sammelbestellung machen
Amazon	Bestellung von Fachbüchern	**PLUS:** sehr bequem; oft über Nacht; Rückgaberecht **MINUS:** mitunter sehr teuer	nur wichtigste Bücher kaufen; Rückgaberecht nutzen
Artikel-Online-Shops	Bestellung von Fachartikeln; oft in den Suchkatalogen integriert	**PLUS:** sehr bequem; sofortiger Download; digital vorhanden und durchsuchbar **MINUS:** sehr teuer, pro Artikel ab 25 Dollar/Euro	Erst kostenlose Möglichkeiten nutzen; bei wenigen aber wichtigen Artikeln kann es sich lohnen

2. Recherche: Große Recherche von Quellen

Das Ziel sind Quellen zu jedem Punkt der Gliederung. Basis der Suche sind die angepassten und ergänzten Suchbegriffe und die Quellen der ersten Recherche. Suchorte sind die Quellen und die schon aufgelisteten Suchkataloge.

Die große Recherche sollte nicht länger als 16 h über zwei bis drei Tage verteilt dauern. Dann sollten über 80 % der relevanten Quellen bekannt sein. Dabei gilt die 80:20 Regel. 80 % der Quellen lassen sich leicht finden und beschaffen. Der Rest dauert länger. Pausen sind sehr wichtig, genauso wie zeitliche Limits. Empfohlen werden 2 Stunden am Stück.

Leitfragen für die große Recherche:

- Sind insgesamt mindestens 40-80 Quellen vorhanden, je nach Seitenzahl der Arbeit?

- Sind für alle Kapitel Quellen vorhanden, mindestens zwei bis vier Quellen pro Unterkapitel?
- Sind die Quellenangaben (Metadaten) vollständig und richtig, gemäß Lehrstuhl-Vorgaben?

Je intensiver Du Dich mit dem Thema und den Quellen beschäftigst, umso leichter findest Du weitere Quellen und kannst diese schneller beurteilen. Mit der Zeit bekommst Du dafür ein Gefühl...

3. Recherche: Spezialrecherche

Das Ziel der speziellen Recherche sind spezielle Belege für spezielle Text-Stellen.

- Markiere Text-Stellen mit fehlenden Belegen mit XXXX.
- Arbeite die Stellen als Stapel ab. Ziel ist, so schnell wie möglich die XXXX zu reduzieren und zu eliminieren.
- Dauert die Suche bei einem XXXX zu lange, erst mal die nächsten XXXX angehen.
- Hole Dir im Notfall Hilfe wie jemand zum Kopieren.

Findet sich die gewünschte Information nicht und gibt es keinen Ersatz, muss die Stelle im Text geändert oder sogar gestrichen werden.
Spezielle Recherchen sollten zwei Wochen vor dem Ende der Arbeit beendet sein.

4. Recherche: Finale Recherchen - Vorgehen

Das Ziel der speziellen Recherche ist: keine XXXX mehr. Suche ein letztes Mal nach Quellen. Was nicht belegt werden kann, muss raus oder ersetzt werden. Schiebe die finale Recherche nicht bis zum Ende auf. Die Finale Recherche sollte spätestens 1 Woche vor dem Ende der Arbeit beendet sein.

5. Recherche: „Kosmetische" Recherche - Vorgehen

Das Ziel der kosmetischen Recherche ist die Erhöhung der Quellenzahl und vor allem die Vermeidung des ständigen Zitierens von nur einer Quelle auf bestimmten Seiten. Der Inhalt wird nicht geändert. Der gleiche Inhalt wird in einer anderen Quelle gesucht, um die Kette derselben Quelle zu unterbrechen.
Wichtig: Nicht aufschieben bis zum Ende! Kosmetische Recherchen sollten spätestens eine Woche vor dem Ende der Arbeit beendet sein.

Weitere Fragen und Antworten zu Quellen und Quellenmanagement

Wie sollte ich die Quellen ablegen?

Regel 1: Immer Dateinamen mit Autor-Nachname am Anfang.

Regel 2: Inhaltlich sortieren wie z. B. nach Modellen oder Themen statt nach Format wie PDF oder Excel.

Regel 3: Unsichere Quellen in einen Extra-Ordner ablegen.

Wie erstelle ich meine Quellenliste?

Das Quellenverzeichnis ist eine Daueraufgabe, von Anfang an! Sie enthält die Quellen-angaben, die so genannten Metadaten also Autor, Titel, Auflage, Ort etc. Diese Daten müssen zitierfähig aufbereitet sein.

Lege also sofort ein richtiges Literaturverzeichnis an, nach den Vorgaben des Lehr-stuhls. Jede Quellenangabe speicherst Du sofort in dieser Datei ab.

Nur zwei Wege sind sinnvoll:

1. Übernahme der Metadaten aus einer zuverlässigen Quelle und in die Liste kopieren.
2. Exportieren der Metadaten aus: www.citavi.de o. ä.

Ein Abtippen der Metadaten aus der Quelle per Hand kann zu Fehlern führen, lässt sich aber manchmal nicht vermeiden.

Fehlende Meta-Daten wie Ort, Jahr oder Vorname am besten suchen in „Karlsru-her-Virtueller-Katalog" (KVK): http://www.ubka.uni-karlsruhe.de/kvk.html. Einfach Titel und/oder Autor eingeben, suchen und Daten in Quellenliste ergänzen.

Vorlage Literaturliste

Benutze eine Tabelle für das Literaturverzeichnis, um zu sortieren. Füge für jede neue Quelle eine neue Zeile ein.

Thießen (1996)	Thießen, Friedrich.: Covenants in Kreditverträgen: Alterative oder Ergänzung zum Insolvenzrecht?. In: Zeitschrift für Bankrecht und Bank-wirtschaft, 8. Jg. 1996, S. 19-27.

Sollte ich mit Citavi arbeiten?

Vorteile:

- Alle Quellenangaben an einem Platz.
- Quellenverweise sind leicht zu erstellen und einzubauen.
- Quellenverzeichnis ist immer up to date.

Nachteile:

- Man muss Citavi lernen, um es zu beherrschen.
- Gefahr, dass ein Datenfriedhof entsteht, weil immer neue Quellen kommen und man sich immer erst um die neuen Quellen kümmert, statt eigene Erkenntnisse zu gewinnen.
- Belohnung durch fleißiges Arbeiten mit den Quellen führt zu endloser Beschäftigung mit alten Quellen (wir lieben Belohnungen!) statt Beschäftigung mit riskanten Aufgaben wie der Suche nach Experten oder dem Bau des neuen Modells.
- Framing-Risiko: Du siehst nur, was es gibt und nicht, was fehlt.

Tipps für das Quellenmanagement

Beim Ordnen der Quellen solltest Du so vorgehen wie beim Einziehen in ein neues Haus. Im alten Haus hast Du Kisten gepackt für Küche, Schlafzimmer, Bad, Wohnzimmer etc. Die Kisten sind beschriftet und nummeriert. Im neuen Heim stellst Du die Kisten in das jeweilige Zimmer. Später wird ausgepackt. Mache es genauso mit der Literatur.

- Formale Ordnungsprinzipen wie elektronisch oder hard copy oder Bücher, Artikel, Internetquellen oder Vorträge helfen nicht.
- Sinnvoll ist das Sortieren der Quellen nach Kapitel 2, 3 oder 5 oder feiner nach 2.3 etc.
- Sehr wichtige digitale Quellen besser ausdrucken und wie offline-Quelle behandeln, auch größere.
- Empfehlenswert sind einfache Stapel oder Häufchen nach Hauptkapiteln der Arbeit, im Regal oder auf dem Tisch. Dann kann man jeweils mit dem Stapel arbeiten.
- Relevante Seiten aus Büchern kopieren, wenn sie nur kurz ausgeliehen werden können. Oder gleich nach PDF-Versionen der Bücher schauen.

- Ordnerstruktur auf PC überlegen, ebenfalls nach Kapiteln oder Themenbereichen.
- Abspeichern der Quellen in einem Cloud-Ordner wie Dropbox oder Google Drive, zur Datensicherheit.
- Deckblatt auf ausgedruckte Quelle legen, mit Infos über zugeordnete Kapitel/ Unterkapitel und Hinweise wie Grundlagenliteratur oder spezielle Quelle, Deutsch oder Englisch, Modelle oder Daten oder Empirie, Seitenzahl, weitere Infos und Notizen
- Nicht zu lange aufhalten mit dem Sortieren und Bewegen der Quellen

Tipps für das Lesen und Auswerten relevanter Quellen

Das Ziel des Lesens sind zitierbare Informationen für den Text. Das können die Beschreibung eines Modells oder Instruments sein, Charakteristika einer Organisation, Zahlen zur Entwicklung eines Marktes oder Optionen für ein bestimmtes Managementziel.

Was sind greifbare Ergebnisse der Auswertung von Quellen?

- Eigene Notizen in Form von Stichpunkten und Verweisen auf Stellen in Quellen,
- Markierungen relevanter Stellen oder längerer Abschnitte in Literaturquellen,
- Ausschnitte aus relevanten digitalen Dokumenten wie PDFs und Webseiten,
- Relevante kopierte oder gespeicherte Abbildungen,
- Liste der relevanten Quellen zum Einfügen in die Arbeit.

Tipps für rationelles Lesen

- Anfangen mit vom Betreuer empfohlenen Quellen ist sinnvoll.
- Mit den relevanten ergiebigsten Quellen anfangen, für schnellen Überblick.
- Quellen mit Überblick über das Thema sind empfehlenswert, meist Grundlagenbücher.
- Suchbegriffe in der Gliederung im Lehrbuch suchen.
- Quellen vom führenden Theoretiker im Fach sind besonders wertvoll.
- Aktuelle Quellen sind meist besser als alte.
- Schreibe Kapitel ihrer Arbeit und wesentliche Inhalte auf das Deckblatt der Quelle.

Quellen immer mit Absicht lesen!

Absichten sind

- Input für Kapitel 2.3.2,
- Antworten auf eine bestimmte Unterfrage der Forschungsfrage,
- Weitergehende Erklärungen für Modell ABC,
- Daten für die Erklärung von Entwicklung XYZ.
- Argumente aller Art sammeln.

Tipps für Notizen

- In den Quellen gezielt Antworten auf die Fragen suchen statt nur zu lesen.
- Relevante Stellen/Informationen markieren oder extra zusammenfassen.
- Lies mit farbigem Stift. Streiche wichtige Inhalte im Buch auch farbig an.
- Ist es Dein Buch, schreibe Anmerkungen/Notizen in das Buch.
- Bewährt hat sich, einen Absatz mit einem treffenden Wort zu bezeichnen. Das hilft, die Gesamtstruktur des Textes und die Argumentation des Autors nachzuvollziehen und beim Finden der Inhalte.

Tipps zum Herausschreiben aus und Zusammenfassen von Quellen

- Antworten auf die Fragen bzw. die relevanten Inhalte des Kapitels/Artikels in Stichworten zusammenfassen.
- Notizen sollen die Essenz der Quelle festhalten.
- Stets die genaue Seitenzahl bei den Notizen angeben.
- Notizen sollten keine ganzen Sätze sein, sondern Stichpunkte untereinander.
- Besser nach unten als nach rechts schreiben.
- Schreibe nicht zu viel heraus. Sonst habst Du zu viele Seiten.
- Nummeriere die Notizseiten und schreibe die Quelle dazu!
- Schreibe die Kapitelnummer Deiner Arbeit dazu.
- Hüte die Notizen als zentralen Input für den Text. Mache Fotos davon.
- Lege die Quellen mit den Notizen auf die Häufchen zu den Gliederungspunkten. Damit fängst Du an, den Text zu diesem Kapitel zu schreiben.

Gleich aus Quellen in den Text schreiben?

Man kann die Inhalte gleich in die Word-Datei schreiben. Diese Methode ist aber nur ratsam bei extrem wenig Zeit. Denn man klebt meist zu sehr am Text. Außerdem ist eine Quelle meist nicht ausreichend.

Fazit ziehen und die nächsten Quellen wählen

Hast Du eine Quelle fertiggelesen, dann prüfe das Ergebnis.

- Ist das genug Stoff für den Text?
- Was fehlt noch?
- Welche Verweise kann ich nutzen?
- In welchen Kapiteln kann ich diese Quelle nutzen?
- Gibt es von dem Autor noch weitere Quellen?
- Muss ich neue Aspekte untersuchen/verfolgen?

Spezielle Fragen zum Lesen

Wie lange sollte ich Quellen lesen?

Hintereinander so 1,5 bis 2 Stunden, dann eine Pause machen.

Kann ich erst das lesen, was ich gerne lesen möchte?

Ja, aber Zeitfaktor beachten. Komme schnell dazu, gemäß den Kapiteln zu lesen.

Wie lange soll ich insgesamt zusammenfassen?

Das hängt vom Umfang der Arbeit ab. Aber an sich sollten zwei Wochen intensives Arbeiten ausreichen. Nach vier Wochen hat man sowieso keine Lust mehr.

Soll ich nicht zwischendurch schon mal was schreiben?

Ja, Teile, die Bestand haben werden wie die Grundlagenkapitel. Am besten erst lesen und zusammenfassen und dann schreiben.

Soll ich alle Quellen zusammenfassen?

Nein, nur die wichtigen. Aus ähnlich gelagerten Werken nur ergänzende Informationen kenntlich machen und einbauen.

Was mache ich, wenn ich keine Zeit habe für die Zusammenfassung?

Eine gute Arbeit ohne intensives Quellenstudium klappt nicht. Du musst schneller lesen und weniger ausführliche Notizen machen.

Wie ist es mit elektronischen Dokumenten? Kann ich nicht einfach die Textteile in mein Dokument kopieren?

So kann es eigentlich nur schiefgehen, auch wenn die Inhalte stimmen. Der Text wird nicht stimmig, weil es unterschiedliche Stile sind. Außerdem: wörtliche Zitate sind ein Armutszeugnis. Sie sagen: der hat sich nicht angestrengt, den Gedanken zu erfassen und zu formulieren. Oder war zu faul. Also elektronisches Dokument ausdrucken und auswerten.

Wie gehe ich mit Abbildungen und Tabellen um?

Kleine Tabellen schreibe ich ab (Tabellenvorlagen nutzen). Größere Tabellen und Graphiken scanne ich ein. Wichtig ist die Qualität! Bei selbstgebauten Abbildungen ist es ideal, wenn ein Grafiker sie setzt.

Wichtig: von Anfang an den Überblick und Ordnung behalten. Am besten eine Liste machen. Die Fußnoten zu den Abbildungen sollten von Anfang an ordentlich sein!

Das Wichtigste auf einen Blick:

1. Überlege gut, WONACH und WO und WIE Du Quellen suchst.
2. Suche und lies immer mit Absicht. Setze Dir Deadlines.
3. Nutze Abkürzungen.

Mögliche „Mini"-Sprints (Änderungen, Ergänzungen):

Recherchieren und Lesen ist eine Daueraufgabe bis zum Ende der Arbeit.

Sprint 9: Finde Definitionen und Beschreibungen für die Begriffe

WARUM?	Du willst Dein Thema in den GRIFF bekommen.
Dein Ziel?	...ist eine Liste mit Definitionen und Beschreibungen, am besten Modellen.
Was steht danach NEU im Exposé?	Definitionen zu den drei bis fünf wichtigsten Begriffen im Thema Übersicht von Beschreibungen, Modellen, Abbildungen
Dauer	4 h

Wie sieht eine Definition aus?

Hier ist eine Beispieldefinition für Projekt nach DIN:

„Vorhaben, das im Wesentlichen durch Einmaligkeit der Bedingungen in ihrer Gesamtheit gekennzeichnet ist" (DIN 6991-05:2009)

Der Oberbegriff ist Vorhaben. Ein Vorhaben nennen wir auch Plan. Solch einen Oberbegriff suchen wir für die Begriffe. Dazu kommen dann Attribute, die den Obergriff konkretisieren. Beispiele sind langfristig, komplex, strategisch, kostspielig, riskant etc.

Für welche Begriffe brauche ich Definitionen?

Alle Substantive im Arbeitsthema müssen definiert sein. Auch wenn Du denkst, es ist doch klar was z. B. ein Geschäftsprozess oder ein Motiv oder Coping oder Digitalisierung ist. Wenn es klar ist, dann schreibe es hin und Du wirst merken, wie schwierig es mitunter ist, solche ständig gebrauchten Begriffe zu definieren. Außerdem musst Du sicherstellen, dass Du unter den Begriffen das gleiche wie die anderen Autoren im Themenbereich verstehst. Suche daher in serösen Quellen nach anerkannten Definitionen.

Warum sind Definitionen so wichtig?

Das Motto ist: Begriffe, Begreifen, in den Griff bekommen...

Je klarer Du abgrenzt, was Du untersuchst, umso genauer und vor allem früher weißt Du auch, was Du NICHT untersuchen wirst. Definitionen haben viele Vorteile:

- Du kennst den Oberbegriff und kannst damit auf allgemeinere Modelle zurückgreifen und darauf aufbauen (Beispiel: Digitalisierung als Prozess und Projekt, dann helfen also Prozessmodelle und Projektmodelle).
- Du kennst mit den Autoren der Definition schon die ersten Experten und deren Werke.
- Du findest in den Definitionen weitere verwandte und wichtige Begriffe. (Digitalisierung = digitale Daten, Schnittstellen, IT-Systeme etc.)
- Du kannst Muster leichter erkennen, wenn Du allgemeinere Muster kennst. Beispiel: einen Teilprozess analysieren, wenn Du ein allgemeines Prozessmodell hast. (z. B. Umwandlung von Papierdaten in digitale Daten mittels Scannern oder ähnlichem, Berechnen von Kennzahlen für Dashboards)

- Auf der Suche nach Definitionen wirst Du sehen, wie klar das Themenfeld für andere ist. Wenn alle drum rumreden, dann ist Vorsicht geboten. Mitunter vermeiden Autoren es übrigens, ihren Hauptbegriff mit einer anerkannten Quelle zu definieren.

Wie gehe ich bei der Suche nach Definitionen und beim Definieren vor?

Drei Fälle sind bei Definitionen denkbar:

Fall 1: Es ist ein anerkannter und gebräuchlicher Begriff wie Prozess, Erfolgsfaktoren…

Fall 2: Es ist ein noch uneinheitlicher Begriff wie Digitalisierung, social media…

Fall 3: Es ist ein ganz neuer, noch weitgehend unerforschter Begriff wie z. B. claimtech, immersion…. Aber diesen Fall heben wir uns besser für die Dissertation auf.

Fall 1: Anerkannter Begriff

Beispiel: Einstellung, Motivation, Anreize, Lernschwäche u. ä.

Ein schneller Weg zum Einstieg:

1. Suche den Begriff in Google.
2. Gehe zur Definition von Wikipedia.
3. In Wiki findest Du sehr oft eine Definition und MEISTENS einen Verweis auf eine wissenschaftliche Quelle wie Bücher oder Artikel.
4. Suche nach diesen Quellen und besorge sie Dir.
5. Schreibe die Definition wörtlich ab, mit Quellenangabe.

WICHTIG: Verwende im Text auf keinen Fall Google, Wikipedia, reine Online-Quellen oder Lexika als Quelle für Definitionen von anerkannten Begriffen. Das signalisiert Faulheit. In Frage kommen nur:

1. Lehrbücher/Fachbücher.
2. wissenschaftliche Artikel (paper).

Am allerbesten sind übrigens Normenverzeichnisse wie DIN und ISO oder Gesetze aller Art. Diese Legaldefinitionen sind das Nonplusultra.

Fall 2: Noch uneinheitlicher Begriff

Ein Kennzeichen für diese Art von Begriff ist das Vorhandensein mehrerer Definitionen unterschiedlicher Autoren. Letztlich fokussieren die Definitionen jeweils auf bestimmte Merkmale. Deswegen gilt oft nicht „entweder-oder", sondern „sowohl-als-auch".

Das erinnert an das Beispiel mit dem Elefanten, den sechs blinde Menschen mittels Ertasten untersuchen. Der Mensch, der den Rüssel berührt, sagt, es ist eine Schlange. Derjenige, der auf dem Rücken sitzt, sagt, „Das ist ein Berg". Wer die Beine anfasst, sagt, es ist ein Baumstamm, die Ohren sind Farne, die Elfenbeinzähne sind Felsklippen usw.

Diese Situation ist typisch für relativ neue Themengebiete.

Gehe so vor:

1. Suche die relevanten Autoren zum Themengebiet.
2. Suche in deren wissenschaftlichen Artikeln die verwendeten Definitionen.
3. Mache eine Übersicht dieser Definitionen.
4. Filtere die Substanz aus den jeweiligen Definitionen heraus, die zentralen Worte und den Oberbegriff
5. Überlege, welche dieser Definitionen zu Deinem Ansatz passt.
6. Übernimm die geeignete Definition oder kombiniere aus mehreren Definitionen.

Das Wichtigste auf einen Blick:

1. Finde Definitionen für die wichtigsten Begriffe im Thema. Dann kannst Du am Bekannten andocken.
2. Suche und nutze nur wissenschaftliche Quellen wie Fachbücher oder Artikel. Verboten sind Wikipedia, Online-Lexika oder ähnliche Quellen.

Mögliche „Mini"-Sprints (Änderungen, Ergänzungen):

Die Definitionen sollten sich nicht mehr ändern. Du baust darauf Deine Arbeit auf.

Sprint 10: Finde wissenschaftliche Studien

WARUM?	Du willst aktuelle wissenschaftliche Quellen.
Dein Ziel?	...ist eine Liste der besten und wichtigsten wissenschaftlichen Quellen (Papers) zum Thema.
Was steht danach NEU im Exposé?	Eine Liste von fünf bis zehn Studien/Papers.
Dauer	2 h

Wozu brauche ich denn Studien?

Das neueste Wissen steht in wissenschaftlichen Studien. Klar könnte das auch in anderen Quellen zu finden sein. ABER: Studien beschreiben das Vorgehen genau, welche Modelle, Schritte, Methoden, Daten etc. Damit lässt sich sicherstellen, dass die Ergebnisse richtig sind. Wir wollen ja richtige Erkenntnisse und keine ungefähr richtigen Erkenntnisse. Damit ist klar, dass jeder Zeitungsartikel, jeder Forumsbeitrag im Internet, jede Veröffentlichung ohne Autoren und ohne Beschreibung des Vorgehens NICHT wissenschaftlich und damit nicht zuverlässig ist. Das klingt frustrierend, ist es sicher auch, weil Studien eben sehr selten sind im Vergleich zu anderen Quellen. Außerdem sind sie auf Englisch und kompliziert geschrieben... Das bedeutet viel Arbeit. ABER: mit der richtigen Technik klappt das gut!

Noch ein Argument: Deine Betreuer LIEBEN Studien. Denn mit der Verwendung zeigst Du, dass Du wirklich fit bist. Mach also die Betreuer bitte glücklich und baue mindestens fünf Studien in Deine Arbeit ein.

Woran erkenne ich geeignete Studien?

Relevanz: Suchbegriffe tauchen auf in 1. Titel, 2. Keywords 3. Abstract 4. Einleitung

Journal: ABC-Journal oder jedenfalls gut gerankt

Methodik: Empirisch, mit Detailbeschreibung

Alter: Maximal fünf Jahre

Basis-Modelle: werden beschrieben

Wo finde ich passende Studien?

In wissenschaftlichen Suchmaschinen wie scholar.google.com und researchgate.com.

Wie suche ich am besten?

Nutze Deine Wortwolke! Gib die Suchbegriffe aus Deiner Wortwolke in die Suchkataloge ein.

Filtere die ersten relevanten Quellen heraus, mit Hilfe der Einschlusskriterien und
Ausschlusskriterien. Geh dann Punkt für Punkt die Eignungskriterien für Studien durch.

Woran orientiere ich mich bei der Bewertung einer Studie?

Wichtig sind vor allem Titel und Abstract. Im Abstract werden die wichtigsten Fragen
beantwortet. Eine Studie ist gut für Deine Arbeit, wenn,

- die Teilmenge der betrachteten Variablen/Faktoren mit Deinen Begriffen/
  Variablen groß ist.
- die Methoden für Dein Thema interessant sind.
- Du so ähnliche empirische Daten auch besorgen kannst.
- die Erkenntnisse gut in Deine Argumentation passen.
- der Artikel viele der Quellen nutzt, die Du auch gefunden hast.
- das Vorgehen und die Ergebnisse ausführlich beschrieben werden.

Wie nutze ich die Artikel und Studien für meine Thesis?

Du filterst alles, was Du brauchen kannst.

- Nutze die Modelle darin.
- Orientiere Dich an den Methoden der besten Studien.
- Prüfe, ob Du ähnliche empirische Daten erheben kannst.
- Folge den Verweisen für den Forschungsstand, also auf andere Studien.

Warum sollte ich nicht mit Büchern arbeiten?

- Fachbücher enthalten ALTES Wissen. Sie basieren ja auf den Papers, meist
  natürlich älteren Papers.
- Fachbücher gehen in die Breite. Sie sind meist wenig spezifisch. Du brauchst
  aber Tiefe.
- Fachbücher zeigen meist nur die finalen Erkenntnisse, aber nicht, wie sie zustan-
  dekommen. Sie gehen kaum auf die angewandten Forschungsmethoden ein.

Dennoch können Fachbücher inspirieren und zu den richtigen Autoren und Quellen
führen!

Wie sollte ich meine Suche protokollieren?

Du musst Deine Schritte während der Recherche lückenlos beschreiben, damit sie
nachvollzogen werden können. Nur so kann auch der Weg der Erkenntnis überprüft
werden. Schließlich willst Du am Ende der Arbeit GESICHERTE Erkenntnisse.

Hier sind zwei Profi-Schemata für die saubere Dokumentation aller Schritte bis zur Auswahl der Studien für den Forschungsstand. Versuche Dein Vorgehen in dieser Weise zu dokumentieren. Ganz wird es vermutlich nicht klappen, weil es einfach so viele mögliche Quellen gibt und so viele verschiedene Schwerpunkte. In schematischen Wissenschaften wie Medizin und Ingenieurwissenschaften sind die Chancen größer, weil die Begriffe einheitlicher sind. Du kannst die Suche auch im Text protokollieren.

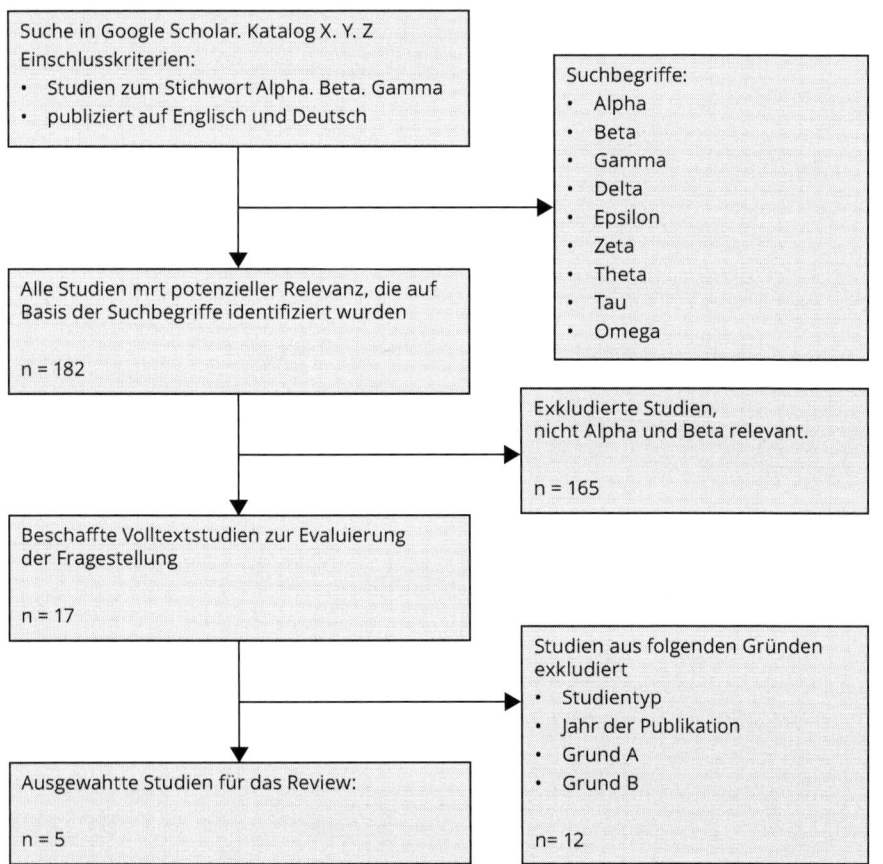

Abbildung 1: Matrix für das Literature Review

Protokoll für die Suche von wissenschaftlichen Artikeln (papers) mit Beispiel
Das Thema lautet:

Relevanz von Wissensmanagement für das Innovationsmanagement im Mittelstand
- ein literature review

Quelle/ Katalog	Suchbegriffe	Anzahl der Resultate	Einschlusskriterien (E) Ausschlusskriterien (A)	Comments
EBSCO	Wissensmanage-ment	2545	A: Zu viele nicht relevante Ergebnisse Viele alte Quellen	Suche verfei-nern Suchbegriffe kombinieren
EBSCO	Wissensmanage-ment AND Innovation	328	A: Zu viele nicht relevante Ergebnisse Viele alte Quellen	Suche verfei-nern Suchbegriffe kombinieren
EBSCO	Wissensmanage-ment AND Mittelstand	362	A: Zu viele nicht relevante Ergebnisse Viele alte Quellen	Suche verfei-nern Suchbegriffe kombinieren
EBSCO	Wissensmanage-ment AND Mittelstand AND Innovation	98	A: Immer noch viele nicht relevante Ergebnisse Zu allgemein zu Innovation Nicht nur Unternehmen	Suche verfei-nern Suchbegriffe kombinieren
EBSCO	Wissensma-nagement AND Mittelstand AND Innovations-management	12	A: Keine E: alle Quellen sind relevant	Auswertung erstellen

Abbildung 2: Matrix für das Literature Review

Was mache ich, wenn ich zu meinem Thema keine Quellen finde?

Falls das wirklich so ist, dann hast Du kein Problem, weil Du KEIN Thema hast. Dann ist Dein Ansatz offenbar nicht relevant.

ABER: möglichweise findest Du auch nur keine Studien zum direkten Zusammenhang zwischen Variable Alfa-12 und Beta-15. Der Grund ist, dass genau DIESER Zusammen-hang eben DEINE Frage ist, DEIN Beitrag zur Schließung einer Wissenslücke.

Aber es gibt vermutlich einiges zu Alfa-12 und Beta 15 separat, in dieser Art:

- Artikel 1 bis 8 zu Alfa-12
- Artikel 9 bis 22 zu Beta 15

Artikel 23 bis 28 zum Zusammenhang zwischen

- Alfa-12 und Beta 19
- Alfa-12 und Gamma 4
- Beta 15 und Gamma-17

Reales Beispiel:

Gesucht werden: Stressfaktoren bei Grundschullehrern

Gefunden werden:

- Stressfaktoren bei Beamten,
- Die Stressfaktoren 1 und 6 (aus Modell Alfa) bei Offizieren,
- Ausgewählte Stressfaktoren bei Hochschullehrern in den Ferien,
- Stressfaktoren 4, 7, 12 bei Kindergartenbetreuerinnen.

Das ist dann eben Dein Forschungsstand. Im Artikel zu den Stressfaktoren bei Beamten findest Du ein passendes Stressmodell für Dich. Die Stressfaktoren bei Hochschullehrern passen vielleicht auch bei Grundschullehrern. Auch die Methoden und die Vorgehensweise in diesen vier Studien helfen Dir weiter. So arbeitest Du Dich langsam vor.

Suche also nach Artikeln und Studien mit Deinen Suchbegriffen.

Das Wichtigste auf einen Blick:

1. Die ersten Artikel sind die wichtigsten. Wähle sie sorgfältig aus.
2. Werte die Artikel mit dem Schema aus. Verliere Dich nicht in den Details.

Mögliche „Mini"-Sprints (Änderungen, Ergänzungen):

Das Finden weiterer Studien ist eine Daueraufgabe für die ganze Arbeit. Aber alle folgenden Studien bauen in irgendeiner Weise auf den ersten Studien auf.

Sprint 11: Formuliere Forschungsfrage oder Leitfrage

WARUM?	Du willst EINE Leitfrage für die Arbeit.
Dein Ziel?	...sind eine ausformulierte Forschungsfrage und Unterfragen.
Was steht danach NEU im Exposé?	Forschungsfrage Ziel - die erwarteten Resultate der Analyse
Dauer	1 h

Was ist eine Forschungsfrage?

Jede wissenschaftliche Arbeit fokussiert ein Forschungsproblem. Ein Problem ist eine SOLL-IST-Abweichung, die Diskrepanz zwischen dem was IST und dem was sein SOLL. Im Falle der Thesis sind das Wissen und NICHT-Wissen, also ein Wissensproblem, ein Wissensdefizit, eine Wissenslücke. Diese Lücke muss ermittelt und formuliert werden. Die Forschungsfrage ist die formalisierte Wissenslücke, die Frage nach fehlendem Wissen.

Bei einer einfachen Literaturarbeit ist es eher eine Leitfrage. Echte Forschung heißt, ins „Feld" zu gehen, Daten zu sammeln, zu messen, zu beobachten, zu befragen und die Daten dann auszuwerten. Das passiert bei der Literaturarbeit nicht, weshalb sie ja auch so heißt.

Die allgemeine Form der Forschungsfrage lautet:

Was lässt sich über das Objekt XY sagen/schreiben, im Hinblick auf das spezielle Interesse an diesem Objekt?

Schauen wir uns Forschungsfragen für Beispielthemen an.

Forschungsfragen der Thesis-Typen mit Beispielthemen

Muster	Allgemeine Forschungsfrage	Leitfrage/ Forschungsfrage	Beispielthemen
LIT	Was ist bisher über XY bekannt?	Wie hat sich der Ebook-Markt in den letzten Jahren entwickelt und wie sind die Perspektiven?	Die Entwicklung des Ebook-Marktes in Deutschland seit 2005 – eine systematische Analyse
REV	Was sagen die Autoren A, B, C über XY?	Welche Präferenzen haben Zielgruppen in ausgewählten Ländern?	Zielgruppenpräferenzen im Ebook-Markt im internationalen Vergleich - aktueller Forschungsstand
EMP	Was lässt sich Neues über XY sagen?	Welche Faktoren spielen eine Rolle im Kaufprozess von Ebook-Kunden und wie läuft der Prozess typischerweise ab?	Der Kaufprozess bei Ebook-Kunden – eine empirische Analyse
PRA	Wie sollte Firma ABC das Problem XY lösen?	Wie (mit welchen Mitteln und Methoden) kann der Fachverlag seine Ebooks besser bekannt machen und verkaufen?	Entwicklung eines Marketing-Konzeptes für einen Ebook-Fachverlag für den deutschen Markt

„Wie ist das (Objekt) beschaffen? Was lässt sich über XY sagen, im Hinblick auf das spezielle Interesse an dem Objekt?"

Für das Thema „IT Risiken in Banken" ergibt sich die Forschungsfrage:

- „Welche Rolle spielen welche IT Risiken in Banken?"

Weitere Forschungsfragen sind zum Beispiel:

- Welche Präferenzen haben Ebook-Käufer im Internet?
- Welche Trends gibt es in der Modeindustrie aktuell?

Die Antworten beschreiben die relevanten Eigenschaften, Aspekte und Gegebenheiten. Das Problem ist die Wissenslücke. Beim Bankenthema fehlt eine systematische Übersicht von IT Risiken in Banken. Das ist in Wirklichkeit natürlich nicht so absolut zu sagen. Denn bestimmt gibt es solche Analysen. Aber sie sind meist nicht zugänglich oder veraltet.

Welche Attribute oder Aspekte lassen sich an einem Objekt untersuchen?

Schau noch mal auf die Analyse-Typen in Sprint 4. Diese Aspekte helfen weiter:

- die Eigenschaften,

- die Interaktion mit der Umwelt,
- die Bedeutung/Rolle für etwas anderes,
- die Entwicklung des Objekts bisher,
- die Etappen der Entwicklung des Objekts,
- die Perspektiven der Entwicklung,
- die Ursache für den Zustand des Objekts,
- die Elemente oder Bestandteile des Objekts,
- Seine Stellung im Über-System,
- Probleme, Herausforderungen, Stärken, Schwächen in Bezug auf ein Element,
- die Funktionsweise.

Forschungsfragen für Beispielthemen:

Beispielthemen	Forschungsfrage
Die Entwicklung des Ebook-Marktes in Deutschland seit 2005 – eine systematische Analyse	Wie hat sich der Ebook-Markt in Deutschland seit 2005 entwickelt?
Lernprobleme von Kindern mit Migrationshintergrund - eine systematische Analyse	Welche Lernprobleme haben Kinder mit Migrationshintergrund?
Präferenzen von Ebook Käufern im Internet - eine systematische Analyse	Welche Präferenzen haben Ebook-Käufer im Internet?
IT Risiken in Banken - eine systematische Analyse	Welche IT Risiken gibt es in Banken und welche Rolle spielen sie?
Fachkräftemangel in der Maschinenbau-Branche- eine systematische Analyse	Welche Rolle spielt der Fachkräftemangel in der Maschinenbau-Branche und welche Folgen hat er?
Geldpolitische Herausforderungen der Euro-Krise- eine systematische Analyse	Welche geldpolitischen Herausforderungen erzeugt die Euro Krise?
Auswirkungen der umsatzsteuerpolitischen Maßnahmen XY auf die Einkommensverteilung - eine systematische Analyse	Welche Auswirkungen haben die aktuellen umsatzsteuerpolitischen Maßnahmen auf die Einkommensverteilung?
Chancen von Elektroautos für Autovermietungen - eine systematische Analyse	Wie entwickeln sich die Chancen von Elektroautos für Autovermietungen?
Trends in der Modeindustrie - eine systematische Analyse	Welche Trends sind in der Modeindustrie sichtbar und welche Rolle spielen sie?
Wirtschaftliche Interessen der Mercosur-Staaten - eine systematische Analyse	Welche wirtschaftlichen Interessen verfolgen die Mercosur-Staaten?
Neuere Entwicklungen in der Nanotechnologie - eine systematische Analyse	Welche neueren Entwicklungen gibt es in der Nanotechnologie?

Wir brauchen auch Unterfragen wie diese

- Was charakterisiert das Objekt XY?
- Wie funktioniert das und das?
- Wie löst man dieses Problem?
- Was weiß man bis jetzt über den Zusammenhang zwischen A und B?
- Wie verhält sich die Personengruppe ABC in dieser oder jener Situation?
- Was kann man mit dem Instrument XY machen?
- Mit welchen Mitteln kann man das Problem XY lösen?

Literaturarbeit/Literature Review, Empirie S. 71, Praxis S. 73

Wie lautet die Forschungsfrage zum Literature Review in allgemeiner Form?

Welche aktuellen Erkenntnisse gibt es über den Zusammenhang zwischen einem Sachverhalt A und einem Sachverhalt B?

In dieser Frage ist alles angelegt. Unterfragen sind dann:

- Welche Untersuchungen gibt es bisher?
- Welche Forschungsfragen wurden analysiert?
- Welche Variablen, welche Faktoren wurden einbezogen?
- Mit welchen Methoden wurden die Studien durchgeführt?
- Welche Stichproben wurden genutzt?

Für unser Beispielthema lautet die Forschungsfrage:

Welche Zusammenhänge bestehen zwischen Diversität und Produktivität in Unternehmen?

Dabei können die Zusammenhänge in Dienstleistungsunternehmen, großen Unternehmen oder internationalen Unternehmen untersucht worden sein. Aber auch andere Aspekte sind denkbar wie die Unternehmensbereiche Forschung und Entwicklung, Marketing, Vertrieb etc.

Die Forschungsfrage muss eingegrenzt und ausformuliert werden. Die Artikelfunde sind dafür entscheidend. Der Fokus des Reviews folgt dem Fokus der gefundenen Studien.

Empirie-Arbeit

Wie lautet die Forschungsfrage für die Empirie-Arbeit?

Die Formulierung der Forschungsfrage verlang Kreativität. Daher machen wir ein Brainstorming. Wir fragen nach Merkmalen oder Aspekten, die uns am Untersuchungsgegenstand interessieren.

Typische Aspekte und Ansätze für empirische Fragestellungen:

- Ermittlung von Eigenschaften, Merkmalen, Charakteristika bestimmter Objekte,
- Einstellungen, Referenzen, Vorlieben, Gewohnheiten bestimmter Menschen/ Zielgruppen,
- Systematisierung der Objekte in einem komplexen Feld,
- Wirkungen bestimmter Objekte auf andere Objekte,
- Aktivitäten bestimmter Subjekte/Akteure,
- Tendenzen, Trends, Entwicklungen.

Bereich	Fokus	Beispiel für eine Forschungsfrage
Social Media	Allgemeine Nutzung durch Jugendliche etc.	Wie nutzen Jugendliche Social Media Platt-formen? WIE = wozu, wann, wie oft, mit wem, auf welchem Gerät etc.
Social Media	Nutzung zum Lernen, Einkaufen, als Ratgeber, für Partnersuche, Unter-haltung, Recruiting	Wie nutzen unterschiedliche Zielgruppen Social Media Plattformen beim Einkaufen? WIE: welche Plattformen, welche Produkte, welche Fragen stellen sie, wo fragen sie, wen?
Social Media	Nutzung in verschiedenen Ländern	Wie nutzen Jugendliche in Frankreich Social Media Plattformen? WIE = wozu, wann, wie oft, mit wem, auf welchem Gerät etc.
Social Media	Nutzung durch Unternehmen	Wie nutzen Unternehmen Social Media Platt-formen? WIE = wozu, wann, wie oft, welche Infos, welche Software etc.
Social Media	Tauschen von Fotos, Videos, Weisheiten, Stories, Musik	Wie nutzen unterschiedliche Zielgruppen Social Media Plattformen beim Einkaufen? WIE: welche Plattformen, welche Zwecke, welche Inhalte, welche Unternehmensbe-reiche, wie oft?

Bereich	Fokus	Beispiel für eine Forschungsfrage
Vorschule	Erfahrungen in bestimmten Fächern (Musik etc.), Medieneinsatz, bestimmte Zielgruppen	Welche Erfahrungen gibt es in der Vorschule ABC mit dem Einsatz des Mediums/Geräts XYZ?
Gymnasium	Effekte von Methoden, Medieneinsatz, neue Konzepte, spezielle Zielgruppen, Sprachenlernen	Welche Effekte hat der Einsatz des Konzepts XY im Fremdsprachunterricht des Gymnasiums ABC?
Internet-TV	Sehgewohnheiten, Geräte-Nutzung, bestimmte Zielgruppen	Welche Vorlieben haben bestimmte Nutzergruppen im Hinblick auf ausgewählte Sendungen im Internet-TV?
Familienprobleme	Störungen, Methoden, Auswirkungen in Lebensbereichen etc.	Welche Auswirkungen hat die Krankheit XY bei einem Elternteil auf die Kindererziehung?
Pflege	Methoden, Erfahrungen, Geräte-Einsatz, Arbeitszeit etc.	Welche Erleichterungen bringt der Einsatz des Geräts XY in der Altenpflege in der Einrichtung ABC?
Services	Nutzung, Kundenpräferenzen, Markteroberung, Entwicklungsprozess	Wie hat sich die Nutzung von Service XY durch die Gruppen A und B und C in den letzten fünf Jahren entwickelt?

Bei der Formulierung der Forschungsfrage hilft ein Blick auf mögliche Antworten. Diese sollten von der Struktur her klar sein. Wenn also nach einem gewissen Nutzungsverhalten gefragt ist, sind die Antworten dann z. B. bestimmte Uhrzeiten der Nutzung, bestimmte Zwecke der Nutzung, bestimmte Medien/Geräte etc.

Was sind Unterfragen oder Detailfragen zur Forschungsfrage?

Unterfragen zur Forschungsfrage sind sehr wichtig. Die ersten Unterfragen sind Detailfragen zum Objekt wie Eigenschaften, Funktionsweise, Struktur, Beziehungen etc.

Diese Unterfragen führen letztlich zum Fragebogen oder zum Interviewleitfaden. Außerdem dienen sie der Klärung, ob das Objekt geeignet ist. Wenn sich schon auf einfache Detailfragen keine Antworten finden lassen, ist das Thema für eine empirische Analyse nicht geeignet. Weitere Unterfragen ergeben sich im Laufe der Beschäftigung mit dem Thema.

Beispiele für Unterfragen zur Forschungsfrage zu Ebooks:

- Welche Merkmale haben Ebooks?
- Wer nutzt sie?
- Welche Formate gibt es und welche werden bevorzugt?
- Wo gibt es Ebooks und wo werden sie am meisten konsumiert?
- Für welche Zwecke werden Ebooks genutzt?
- Welche Inhalte haben sie und für wen sind die interessant?
- Wer bietet Ebooks an und auf welchen Kanälen?

Praxis-Arbeit

Wie lautet die Forschungsfrage für die Praxis-Arbeit?

Bei einer praktischen Arbeit geht es um die Lösung eines konkreten praktischen Problems. Das ist, streng genommen, keine wissenschaftliche Aufgabenstellung. Denn die Wissenschaft soll neues, objektives und damit allgemeingültiges Wissen schaffen. Schon die Fokussierung auf nur eine Unternehmung verletzt eigentlich die Forderung nach Allgemeingültigkeit des gefundenen Wissens. Allerdings werden zur Lösung des praktischen Problems wissenschaftliche Methoden genutzt. Außerdem wird an die Arbeitsweise ein wissenschaftlicher Maßstab angelegt. Damit ist gemeint, dass der Prozess lückenlos dokumentiert wird und dass objektive Informationen gesucht werden. Weiterhin sind logische und widerspruchsfreie Schlussfolgerungen zu ziehen. Daher kann man sich die Lösungen nicht einfach ausdenken. Sie müssen vielmehr durch theoretische Modelle fundiert sein und auch mit wissenschaftlichen Argumenten begründet werden. Dies kann anhand wissenschaftlicher Quellen erfolgen. Wir betrachten eine Praxis-Arbeit als eine Art Fallstudie und damit auch als wissenschaftliche Abschlussarbeit. Der Lehrstuhl muss jedoch dem Thema zustimmen.

Wie sieht die allgemeine Formulierung der Forschungsfrage für eine Praxisarbeit aus?

WIE (mit welchen Mitteln, Methoden, Maßnahmen, auf welchen Wegen) kann das Unternehmen ABC das Problem PQT lösen?

Offensichtlich lässt diese Formulierung Raum sowohl für eine Bewertung unterschiedlicher Optionen als auch für einen konkreten Plan zur Lösung des Problems.

Zur Formulierung der konkreten Forschungsfrage orientieren wir uns an der Aufgabe.

Aufgabenstellung	Beispiel für eine Forschungsfrage
Beschaffung und Auswertung von Informationen (einfache Analyse = Literaturarbeit),	Wie hat sich der Markt für XY-Produkte in den letzten zehn Jahren entwickelt?
Erhebung und Auswertung von Informationen (empirische Analyse)	Welche Gründe gibt es für den Rückgang der Mitarbeiterzufriedenheit?
Ermittlung von Handlungsalternativen und deren Bewertung (Bewertungsarbeit)	Welche Ansätze gibt es für die Neuordnung des Logistikzentrums und wie sind diese zu bewerten?
Präzise Problembeschreibung und damit Beschreibung der IST-Situation (das reicht mitunter schon!)	Welche Ursachen gibt es für die Änderungen der Kundenpräferenzen im Online-shop des Unternehmens ABC?
Entwicklung/Erarbeitung eines ausführlichen Planes mit konkreten Maßnahmen zur Lösung eines Problems bzw. Änderung einer Situation	Wie kann sich das Unternehmen im Markt ABC gegen das Konkurrenzprodukt XYZ behaupten? Welche Maßnahmen sind dazu notwendig?

Schauen wir uns noch die Forschungsfrage für ein konkretes Beispiel an. Es geht um die Einführung eines Wissensmanagementsystems in einem Unternehmen. Die Forschungsfrage kann lauten:

Welche Herausforderungen gibt es bei der Einführung eines Wissensmanagementsystems im Unternehmen und welche Lösungsansätze sind geeignet?

oder

Mit welchen Konzepten und Mitteln kann das Unternehmen ABC die Herausforderungen bei der Einführung eines Wissensmanagementsystems bewältigen?

Schauen wir uns gleich noch Unterfragen für diese Forschungsfrage oder Leitfrage an.

Unterfragen zur Forschungsfrage:

- Welche personellen, finanziellen, technischen, administrativen und Motivations-Probleme gibt es bei der Einführung eines Wissensmanagementsystems?
- Wie soll das Wissensmanagementsystem gestaltet sein?
- Wie wird es eingeführt?
- Welche Änderungen gibt es zum bisherigen Management von Wissen im Unternehmen?
- Welche Akzeptanzprobleme sind zu erwarten?
- Wer ist an der Einführung beteiligt und auf welche Art und Weise?
- Welche Rolle spielen externe Dienstleister bei der Einführung?

- Welche Konzepte und Methoden werden in der Literatur erwähnt zur Steigerung der Akzeptanz der Mitarbeiter bei dieser Art Einführung?
- Mit welchen Kriterien sind diese Methoden zu bewerten?
- Inwieweit sind diese Methoden für das Unternehmen geeignet?
- Welche Methoden sind besser als andere?

Die Antworten zu diesen und weiteren Unterfragen führen zum Konzept.
Die Forschungsfrage muss natürlich mit dem Firmenbetreuer abgesprochen sein.

Das Wichtigste auf einen Blick:

1. Die Forschungsfrage ist der Kompass der Arbeit. Sie muss richtig formuliert sein.
2. Die Detailfragen sind immer schwierig. Es gibt viele Varianten. Sie werden Dir mit der Zeit aber klarer und vertrauter werden.
3. Die Detailfragen sind die Gliederungspunkte in Deinem Ergebniskapitel. Kümmere Dich daher intensiv um sie.

Mögliche „Mini"-Sprints (Änderungen, Ergänzungen):

Prüfe unterwegs immer wieder die Detailfragen. Komme darauf zurück, wenn Du Entscheidungen treffen musst über Methoden, Daten, neue Studien, Auswertungen etc.

Sprint 12: Formuliere das Ziel der Arbeit

WARUM?	Du willst EIN greifbares Ziel für die Thesis.
Dein Ziel?	…ist ein ausformuliertes und operationalisiertes Ziel.
Was steht danach NEU im Exposé?	Das Ziel der Arbeit.
Dauer	1 h

Was ist denn das Ziel der Thesis?

Das Ziel einer wissenschaftlichen Arbeit ist ein Text und der Abschluss. Das sind aber formale Ziele. Wir brauchen ein inhaltliches Ziel.

Das Ziel jeder Thesis sind bestimmte Erkenntnisse über das Thema. Das sind die Antworten auf die Forschungsfrage oder Leitfrage. Sehr allgemeine Formen der Zielformulierung lauten:

Das Ziel der Thesis sind Erkenntnisse über das Objekt X und seine Umweltbeziehung.

oder

Das Ziel der Arbeit sind Erkenntnisse über die Gegebenheiten von Objekt X und seine Beziehungen mit dem Umfeld.

Beispiele für eine präzise Zielformulierung:

- Das Ziel der Arbeit sind Erkenntnisse über die Ursachen der psychischen Störung ABC und die Wirksamkeit bisher bekannter Behandlungsansätze.
- Das Ziel der Arbeit sind Erkenntnisse über die Entwicklungslinien der US-amerikanischen Außenpolitik nach dem ersten Weltkrieg.

Typische Zielformulierungen mit Beispielthemen

Typ	Ziel der Arbeit	Das Ziel der Arbeit sind/ist...	Beispielthemen
LIT	Systematik von Informationen in Form von Aussagen (Text) oder Darstellungen (Tabellen, Grafiken) zum Thema, aus der Literatur **FORM:** Text, Tabellen, Grafiken	...Aussagen über die Marktentwicklung im Ebook-Markt in Deutschland seit 2005	Die Entwicklung des Ebook-Marktes in Deutschland seit 2005 – eine systematische Analyse
REV	Aussagen (Text) aus wissenschaftlichen Artikeln und Interpretation **FORM:** Tabelle/Matrix	...eine Übersicht der Ergebnisse aktueller Studien zu den Zielgruppenpräferenzen in verschiedenen Ländern.	Zielgruppenpräferenzen im Ebook-Markt im internationalen Vergleich - aktueller Forschungsstand
EMP	Informationen in Form von Aussagen (Text), Zahlen/Daten oder Darstellungen (Tabellen, Grafiken) zum Thema, aus eigener Forschung! **FORM:** Text, Tabellen, Grafiken	...Aussagen über den Kaufprozess bei verschiedenen Gruppen von Ebook-Käufern als Befragungsergebnisse.	Der Kaufprozess bei Ebook-Kunden – eine empirische Analyse
PRA	Infos, Bewertungen, Daten, Vergleiche = Kombination der Ziele aller anderen Muster **FORM:** ein Konzept, mit Katalog, Checklisten und Plan	...ein Konzept für den Fachverlag ABC zur Vermarktung seiner Ebooks an ausgewählte Zielgruppen.	Entwicklung eines Marketing-Konzeptes für einen Ebook-Fachverlag für den deutschen Markt

Wie sieht das Ziel der Form nach aus?

Das Ziel ist immens wichtig für den Erfolg der Thesis. Daher schauen wir noch mal auf die Inhalte und die Struktur von Zielen. Folgende Strukturen und Inhalte sind typisch:

Formalisiertes Ziel	Typische Inhalte der Erkenntnisse
• einfache Aussagen = Text • eine Formel oder Formeln • Zahlen/Datensammlung • eine Tabelle/Matrix/Übersicht • eine Abbildung/Grafik • ein Katalog/Liste • ein Konzept mit Checklisten	• Eigenschaften/Merkmale/Charakteristika, • Auffälligkeiten aller Art (Muster, Struktur, Systematik etc.) • Varianten, • Beziehungen mit anderen Objekten (Anwendungsbereiche, Wirkungen...) • Entwicklungen

Was ist wichtig für die Zielformulierung?

- Das inhaltliche Ziel ist fast immer nur ein einziger Satz!
- Das Ziel muss ich mir merken können (deswegen nur ein Satz!)!
- Das Ziel ist stets ein Substantiv und kein Verb!
- Die präzise Formulierung des Ziels ist unabdingbar!
- Das Ziel ist für Eingeweihte sofort verständlich und interessant!
- Die Zielformulierung enthält die wichtigen Worten aus Thema und Forschungsfrage!

Warum ist die Zielformulierung denn so wichtig?

Die Zielformulierung ist die Garantie für eine gute Arbeit. Eine saubere (= konkrete, präzise, machbare) Zielformulierung führt immer zum Ziel, zu einer guten bis sehr guten Arbeit.

Hier sind Zielformulierungen für Beispielthemen:

Beispielthemen	Das Ziel der Arbeit sind Erkenntnisse über ...
Die Entwicklung des Ebook-Marktes in Deutschland seit 2005 – eine systematische Analyse	...die Entwicklung des Ebook-Marktes in Deutschland seit 2005.
Lernprobleme von Kindern mit Migrationshintergrund - eine systematische Analyse	...Lernprobleme von Kindern mit Migrationshintergrund.
IT Risiken in Banken - eine systematische Analyse	...IT Risiken in Banken.
Fachkräftemangel in der Maschinenbau-Branche- eine systematische Analyse	...den Fachkräftemangel in der Maschinenbau-Branche.
Geldpolitische Herausforderungen der Euro-Krise- eine systematische Analyse	...geldpolitische Herausforderungen der Euro-Krise
Auswirkungen der aktuellen umsatzsteuerpolitischen Maßnahmen auf die Einkommensverteilung - eine systematische Analyse	...Auswirkungen der aktuellen umsatzsteuerpolitischen Maßnahmen auf die Einkommensverteilung.
Chancen von Elektroautos für Autovermietungen - eine systematische Analyse	...Chancen von Elektroautos für Autovermietungen.
Wirtschaftliche Interessen der Mercosur-Staaten - eine systematische Analyse	...die wirtschaftlichen Interessen der Mercosur-Staaten.
Neuere Entwicklungen in der Nanotechnologie - eine systematische Analyse	...neuere Entwicklungen in der Nanotechnologie.

Literature Review

Was ist das Ziel bei einem Literature Review?

Das Ziel eines Literature Reviews sind ebenfalls Erkenntnisse zum Thema und zur Forschungsfrage. Die Besonderheit ist das Zwischenziel einer Übersicht aktueller Studien zum Thema, in Form einer Tabelle oder Matrix. Die Tabelle ist wie eine Inventur, die Erfassung aller zugehörigen Studien und deren Inhalte.

Wie sieht eine Zielformulierung für ein Beispielthema aus?

Das Ziel der Arbeit ist ein Überblick der aktuellen Erkenntnisse zum Zusammenhang zwischen Diversity und Produktivität.

Wie sieht die typische Ziel-Matrix für ein Literature Review aus?

Nr.	Autoren	Titel	Jahr	Forschungsfrage	Untersuchte Faktoren	Methoden/ Modelle
1						

Nr.	Stichprobe	Ergebnisse/ Erkenntnisse	Lücken/ Probleme/ Kritik	Interpretation/ Einordnung	Untersuchte Faktoren
1					

Ein Zwischenziel des Literature Reviews ist die ausgefüllte Matrix, die sich über drei, vier, fünf, sechs Seiten erstrecken kann. Die Arbeit besteht aber nicht nur aus dieser Matrix! Anschließend müssen die Erkenntnisse der Studien im Hinblick auf die Fragestellung dargestellt, interpretiert und diskutiert werden.

Literaturarbeit/Literature Review, Empirie S. 79, Praxis S. 80

Was ist das Ziel bei einer Empirie-Arbeit?

Das Ziel einer empirischen Arbeit sind detaillierte Antworten auf die Forschungsfrage.

Typische Zielformulierung und Beispiele

Das Ziel dieser Arbeit sind Erkenntnisse über das Objekt ABC/den Zusammenhang von X und Y/die Effekte von etwas auf etwas u. ä.

Diese Formulierung ist ähnlich den Zielen der anderen Thesis-Typen.

Beispiel für eine Forschungsfrage	Zielformulierung
Wie nutzen Jugendliche Social Media Plattformen? WIE = wozu, wann, wie oft, mit wem, auf welchem Gerät etc.	Das Ziel der Arbeit sind Erkenntnisse über die Nutzung von Social Media Plattformen durch Jugendliche zwischen 14 und 19 Jahren.
Wie nutzen Unternehmen Social Media Plattformen für den Verkauf? WIE: welche Plattformen, welche Produkte, welche Verkaufstechniken, welche Promotions, Darstellung der Produkte etc.?	Das Ziel der Arbeit sind Erkenntnisse über die Nutzung von Social Media Plattformen für den Verkauf durch Unternehmen.
Wie nutzen unterschiedliche Ziel-gruppen Social Media Plattformen beim Einkaufen? WIE: welche Plattformen, welche Zwecke, welche Inhalte, welche Unternehmensbereiche, wie oft?	Das Ziel der Arbeit sind Erkenntnisse über die Nutzung ausgewählter Social Media Platt-formen durch ausgewählte Zielgruppen zum Einkaufen.
Welche Erfahrungen gibt es in der Vorschule ABC mit dem Einsatz des Mediums/Geräts XYZ?	Das Ziel der Arbeit sind Erkenntnisse über die Erfahrungen in der Vorschule ABC mit dem Einsatz des Mediums/Geräts XYZ
Welche Effekte hat der Einsatz des Konzepts XY im Fremdsprachunterricht des Gymnasiums ABC?	Das Ziel der Arbeit sind Erkenntnisse über die Effekte des Einsatz des Konzepts XY im Fremdsprachunterricht des Gymnasiums ABC.
Welche Vorlieben haben bestimmte Nutzergruppen im Hinblick auf ausge-wählte Sendungen im Internet-TV?	Das Ziel der Arbeit sind Erkenntnisse über die Vorlieben bestimmter Nutzergruppen im Hinblick auf ausgewählte Sendungen im Internet-TV.
Welche Auswirkungen hat die Krank-heit XY bei einem Elternteil auf die Kindererziehung?	Das Ziel der Arbeit sind Erkenntnisse über die Auswirkungen der Krankheit XY bei einem Elternteil auf die Kindererziehung?
Welche Erleichterungen bringt der Einsatz des Geräts XY in der Altenpflege in der Einrichtung ABC?	Das Ziel der Arbeit sind Erkenntnisse über die Erleichterungen des Einsatzes des Geräts XY in der Altenpflege in der Einrichtung ABC?
Wie hat sich die Nutzung von Service XY durch die Gruppen A und B und C in den letzten fünf Jahren entwickelt?	Das Ziel der Arbeit sind Erkenntnisse über die Entwicklung der Nutzung von Service XY durch die Gruppen A und B in den letzten fünf Jahren?

Praxis-Arbeit

Was ist das Ziel bei einer Praxis-Arbeit?

Das Ziel einer echten Praxis-Arbeit ein maßgeschneidertes Konzept, nach einer gründlichen Analyse der Rahmenbedingungen, einer sorgfältigen Bewertung möglicher Handlungsoptionen und konkreten Vorschlägen und Handlungsempfehlungen zur Lösung eines bestimmten Problems oder zur Erreichung eines bestimmten Zieles. Das Konzept ist die Grundlage für Entscheidungen der Verantwortlichen in Unternehmen für den Bereich.

Das Konzept hat einen Umfang von ca. 10-20 Seiten, abhängig von der Aufgabe.

Die drei Bestandteile des Zieles:

- die IST-Analyse, mit allen relevanten Rahmenbedingungen,
- das SOLL-Konzept mit konkreten Vorschlägen von Mitteln, Methoden, Instrumente, Maßnahmen zur Zielerreichung,
- EMPFEHLUNGEN für das weitere Vorgehen mit groben Abschätzungen des Aufwands im Hinblick auf Zeit, Personal und auch Kapital. Idealerweise ergibt sich daraus ein Zeit- und Maßnahmen Plan.

ACHTUNG: Ein wichtiges Element, das im Ziel und im Konzept selbst nicht auftaucht, sind die theoretischen Grundlagen und der aktuelle Forschungsstand. Sie dienen der Orientierung bei der IST-Analyse, der Erarbeitung des SOLL-Konzepts sowie der Handlungsempfehlungen. Denn diese Art von Problem ist mit Sicherheit schon in der Literatur beschrieben. Warum also sollte man bei null anfangen? Halte Dich dafür an die Mustergliederung.

Was ist nicht das Ziel einer Praxis-Arbeit?

Das Ziel der Arbeit ist **NICHT** die Steigerung der Kundenzufriedenheit oder Mitarbeiterzufriedenheit oder die Kundengewinnung. Das wird immer wieder so formuliert. Das kann es natürlich nicht sein, weil das Ziel einer wissenschaftlichen Arbeit immer Wissen ist. Es geht also darum, die Wege zur Steigerung der Kundenzufriedenheit oder Mitarbeiter Zufriedenheit oder zur Verbesserung des Prozessmanagements etc. aufzuzeigen. Das ist indessen aber keine Lösung des Problems. Die Lösung des Problems wird erst in der Praxis erreicht, durch den Einsatz von Personal, Zeit und Geld. Das gehört aber nicht mehr zur Arbeit selbst.

Das Wichtigste auf einen Blick:

1. Das Ziel ist das konkrete Ergebnis der Thesis. Damit kommst Du auf den Punkt.
2. Das gibt Dir Orientierung und Sicherheit.
3. Halte Dich an die Beispiele.

Mögliche „Mini"-Sprints (Änderungen, Ergänzungen):

Konkretisiere das Ziel nur. Ändere es also nur noch in den Details.

Sprint 13: Schreibe Ausgangssituation und Studienüberblick

WARUM?	Du willst Thema und Leitfrage abgeleitet haben.
Dein Ziel?	...ist eine lückenlose und belastbare Ableitung Deiner Forschungsfrage aus aktuellen Studien.
Was steht danach NEU im Exposé?	Ausgangssituation mit Objekt, Fokus, Kontext und Studienüberblick
Dauer	6 h

Was ist die Ausgangssituation und Hinleitung zum Problem?

Die Ausgangssituation beschreibt den Rahmen oder Kontext für die Arbeit und führt zur Problemstellung. Sie sollte mit einem Satz beginnen, der den Leser sofort fesselt. Dazu eignen sich zum Beispiel bekannte Zitate oder Weisheiten. Beispiele:

Der Kunde ist König...

Der Wettbewerb auf dem Markt XY ist in den letzten Jahren intensiver geworden...

Menschen leben immer länger...

Der Begriff im ersten Satz sollte mit dem Thema zu tun haben. Die weiteren Inhalte solltest Du mit den folgenden Fragen beantworten.

Wie schreibe ich die Ausgangssituation oder den Kontext?

Beantworte diese fünf Fragen:

Frage 1: Welche Aussagen zum Thema sind allgemein und auch anerkannt?

Frage 2: Was ist das eigentlich, worüber ich schreibe? Wie lautet die Definition?

Frage 3: Was ist ein echtes Problem im Zusammenhang mit dem Kern des Themas? Was spielt alles eine Rolle dabei?

Frage 4: Was gibt es bereits für Erkenntnisse in der Literatur? Das ist der Studienüberblick!

Frage 5: Welcher Aspekt ist für mich und meine Arbeit interessant?

Wie sieht der Inhalt im Kontext für ein Beispiel-Thema mit Schokolade aus?

Thema: Auswirkungen von Schokoladenkonsum auf die Motivation von Studenten - eine systematische Analyse

1. Die Ausgangswahrheiten

Frage 1: Welche anerkannten Aussagen zu Schokolade und Motivation von Studenten gibt es?

Sammle passende Aussagen zu den einzelnen Kombinationen also Studenten und Motivation, Studenten und Schokolade, Schokolade und Motivation. Da findet sich bestimmt etwas. Quellen mit allen drei Begriffen wären wohl am besten. Aber dann stehst Du vielleicht ohne Thema da... Das ist ja gerade die offene Frage der Arbeit. Aber es gibt viele Erkenntnisse über Schokolade einerseits und Motivation von Studenten andererseits. Die beiden zusammen zu untersuchen ist das NEUE Deiner Arbeit.

2. Die Definitionen

Frage 2: Wie lautet die Definition der Begriffe Schokolade, Student und Motivation? Nimm nur anerkannte Quellen wie Fachbücher und Studien. Baue sofort die Quellenverweise ein. Du kannst mit Google und Wiki anfangen. Aber zitieren darfst Du die nicht.

3. Die Wissenslücke

Frage 3: Was ist ein echtes Problem bei der Motivation von Studenten? Welche Faktoren spielen dabei eine Rolle, in positiver oder negativer Hinsicht? Was wollen wir darüber wissen?

Drücke das Problem in Form einer Wissenslücke aus. Was wollen wir wissen? Welches Wissen fehlt? Das sind die passenden Fragen dazu.

4. Studienüberblick

Frage 4: Was gibt es bereits für Erkenntnisse in der Literatur über die Wirkung von Schokolade und Schokoladenkonsum auf die Motivation von Studenten oder auch anderen Menschen wie Schülern, Trainees etc.?

Du musst nur ein bis zwei Sätze pro Studie schreiben. Hier sind Beispiele:

Hansemann (2012) untersuchte die Folgen von Konsum der Schokoladensorten Hell und Dunkel bei Berufsschülern in der Schweiz. Dazu wurden empirische Daten an fünf Berufsschulen erhoben und ausgewertet.

Petranka (2010) analysierte den Zusammenhang zwischen A und B bei X und Y Gruppen im Land Z... Die empirische Analyse fokussierte auf die Merkmale A1 und B2...

Blusky (2015) führte eine Studie zu Risiken des übermäßigen Konsums von Schokolade bei Mitarbeitern in einer Schokoladenfabrik durch. Dabei standen zwei Gruppen von Mitarbeitern und zwei Sorten von Schokolade im Fokus...

5. Die Forschungsfrage

Frage 5: Welcher Aspekt ist aus dem Themenkreis Wirkung von Schokolade und Schokoladenkonsum auf die Motivation von Studenten für diese Arbeit interessant? Wie lautete die Forschungsfrage?

Die Forschungsfrage sollte jetzt schon ziemlich konkret und sogar final sein. Halte Dich an das Schema.

Schreibe die Antworten auf diese Fragen auf und Du wirst klarer sehen, ob Dein Thema das richtige ist.

Formulierungshilfen für die Ausgangssituation:

- Das Phänomen XY tritt unter den folgenden Voraussetzungen auf...
- Das Phänomen ist durch A, B und C gekennzeichnet...
- Die Ursachen dafür sind...
- Besondere Bedeutung hat...
- Das Problem P ist besonders relevant für die Gruppe der X und Y...
- Das Problem für Z besteht darin, dass...
- Bisher hat sich der Prozess ABC so entwickelt...
- Im Zusammenhang damit steht auch...

- Besonderes Interesse an dieser Fragestellung hat...
- Die Frage hat schon immer eine große Rolle im Zusammenhang mit XY gespielt.
- Bis heute ist es nicht gelungen...
- Bedeutende/Erste Ansätze zur Lösung des Problems/zur Beantwortung der Frage stammen von...
- Es gibt zahlreiche Studien/Untersuchungen/Modelle/Theorien/Erklärungsversuche zu...
- Ein wichtiger Ansatz ist...

Tipps zur Formulierung der Ausgangssituation
- ca. ein bis zwei Seiten,
- kurze und knappe Sätze,
- schon hier Quellenangaben,
- mindestens zwei Absätze pro Seite,
- erster Satz soll Aufmerksamkeit wecken,
- Argumentation vom Allgemeinen zum Besonderen,
- Fakten und Zahlen einbauen,
- nach Pause noch mal überarbeiten.

Weitere Fragen und Antworten zum Kontext
Was mache ich bei Schwierigkeiten mit dem Schreiben des Kontexts?
Wenn Du unterwegs merkst, dass es viele Lücken in Deinen Materialien oder auch Deiner Argumentation gibt, dann schließe sie entweder durch Wiederholung der Schritte für das Exposé oder ändere Deinen Themen-Ansatz. Bestimmt lässt sich in der Nähe Deines jetzigen Ansatz etwas anderes finden.

Welche Quellen brauche ich für meinen Kontext?
Arbeite nur mit anerkannten Fachbüchern für die Definitionen und mit Studien für den Überblick zum aktuellen Forschungsstand. Du kannst Dich natürlich von anderen Quellen wie Interviews oder Präsentationen inspirieren lassen. Wenn Du aber zum Thema kaum etwas in seriösen Quellen findest, dann hast Du noch kein Thema. Dann suche entweder noch mal oder gehe besser zurück zur Themenfindung.

Wie kann ich das Schreiben abkürzen?

Nimm ein Programm zur Spracherkennung wie Dragon Naturally Speaking. Damit kannst Du dreimal schneller schreiben als tippen mit der Hand.

Du kannst den Kontext auch als Vortrag ausarbeiten und dann mit Diktier-App aufnehmen und abschreiben. Das ist auch eine bewährte Turbo-Technik.

Wie umfangreich muss der Kontext sein?

Etwa 1,5 bis 2 Seiten reichen aus. Mehr sollten es auf keinen Fall sein. Wenn Du Dich an die Fragen hältst, dann werden es auch nicht mehr Seiten.

Das Wichtigste auf einen Blick:

1. Das Kontextschreiben zwingt Dich, auf den Punkt zu kommen, die Forschungsfrage richtig zu belegen und zu fundieren. Das gibt Dir Sicherheit.
2. Verwende von Anfang an seriöse Quellen wie Studien. Das macht alles leichter.
3. Der Kontext sind die ersten Wörter, Zeilen, Absätze und Seiten Deiner Thesis. Sie kommen komplett in die Einleitung. Feiere das gebührend!

Mögliche „Mini"-Sprints (Änderungen, Ergänzungen):

Überarbeite den Kontext erst am Ende, wenn Du alles geschafft hast. Wenn Du allerdings den Fokus ändern musst, dann wirst Du den Kontext noch mal neu schreiben müssen.

Sprint 14: Konsultation mit dem Betreuer

WARUM?	Du willst grünes Licht für den Einstieg.
Dein Ziel?	...ist eine vorläufige Zustimmung zu Thema und Forschungsfrage.
Was steht danach NEU im Exposé?	Auf dem Deckblatt steht Dein Arbeitsthema.
Dauer	1 h

Wie bespreche ich das Thema informell mit dem Betreuer?

Du brauchst die Zustimmung des Betreuers zum Thema. Du solltest das Thema zuerst informell besprechen, vor dem Anmelden. Bereite Dich gut auf das Gespräch vor. Du kannst ungefähr sagen:

„Ich habe mir ein Thema überlegt, bin mir aber noch nicht ganz sicher. Ich möchte gerne Ihre Meinung dazu hören, bevor ich es offiziell anmelde. Wenn Sie das Thema vom Ansatz her in Ordnung finden, dann erstelle ich dazu eine Gliederung und komme damit wieder."

Du solltest entweder ein Anschreiben oder ein Gespräch vorbereiten.

Was kommt in das Anschreiben per Email?

Du dankst dem Betreuer dafür, dass er Dich betreuen wird. Schreibe, dass Du Dir ein Thema überlegt hast, das Ganze aber erst anmelden willst, wenn es von ihm abgesegnet ist. Dann schreibe das Thema auf, zusammen mit einer kurzen Gliederung. Danach warte auf Feedback. Ist das Thema ok, antwortet der Betreuer meist schnell. Sende nur ein Thema. Er wählt sonst garantiert das weniger passende. Außerdem solltest Du die Verantwortung für die Themenwahl nicht delegieren.

Checkliste für das Anschreiben des Betreuers:

- Danke sagen,
- Thema nennen,
- Motivation, Thema begründen,
- „Ich möchte herausfinden...",

- Bitte um Nachricht, ob Du in dieser Richtung weiterarbeiten und eine Gliederung vorbereiten kannst,
- „Es geht noch nicht um die Anmeldung".

Wie führe ich das Gespräch in der Sprechstunde?

Triff den Betreuer mit dem Ausdruck von Thema und Gliederung. Mache Notizen. Welche Anforderungen und Ansprüche hat er? Welche Wünsche hat er? Ergebnisse aus dem Gespräch können sein:

- Der Betreuer stimmt dem Thema zu.
- Er stimmt zu, mit dem Vorbehalt kleiner Anpassungen.
- Er sagt Nein zu dem Thema.
- Er will Dich nicht betreuen.

Offensichtlich hängt die Antwort auch von Deiner Präsentation ab.

Notiere die Anmerkungen des Betreuers, werte sie aus und überarbeite den Entwurf. Diese Anpassung ist vor der Anmeldung dann auch die letztmögliche für Dich. Noch ei informelles Gespräch ist schwierig. Das Thema muss dann angemeldet werden.

Was gehört in das Protokoll der Besprechung?

- Ort und Zeit,
- Teilnehmer,
- besprochene Inhalte Notizen,
- zum Themengebiet und zur Themenformulierung selbst,
- zum Ziel der Arbeit,
- zum Vorgehen oder zur Methodik,
- zur Literatur,
- zur Zeitplanung,
- formale Fragen,
- sonstiges.

Sende dem Betreuer das Protokoll zur eigenen Absicherung.

Argumente für die Rückgabe eines Themas:

- Ich brauche Informationen, die ich gar nicht bekommen kann.
- Ich habe viel zu wenig Zeit für diese komplexe Fragestellung.

- Anerkannte Experten sagen, das Thema ist schlecht.
- Es geht um ein völlig neues Konzept in einem unbekannten Gebiet.
- Eine empirische Untersuchung ist nötig, aber es gibt kaum Probanden.
- Daten sind geheim wie zu Mobbing, Korruption oder Vergütungsfragen.
- Es gibt zum Thema nur teure Studien.
- Das Thema ist Teil eines Forschungsprojektes des Lehrstuhls, in dem Du nicht drin bist und auch nicht reinkommst.
- Wenn das Thema in zwei Wochen dreimal geändert wurde.
- Wenn ich ein ganz schlechtes Gefühl habe. Höre auf Dein Gefühl!

Argumente gegen die Rückgabe eines Themas:
- Ich finde nicht gleich Literatur dazu.
- Ich bekomme vom Lehrstuhl keine Unterstützung.
- Ich habe keine Vorkenntnisse.
- Ich habe wenig Zeit.
- Ich habe keine Idee für die Gliederung.
- Meine Freunde sagen, dass das Thema nicht gut ist.

In diesen Fällen lässt sich etwas tun, Quellen finden, Kenntnisse auffrischen, Mustergliederung studieren, Fachleute fragen.

Das Wichtigste auf einen Blick:

1. Frage die Betreuer nach konkretem Feedback zu Thema und Leitfrage. Aber vorerst inoffiziell, damit Du Änderungen machen kannst.
2. Mache unbedingt ein Protokoll, damit das Besprochene festgehalten wird.

Mögliche „Mini"-Sprints (Änderungen, Ergänzungen):

Prüfe und überarbeite auf dem Wege der Umsetzung des Plans, ob Du auf dem richtigen Weg bist oder überarbeiten musst.

MEILENSTEIN 2: Gliederung, Exposé und Einleitung fertig!

MEILENSTEIN 2:
Gliederung, Exposé und
Einleitung fertig!

2

WARUM?	Du willst die Gliederung und die ersten Seiten.
Dein Ziel?	...sind eine fertige Gliederung und ein Entwurf der Einleitung.
Dauer	14 h = 1,75 Arbeitstage

Sprint 15: Wähle Methoden und beschreibe das Vorgehen

WARUM?	Du willst die passenden Methoden.
Dein Ziel?	...ist eine Liste geeigneter Methoden für Deine Arbeit.
Was steht danach NEU im Exposé?	Das Unterkapitel methodisches Vorgehen in der Einleitung.
Dauer	4 h

Was ist eine Methode (Definition) und deren Zweck?

Eine Methode ist allgemein ein Mittel zur Zielerreichung. Methoden bezeichnen also jeweils eine bestimmte Art und Weise des Handelns, unter Nutzung bestimmter Mittel, um ein bestimmtes Ziel zu erreichen. Eine Methode enthält stets eine Abfolge von Schritten (Technologie, Technik).

Mit den Methoden sollen die Ziele der Arbeit erreicht werden, die Erkenntnisse gewonnen, als sichtbare Ergebnisse Deines Arbeitens. Sie sollen auch Dein Leben leichter machen. Man kann ein Haus mit den Händen oder einem Kran bauen...

Was sind Beispiele für Methoden des wissenschaftlichen Arbeitens?

Das sind Interviews, Beobachtung, Umfrage, Experimente, Dokumentenauswertungen, Inhaltsanalysen, statistische Auswertungen, Szenario-Analysen und viele, viele mehr.

Die häufigsten Methoden sind der standardisierte Fragebogen, gefolgt von Experten-Interviews und Probanden-Interviews. Diese Methoden sind nicht so aufwändig. Die Auswahl der Methode hängt ab von Forschungsfrage und Ziel, vor allem aber von der Art und der Verfügbarkeit von Daten.

Wie sehen Methoden aus?

Methoden sind immer eine Art Leitfaden oder Rezept. Sie beschreiben die Aktivitäten und Mittel, um die Ziele und Zwischenziele zu erreichen. Wie immer in Beschreibungen finden sich die W-Fragewörter was, wer, womit, wozu, wann, wo, welche Schritte... Leider sind die Methoden in der Literatur oft eher abstrakt statt anwenderfreundlich beschrieben. Das liegt daran, dass man eben Vorwissen braucht. Wir bemühen uns, die wichtigsten Methoden präzise und dennoch nachvollziehbar zu beschreiben.

Wo und wie finde ich die passenden Methoden für meine Arbeit?

Meist musst Du Dich nur zwischen Interviews und einer Umfrage mit standardisiertem Fragebogen entscheiden. Das hängt von der Tiefe der benötigten Daten und der Verfügbarkeit von Informationen in vorhandenen Quellen. Wenn Du schon viel über die Ursachen von Motivationsproblemen in Büchern und Studien findest, dann brauchst Du keine Interviews. Dann kannst Du einen standardisierten Fragebogen auf Basis der Literaturauswertung erstellen.

Ansonsten sind die besten Quellen für die Methodensuche Studien und Paper zum Thema. Die Autoren wenden bereits die passenden Methoden an und beschreiben auch ihr Vorgehen. Nutze also Dein Literature Review für die Methodensuche. Oft ist das aber zu knapp beschrieben. Dann helfen Methodenbücher weiter. Sie beschreiben die Methoden ausführlicher. Leider haben nicht alle anschauliche Beispiele.

Welche Arten von Methoden gibt es?

Grundsätzlich lassen sich die Methoden in der Forschung in zwei Gruppen einteilen, in primäre Forschungsmethoden und sekundäre Forschungsmethoden.

Sekundäre Forschungsmethoden umfassen Methoden, mit denen bereits erhobene und in Texten dokumentierte Informationen und Daten gesammelt und ausgewertet

werden. Das Literature Review ist solch eine Methode, die beste und sauberste übrigens, weil die Schritte nachvollziehbar sind. Aber auch alle Arten von Auswertungen von Literaturquellen wie Bücher und Studien aller Art gehören dazu. Die Informationen wurden bereits von den jeweiligen Autoren „gefiltert" und interpretiert. Sie enthalten also schon eine gewisse Subjektivität. Das ist mit sekundär gemeint. Mit sekundären Methoden lassen sich durchaus neue Erkenntnisse gewinnen.

Primäre Forschungsmethoden helfen bei der Erhebung von Daten. Die Daten sind also erst aus der Realität zu sammeln und zu dokumentieren. Beispiele sind Beobachtung mit Protokoll, Interviews mit Probanden oder Experten, Fragebogen-Umfrage, Experimente. Aber auch Statistiken über Märkte oder Gesundheitsdaten aus einer Smartwatch z. B. gehören streng genommen dazu. Dies sind „reine" Daten, noch nicht verändert oder verzerrt durch Text und Interpretationen.

Literaturarbeit/Literature Review, Empirie S. 94, Praxis S. 96

Welche Methoden nutze ich für eine Literaturarbeit und ein Literature Review?

Hier ist die Kurzform: Recherchieren - Sortieren – Systematisieren – Analysieren - Vergleichen – Interpretieren - Diskutieren

Folgendes ist bei einer Literaturarbeit und bei einem Literature Review zu tun:

- Auswertungstabelle anlegen (Review-Matrix),
- aktuelle und relevante Studien suchen,
- Abstracts lesen und Studie einschließen oder weglassen,
- Tabelle für passende Studien ausfüllen,
- im Text: Ergebnisse der Studien interpretieren,
- Lücken identifizieren und damit Forschungsbedarf ermitteln.

Bei einem Literature Review werden
- keine Gespräche geführt,
- keine Experten oder andere Personen befragt,
- keine internen Dokumente herangezogen,
- keine SELBST gesammelten statistischen Daten ausgewertet.

Mitunter lässt sich auch eine rudimentäre statistische Auswertung der Studien machen. Dazu sind aber mindestens 30 Studien notwendig, damit die Ergebnisse signifikant sind. Bei etwa 15 oder 20 Studien geht das nicht. Nur offenbare Trends lassen sich dann beschreiben und vorsichtig interpretieren.

Ein Literature Review verlangt gutes Englisch, zumindest im Lesen. Das Übersetzen aller Artikel dauert Monate und Übersetzer kosten Geld. Das ist auch gar nicht nötig! Du musst die Grundlagenstudien gründlich lesen. Die Inhalte der meisten weiteren Studien lassen sich dann recht schnell filtern.

Deine Methodik-Quelle für das Literature Review:

Eine ausführliche Beschreibung der Methoden für das Literature Review:

Cooper, Harris (1999): Synthesizing research. A guide for literature reviews. 3rd ed., [2. Dr.]. Thousand Oaks, Cal. [u. a.]: SAGE Publ.

Empirie-Arbeit oder Praxis-Arbeit

Was sind typische Methoden für eine Empirie-Arbeit oder Praxis-Arbeit?

Methode	Erläuterung, Einsatzbereich	Vorteile	Nachteile
Standar-disierte Befragung	Erstellung eines Fragebogens zur Ermittlung von Informationen zu einem Thema, Ausfüllen lassen durch Probanden	viele Teilnehmer erreichbar, Repräsentativ, Standardfragen möglich, einfache statistische Auswertung, mess-bare Ergebnisse, relativ objektives Wissen, viele Beispiele, klare Vorgaben, online durchführbar	Auswahl der Teilnehmer schwierig um Repräsenta-tivität zu sichern, Fragen müssen „gut" sein, Metho-dik-Kenntnisse wichtig, kann länger dauern, muss gut vorbereitet sein
Datenaus-wertung	Statistiken und Daten aus Datenbanken, von anderen gesammelt	Daten vorhanden, meist gesicherte Datenqualität, schnelle Beschaffung	Abhängigkeit von anderen, Beschaffung oft schwer, teure Daten, oft Lücken, meist keine Nachlieferung, Daten bestimmen Auswertung, oft Kompromisse nötig bei Forschungsfragen

Methode	Erläuterung, Einsatzbereich	Vorteile	Nachteile
Interviews Probanden	Befragung von „normalen" Leuten mit bestimmten Merkmalen anhand eines Leitfadens	sehr flexibel, Inhalte frei bestimmbar, Nachfragen möglich, Ausweitung der Befragung leicht (mehr Probanden), Anpassung des Forschungsdesigns möglich, Testen des Leitfadens möglich	verlangt Erfahrung und Vorkenntnisse, Probandensuche schwer, abhängig von anderen, unsicherer Ausgang, viele unterschiedliche Inhalte, Interpretationsspielraum, keine exakten Daten wegen offener Fragen, Auswertung sehr anspruchsvoll, Gefahr der Subjektivität
Interviews Experten	Befragung von Experten mit ausgewiesenen Kenntnissen auf bestimmtem Fachgebiet, mit Interviewleitfaden	flexibel, Inhalte frei bestimmbar, Nachfragen möglich, Ausweitung der Befragung leicht (mehr Experten), Anpassung des Forschungsdesigns möglich, Leitfadentest möglich, neue Erkenntnisse	aufwändig, Expertensuche schwer, Abhängigkeit von anderen, Vorkenntnisse nötig, hohes Niveau der Diskussion, keine exakten Daten wegen offener Fragen, Auswertung sehr anspruchsvoll, Gefahr der Subjektivität
Beobachtung,	Erfassung und Dokumentation bestimmter Infos über Objekte	flexibel, tiefere Erkenntnisse, eigene Forschung, Vertiefen und Ausweiten ist möglich	Subjektivität, wenig Messbares, meist qualitative Daten, Interpretationsspielraum, Abhängigkeit, Objekte schwer zugänglich
Messung	Erhebung und Dokumentation bestimmter Daten über bestimmte Objekte	keine Subjektivität durch quantitative Daten, tiefere Erkenntnisse, eigene Forschung, Vertiefen und Ausweiten ist möglich	kaum Interpretationsspielraum, abhängig von anderen, Methodik sehr wichtig; aufwändig, teuer, viele Barrieren, Überraschungen bei Ergebnissen möglich
Experiment	streng kontrollierte und standardisierte Erhebung und Dokumentation von Daten über bestimmte Objekte	Strikt quantitative Daten, tiefere Erkenntnisse, Vertiefen und Ausweiten ist möglich, Aufbauen auf Modellen möglich	Abhängigkeit von anderen, extrem aufwändig und teuer, viele Barrieren, hohe Risiken, viele Kompromisse nötig, ethische Bedenken, viele Störfaktoren, Überraschungen bei Ergebnissen möglich

Methode	Erläuterung, Einsatzbereich	Vorteile	Nachteile
Versuchs-reihe	Erhebung und Dokumenta-tion von Daten über bestimmte Objekte	weitgehend quantitative Daten, Vertiefen und Ausweiten ist möglich, Vergleiche möglich	Abhängigkeit von anderen, sehr aufwändig, viele Barrieren, hohe Risiken, viele Kompromisse nötig, ethische Bedenken, viele Störfaktoren, Überra-schungen bei Ergebnissen möglich

Die am häufigsten genutzte Methode in der Empirie-Arbeit ist der standardisierte Fragebogen, gefolgt von Experten-Interviews und Probanden-Interviews. Die anderen Methoden werden weitaus seltener angewendet. Wir vertiefen die Beschäftigung mit den Methoden im entsprechenden Sprint.

Praxis-Arbeit

Welche Methoden nutze ich für eine Praxis-Arbeit?

Die Methoden bei einer praktischen Arbeit sind vielfältiger als bei allen anderen Themen-Mustern. Das liegt an den besonderen Bedingungen. ABER: Alle bisherigen Methoden werden verwendet.

WICHTIG: Kläre, ob Deine Praxis-Arbeit letztlich nicht doch eine Empirie-Arbeit ist und fokussiere dann auf deren Methoden. Du erkennst es daran, dass der Auftraggeber nur zuverlässige Daten und Analysen möchte, aber KEIN ausgearbeitetes Konzept. Beispiel: Schwachstellen-Analysen in einem Unternehmen erfordert das Sammeln und Auswerten von Daten. Aber die Lösung erstellt das Unternehmen dann selbst.

Die Literaturauswertung spielt für die Ermittlung der theoretischen Basis eine große Rolle.

Bei der IST-Analyse geht es zuerst um die Auswertung von INTERNEN schrift-lichen Quellen und Dokumenten. In der Regel werden aber auch empirische Methoden gebraucht wie Interviews und auch standardisierte Befragungen. Für die Beschreibung des Problems ist der Austausch mit verantwortlichen Mitarbeitern unerlässlich. Standardisierte Befragungen sind auch ein häufiges Instrument zur Informationsgewinnung.

Die Beschaffung von externen Daten über z. B. Marktentwicklungen und allgemeine Trends spielt je nach Thema ebenfalls eine Rolle.

Mitunter ist es auch notwendig, externe Experten zu befragen.

Übersicht der Methoden bei einer praktischen Arbeit

Methode	Erläuterung
Literaturanalyse	sehr wichtig für die theoretischen Grundlagen
Interne Interviews	relevant für die Problem-Analyse und zur Ermittlung der Anforderungen an die Lösungsansätze
Dokumentenauswertung	relevant für die Problemanalyse und zur Ermittlung der Anforderungen an das Konzept
Standardisierte Befragung	wichtig zur Sammlung relevanter Informationen
(Externe) Expertenbefragung	geeignet zur Gewinnung von speziellen Informationen zur Lösung spezieller Probleme
Auswertung interner Daten	geeignet für die Problemanalyse und die Begründung von Lösungsansätzen
Auswertung externer Daten	geeignet für die Beschreibung der Rahmenbedingungen

Nachdem alle Informationen beisammen sind, wird das Konzept erstellt. Dabei sind die Fähigkeiten zur Erstellung eines Informations-Puzzles gefragt.

Was gehört in die methodische Vorgehensweise im Exposé?

Die methodische Vorgehensweise im Exposé und der Einleitung listet die einzelnen Schritte auf, um zum Ziel der Arbeit zu kommen, den Erkenntnissen. Das ist nicht die Gliederung, sondern der Erkenntnisprozess. Dieses Unterkapitel ist nicht lang, sondern nur ein Überblick. In jeder wissenschaftlichen Arbeit sind folgende Schritte notwendig:

1. Literature-Recherche und -Auswertung zur Erhebung des Forschungsstands
2. Sammlung und Analyse von Daten, egal aus welcher Quelle und mit welchen Methoden, das können eben auch Literaturquellen sein
3. Interpretation und Diskussion und Schlussfolgerungen

Weitere Fragen und Antworten zu Methoden:

Wie lassen sich Methoden unterscheiden?

- **nach Schritt-Zahl:** Einfache oder komplexe Methoden
- **nach Aufwand:** Aufwändige oder billige Methoden
- **nach Dauer:** Schnelle Anwendung oder langwierige Anwendung
- **nach Zweck:** Methoden zur Datenerhebung, Aufbereitung, Auswertung
- **nach Eignung:** Geeignete oder nicht geeignete Methoden
- **nach Fach:** Psychologische, pädagogische, wirtschaftliche Methoden etc.
- **nach Datentyp:** Qualitative/quantitative Methoden
- **nach Tätigkeit-Typ:** Denkmethoden, Schreibmethoden und viele mehr

Wie beschreibe ich Methoden?

Das folgende Methodenprofil hilft:

- Zweck der Methode = Ziele und Zwischenziele,
- Instrumente und Werkzeuge,
- Arbeitsweise und Schritte der Umsetzung,
- Voraussetzungen und Rahmenbedingungen für das Funktionieren,
- Stärken und Schwächen oder Vorteile und Nachteile im Vergleich mit anderen Methoden, im Hinblick auf Qualität und Umfang der Ergebnisse,
- mögliche Einsatzbereiche,
- bisherige Erfahrungen = Anwendungen in Studien,
- Vorgehen bei der Anwendung, Rezepte, Algorithmen,
- Risiken bei der Anwendung.

Wie gehe ich vor, wenn ich Methoden auswähle?

1. Ziel und Zweck definieren,
2. Rahmenbedingungen (Restriktionen) definierenMögliche Methoden suchen,
3. Methoden zu Daten und Analysen aus Review betrachten,
4. Auswahl von Kriterien für die Eignung,
5. Bewerten und Vergleichen von Methoden,
6. Entscheidung für Methoden.

Meist scheint die Auswahl naheliegend. Aber die Auswahl muss immer im Text begründet werden.

Welche Fragen helfen bei der Methodenwahl?

- Welche Methoden sind für die Fragestellung möglich?
- Welche Methoden sind sinnvoll für mein Projekt?
- Welche Voraussetzungen verlangt die Methode?
- Was ist das Ziel? Erkenntnisziel?
- Welche Literaturquellen gibt es wie Bücher, Artikel?
- Welche empirischen Quellen gibt es? => Systematik empirischer Quellen

Welche Kriterien spielen bei der Methodenbewertung eine Rolle?

- zielführend = gute Ergebnisse möglich oder wahrscheinlich, datenadäquat, zielgruppenadäquat,
- zeitsparend und mittelschonend = Einarbeitungszeit und Anwendungszeit- sind annehmbar, geringe Kosten,
- leicht dokumentierbar,
- risikoarm = geringe Nebenwirkungen,
- möglichst leicht erlernbar (im Text besser nicht zu erwähnen ☺

Welche Arbeits- und Denkmethoden sind relevant?

Die folgenden Methoden sind mehr oder weniger relevant für die Forschung.

Technik	Tätigkeit und Ziel
Abstrahieren	Ignorieren unwesentlicher Merkmale eines Objekts
Analysieren	Zerlegung eines Objekts in seine Bestandteile und Betrachtung dieser Teile und ihres Zusammenhangs untereinander und mit der Umwelt
Auswerten	Suche nach Mustern in einer Menge von Informationen, mit Hilfe bestimmter Techniken
Bewerten, Evaluieren, Prüfen, Testen	Betrachtung eines bestimmten Objektes unter dem Aspekt der Erfüllung bestimmter Kriterien
Brainstormen	Zusammenstellung von zugehörigen Elementen zu einem bestimmten Objekt
Definieren	Abgrenzung eines Objekts von anderen Objekten durch Zurückführen auf einen Oberbegriff und die Beschreibung der bestimmenden Merkmale
Fragen	Suche nach einem fehlenden Objekt/Element in einem Gesamtbild
Interpretieren/ Schlussfolgern	Gewinnen von gewünschten Erkenntnissen auf der Basis bestimmter, meist neuer, Informationen durch logisches Schließen

Technik	Tätigkeit und Ziel
Isolieren	Abgrenzung eines Objektes von anderen Objekten nach bestimmten Kriterien
Konkretisieren	Betrachtung von bestimmten Details eines bestimmten Objekts
Konzipieren, Skizzieren, Entwickeln	Darstellung der wesentlichen Merkmale eines (künftigen) Objektes oder eines Prozesses
Rechnen	Lösung eines formalisierten Problems mit Hilfe formaler Methoden
Reduzieren, Ignorieren	Ausschluss bestimmter Merkmale eines Objekts aus der Betrachtung
Sortieren - Strukturieren - Systematisieren - Gliedern	Erstellung einer Ordnung innerhalb einer scheinbar ungeordneten Gruppe von Objekten oder Elementen nach bestimmten Ordnungskriterien
Vergleichen	Beschreibung von zwei oder mehr Objekten anhand bestimmter Kriterien
Zuordnen	Assoziation bestimmter Objekte mit anderen Objekten aufgrund bestimmter Kriterien

Das Wichtigste auf einen Blick:

1. Die Methoden sind Deine Instrumente zum Bearbeiten des Materials, der Quellen und Daten.
2. Orientiere Dich, welche es gibt und was für welche Du brauchst.
3. Methoden zu beherrschen entscheidet über den Erfolg. Lerne die Methoden, falls notwendig.

Mögliche „Mini"-Sprints (Änderungen, Ergänzungen):

Du wirst manchen neuen methodischen Ansatz lernen und immer besser mit dem Methoden umgehen können. Sie begleiten Dich bis zum Ende.

 **Aristolo**

Sprint 16: Formuliere Kapitelüberschriften mit der Mustergliederung

WARUM?	Du willst etwas zum Langhangeln.
Dein Ziel?	...ist eine stabile Gliederung auf Ebene 1 und 2.
Was steht danach NEU im Exposé?	Die Gliederung.
Dauer	2 h

Wie erstelle ich meine Gliederung?

Hier sind komplette Mustergliederungen für die Thesis-Typen. Sie folgen dem Muster aus Sprint 5. An der Stelle der Platzhalter in der Mustergliederung kannst Du Deine eigenen Stichworte eintragen.

Literaturarbeit/Literature Review, Empirie S. 105, Praxis S. 106

Wie sieht die Mustergliederung für eine Literaturarbeit und ein Literature Review aus?

1 Einleitung (ca. 2 Seiten)
    1.1   Ausgangssituation und Problemstellung
    1.2   Ziel der Arbeit und Vorgehensweise

2 Theoretische Grundlagen (ca. 3-5 Seiten)
    2.1   Begriff/Aspekt 1
    2.2   Begriff/Aspekt 2
    2.3   Begriff/Aspekt 3

3 Überblick über Quellen und Studien
    3.1   Vorgehen und Auswahlkriterien bei der Auswahl der Quellen und Studien
    3.2   Überblick der Studien-Inhalte (eventuell nur tabellarisch)

4   Methodik und Ergebnisse der Auswertung der Quellen und Studien zu A und B und C (ca. 20 Seiten)

4.1   Ableitung der Detailfragen und Vorgehen bei der Auswertung der Quellen/ Studien

4.2   Ergebnisse der Auswertung

4.2.1 Detailfrage 1

4.2.2 Detailfrage 2

4.2.3 Detailfrage 3

4.2.4 Detailfrage 4

4.3   Diskussion und weiterer Forschungsbedarf (ca. 3-5 Seiten)

5   Fazit (ca. 2 Seiten)

Beispiel-Gliederung für ein Literature Review

Beispiel-Thema: „Einfluss von Diversity auf die Produktivität in Unternehmen"

Kapitel 1: Einleitung

In der Einleitung finden sich die Beschreibung des Forschungsgebietes und die Darstellung wesentlicher Ansatzpunkte ausgewählter Studien. Sodann werden die Vorgehensweise und der Aufbau der Arbeit erläutert.

Kapitel 2: Theoretische Grundlagen

In Kapitel zwei, den theoretischen Grundlagen, werden die wichtigsten Begriffe definiert. Dabei werden vorzugsweise ebenfalls Artikel benutzt. Falls es grundlegende Begriffe sind, sind aber auch normale Lehrbücher anwendbar.

Beispiel für theoretische Grundlagen für das Diversity-Thema:

Diversity

Human Resource Management

Produktivität – Definition und Messung

Kapitel 3: Überblick über Quellen und Studien

Im dritten Kapitel wird zuerst die Methodik zur Auswahl und Auswertung der Studien beschrieben. Diese ist relativ standardisiert. Dabei kann verwiesen werden auf die Quelle Cooper. Eingegangen werden muss auf die Auswahlkriterien und das Vorgehen

bei der Auswahl. Nicht alle Studien mit den Stichworten kommen in die Auswertung. Zu alte Studien oder Studien aus Nicht-ABC-Journals werden normalerweise nicht berücksichtigt. Solche Kriterien müssen beschrieben und begründet werden.

WICHTIG: In Kapitel 3 werden noch nicht die Ergebnisse der Studien diskutiert. Diese bilden die Basis für Kapitel 4! In Kapitel 3 kommt eher ein Überblick über die unter- suchten Faktoren und Methoden und die einbezogenen Daten. Die Ergebnisse und offenen Fragen werden später beschrieben und analysiert.

Beispiel für eine Methodik für das Diversity-Thema:

Auswahlkriterien:

- maximal drei Jahre alte Studien,
- mindestens 100 Teilnehmer in der Stichprobe,
- quantitative Methoden der Auswertung, falls passend.

Auswertungsdesign:

In diesem Kapitel werden die Inhalte der Zielmatrix erläutert. Jeder einzelne Aspekt in der Kopfzeile wird beschrieben und begründet.

Nr.	Autoren	Titel	Jahr	Forschungsfrage	Untersuchte Faktoren
1					

=>	Methoden/ Modelle	Stichprobe	Ergebnisse/ Erkenntnisse	Lücken/ Probleme/Kritik	Interpretation/ Einordnung
1					

Coopers Aspekte sind:

Authors, year of publication, published journal, country of research, sample, sample size, used methods, included variables, key words, focus on which knowledge or experience construct, determinants of success, supposition, results and findings, limitations, impact for further developments.

Quelle: Cooper, Harris (1999): Synthesizing research. A guide for literature reviews. 3rd ed., [2. Dr.]. Thousand Oaks, Cal. [u. a.]: SAGE Publ. S. 27-29

Kapitel 4: Methodik und Ergebnisse der Auswertung

Im vierten Kapitel werden zuerst die Detailfragen abgeleitet und das Vorgehen bei der Analyse beschrieben. Sodann finden sich in diesem Kapitel die Ergebnisse der Auswertung der Studien. Das sind die Erkenntnisse der Studien.

Versuche hier, Studien mit ähnlichen Schwerpunkten zu Clustern zusammenzufassen. Eine solche Zusammenfassung kann nach inhaltlichen Gesichtspunkten erfolgen wie zum Beispiel die gleiche Zielgruppe, die gleichen Faktoren/Variablen, die gleichen Modelle. Andererseits sind auch methodische Gruppierungen möglich wie zum Beispiel Studien mit fast gleichem Forschungsdesign oder sehr ähnlichen Auswertungsmethoden.

In Kapitel 4.3 werden die Ergebnisse der Auswertung diskutiert. Dabei werden die wesentlichen Erkenntnisse gefiltert und von mehreren Seiten betrachtet. Daraus werden Schlussfolgerungen gezogen, soweit möglich. Auch weiterhin offene Fragen werden formuliert.

Beispiel-Cluster für die Auswertung des Diversity-Themas:

Cluster 1: kleine Firmen
Cluster 2: große, nationale Firmen
Cluster 3: multinationale Firmen
Cluster 4: Dienstleistungsunternehmen
Cluster 5: Industrieunternehmen

Kapitel 5: Fazit

In Kapitel fünf wird ein Fazit gezogen. Daraus leiten sich Empfehlungen für die weitere Forschung ab.

Beispiele für Lücken für das Diversity-Thema:

Lücke 1: staatliche Unternehmen
Lücke 2: Unternehmen in Entwicklungsländern
Lücke 3: Unternehmen in kleinen Ländern

Empirie-Arbeit

Wie sieht die komplette Mustergliederung für die Empirie-Arbeit aus?

1 Einleitung

  1.1 Ausgangssituation und Problemstellung

  1.2 Ziel der Arbeit und Vorgehensweise

2 Theoretische Grundlagen (ca. 3-5 Seiten)

  2.1 Begriff/Aspekt 1

  2.2 Begriff/Aspekt 2

  2.3 Begriff/Aspekt 3

3 Aktueller Forschungsstand

  3.1 Vorgehen und Auswahlkriterien bei der Auswahl der Quellen und Studien

  3.2 Darstellung der Ergebnisse ausgewählter Studien

  3.3 Aktuelle Forschungslücken

4 Methodik der empirischen Analyse

  4.1 Ableitung der Detailfragen (und eventuell Hypothesen)

  4.2 Auswahl und Begründung der Forschungsmethoden

  4.3 Auswahl der Zielgruppe/Probanden/Stichprobe/Untersuchungsobjekte

  4.4 Darstellung und Begründung der Hilfsmittel wie Fragebogen oder Interviewleitfaden

  4.5 Vorgehen und Zeitplan der Untersuchung

5 Ergebnisse der empirischen Analyse und Interpretation

  5.1 Darstellung wesentlicher Erkenntnisse der Analyse und Interpretation

  5.2 Diskussion (Einordnung der Ergebnisse in das Forschungsgebiet) und weiterer Forschungsbedarf

  5.3 Methodenkritik

6 Zusammenfassung und Fazit

Beispiel-Gliederung für eine Empirie-Arbeit

Beispiel-Thema: Nutzung von Ebooks durch Ebook-Käufer – eine empirische Analyse

1 Einleitung

  1.1 Ausgangssituation und Problemstellung

Praxis-Arbeit

Wie sieht die Mustergliederung für die Praxis-Arbeit aus?

Die typische Gliederung einer praktischen Arbeit für eine Konzeptentwicklung lässt sich sehr gut allgemeingültig formulieren. Die Gliederungspunkte sind unabhängig vom Unternehmensbereich oder dem zu lösenden praktischen Problem.

Auffällig ist auch, dass sich diese Gliederung sehr gut als Richtschnur für die Entwicklung des Konzeptes selbst nutzen lässt.

1 Einleitung

    1.1   Ausgangssituation und Aufgabenstellung

    1.2   Studienüberblick

    1.3   Ziel der Arbeit und Vorgehensweise

2 Theoretische Grundlagen (ca. 3-5 Seiten)

    2.1   Begriff/Aspekt 1

          Allgemeine Infos: Begriff definieren, Einordnung in den Fachbereich

          Relevante Details: Merkmale, Gegebenheiten, Prozesse, Methoden

          Praxisbezug: Praktische Aspekte darstellen, Vorgehen bei der Entwicklung eines Konzepts

    2.2   Begriff/Aspekt 2

3 Aktueller Forschungsstand

    3.1   Vorgehen bei Auswahl und Auswertung der Studien

    3.2   Darstellung der Ergebnisse ausgewählter Studien

4 Methoden und Ergebnisse der IST-Analyse

    4.1   Unternehmensprofil und Unternehmensbereich

    4.2   Vorgehen bei der IST-Analyse

          Auswahl der Zielgruppe/Probanden/Stichprobe/Untersuchungsobjekte

          Darstellung und Begründung der Hilfsmittel wie Protokolle, Interviews, Fragebogen oder Interviewleitfaden

          Vorgehen und Zeitplan der Analyse

    4.3   Ergebnisse der Umfeldanalyse (Chancen, Risiken)

    4.4   Ergebnisse der Analyse interner Gegebenheiten (Stärken, Schwächen, Bedarf)

    4.5   Ableitung der Anforderungen an Lösung/Konzept

5 Darstellung des SOLL-Konzepts

    5.1   Inhalte des Konzeptes

    5.2   Ableitung der Instrumente und Maßnahmen

    5.3   Handlungsempfehlungen zur Umsetzung des Konzepts

    5.4   Implikationen der Erkenntnisse für andere Unternehmen

6 Zusammenfassung und Fazit

Wie sieht die Gliederung für ein Beispielthema einer Praxis-Arbeit aus?

Beispiel-Thema: Erarbeitung eines Kennzahlensystems für das Unternehmen ABC

1   Einleitung

1.1   Ausgangssituation und Aufgabenstellung

1.2   Studienüberblick

1.3   Ziel der Arbeit und Vorgehensweise

2   Controlling und Kennzahlensysteme - Theoretische Grundlagen

2.1   Funktion von Controlling und Kennzahlen in Unternehmen

2.2   Kennzahlensysteme - Aufbau und Funktionsweise

2.3   Relevanz von Kennzahlen und Vorgehen bei der Entwicklung eines Kennzahlensystems

3   Aktueller Forschungsstand zu Kennzahlensystemen

3.1   Vorgehen bei Auswahl/Auswertung der Studien zu Kennzahlensystemen

3.2   Darstellung der Ergebnisse ausgewählter Studien zu Kennzahlensystemen

4   Methoden und Ergebnisse der IST-Analyse des Controllings in der Firma ABC

4.1   Unternehmensprofil von ABC und Profil des Unternehmensbereichs

4.2   Vorgehen bei der IST-Analyse

Auswahl der Interviewteilnehmer, Dokumente und Daten

Darstellung der Hilfsmittel zur Datenerhebung (Protokolle, Interviewleitfaden)

Vorgehen und Zeitplan der Analyse

4.3   Ergebnisse der Analyse für die Rahmenbedingungen für Controlling in der Firma ABC

4.4   Aktuelle Nutzung von Kennzahlen im Controlling des Unternehmens ABC

4.5   Anforderungen an das Kennzahlen-Konzept aus Sicht von Firma ABC

5   Soll- Konzept für ein Kennzahlensystem für das Unternehmen ABC

5.1   Inhalte des Konzeptes für die Einführung des Kennzahlensystems

5.2.   Darstellung der Kennzahlen und des Kennzahlensystems

5.3   Empfehlungen zur Einführung des Kennzahlensystems im Unternehmen ABC

5.4   Implikationen der Erkenntnisse über die Einführung des Kennzahlensystems für andere Unternehmen

6   Zusammenfassung und Fazit

Wie gehe ich bei der Formulierung meiner Gliederung vor?

Aufgabe 1: Sammle die Stichworte für die Kapitelüberschriften

Mithilfe dieser Stichworte kannst Du die Informationen aus den Quellen sammeln und für das Schreiben vorbereiten.

Aufgabe 2: Formuliere Kapitelüberschriften

Versuche jeweils eine erste Formulierung. Du kannst sie später noch verfeinern.

Weitere Fragen und Antworten zur Gliederung

Was mache ich mit möglichen Vorgaben meines Betreuers zur Gliederung?

Natürlich haben eventuelle Vorgaben vom Betreuer oder Fachbereich Vorrang. Aber nach meiner Erfahrung sind diese in der Regel ebenfalls offen gestaltet und enthalten oft nur eine andere Wendung wie z. B. Methoden and Material statt Forschungsdesign oder Konklusion statt Fazit. Das ist Semantik.

Ich brauche viel mehr Platz für die Theorie als nur ein Kapitel?

Im Kapitel Theorie lassen sich alle möglichen Theorien unterbringen. Die Seitenzahlen der Kapitel sind nicht festgelegt. Wenn es aber zu viele verschiedene Begriffe sind, ist Vorsicht geboten.

Ein Beispiel zum Thema „Lesegewohnheiten bei Ebooks"

Wir haben die Ebooks und die Ebook-Leser und brauchen jeweils Modelle und Theorien für diese beiden Begriffe. Da kann es viele geben. Die finden sich schon. Aber wir könnten ja auch noch jede Menge andere Theorien und Modelle über den Ebook-Markt und die Gesetze und Urheberrecht und Schnittstellen und Formate und Print-on-Demand und Autorenrechte und Revenue-Sharing und Zitation in Ebooks und Multimedia-Einbindung und noch 100 andere Aspekte finden und einbauen. Das lassen wir mal lieber. Wir brauchen nur Theorien und Modelle zu unserem direkten Forschungsgegenstand und nahen Aspekten wie Inhalte, Kriterien über die Auswahl von Ebooks etc.

Soll die Gliederung wirklich so schematisch sein, so rigide?

Die empfohlene Gliederung ist wie ein Rezept. Der Text nach diesem Schema wird den Lesern „schmecken", weil Dein Roter Faden klar ersichtlich ist. Es gibt auch einen logischen Grund: die Kapitel sind auf einer logischen Ebene gleichwertig. Die Theorie ist den Ergebnissen ebenbürtig. Aber ein Kapitel wie zum Beispiel „Ebook-Formate und Ebook-Inhalte" als Kapitel 2 wäre das nicht.

Wie formuliere ich den Aufbau für die Einleitung?

Für das Exposé und damit die Einleitung werden die Inhalte der einzelnen Kapitel kurz und knackig nacherzählt. Zum Beispiel steht da, dass „die theoretischen Grundlagen erläutert werden" oder „die einzelnen Bausteine werden erläutert" usw. Die Beschreibung muss konsistent sein, eine richtige Story. Eins ergibt sich aus dem anderen. Die

Beschreibung von Aufbau und Struktur sollte etwa eine halbe bis dreiviertel Seite umfassen. Fange so an:

Im ersten Kapitel der Arbeit werden... Im zweiten Kapitel der Arbeit werden... Oder Im Mittelpunkt des zweiten Kapitels ... Das dritte Kapitel... XY wird im vierten Kapitel ....

Welche Formulierungen passen für den Aufbau der Arbeit im Exposé?

Die folgenden Wendungen sollten in Deinem Aufbau der Arbeit vorkommen.

abhandeln	beleuchten	hervorheben
ableiten	beschreiben	in den Mittelpunkt stellen
anführen	darstellen	skizzieren
auflisten	diskutieren	vorstellen
aufzeigen	erläutern	widmen
behandeln	erörtern	

Das Wichtigste auf einen Blick:

1. Nutze die Muster-Gliederung.
2. Fülle die Gliederung mit DEINEN Keywords, sonst sieht das nach einer Maschinen-Gliederung aus.
3. Lass die Gliederung von den Betreuern „absegnen". Dann hast Du Sicherheit.

Tipp: Online-Tool für die Gliederung (Sprint 16)

Mache den **Gliederungs-Check**

Prüfe und verbessere die Überschriften in der Gliederung

aristolo.com/thesis

Mögliche „Mini"-Sprints (Änderungen, Ergänzungen):

Verfeinere und vertiefe und fülle die Gliederung unterwegs. Aber ändere sie nicht mehr auf der ersten und zweiten Ebene.

Sprint 17: Schreibe das Exposé = Einleitung fertig

WARUM?	Du willst das Exposé.
Dein Ziel?	...ist ein ausführliches Exposé mit Arbeitsthema, Design und Quellen.
Was steht danach NEU im Exposé?	Das Exposé ist fertig.
Dauer	6 h

Was steht im fertigen Exposé?

Das Exposé ist das schriftliche Ergebnis aller bisherigen Schritte und der Plan für den „Rest der Arbeit". Einige Inhalte hast Du schon. Bitte gehe diese Inhalte im Exposé noch mal durch und überarbeite und ergänze das Exposé.

1. Begriffsklärungen

Trage hier die Definitionen der Begriffe aus dem Thema ein; maximal drei Sätze aus seriösen Quellen; falls nötig auch zwei bis drei Definitionen pro Begriff. Siehe Sprint 9

2. Beschreibung der Ausgangssituation (Kontext) und Studienüberblick

Begründe das Thema und die Forschungsfrage mit Hilfe der fünf Fragen. Beschreibe die wesentlichen Inhalte von 3-5 ausgewählten Studien zum Thema. Siehe Sprint 13

3. Formulierung der Forschungsfrage und Detailfragen

Formuliere auf Basis aller bisherigen Ausarbeitungen Deine Forschungsfrage. Entwirf auch gleichzeitig mögliche Detailfragen. Du wirst noch öfter zu diesem Sprint zurückkehren. Siehe Sprint 11 und 23 bzw. Sprint 29 für Empirie- und Praxis-Arbeit.

4. Zielformulierung

Formuliere auf Basis aller bisherigen Ausarbeitungen Deine erwarteten Ergebnisse, in abrechenbarer und damit nachprüfbarer Form. Siehe Sprint 12

5. Vorgehen/Methodik

Beschreibe und begründe die Auswahl der wichtigsten Methoden, mit denen die Daten zur Beantwortung der Forschungsfrage gesammelt und ausgewertet werden sollen. (siehe Sprint 15)

6. Aufbau der Arbeit

Beschreibe die wichtigsten Inhalte in den Kapiteln Deiner Arbeit. (siehe Sprint 16)

7. Vorläufige Gliederung der Arbeit

Trage die Kapitelüberschriften aus Sprint 16 ein.

8. Vorläufiges Quellenverzeichnis

Hier kommt Deine Liste der Fachbücher und Studien hin, aus Citavi oder per Hand.

9. Vorläufiger Arbeitsplan für den Einstieg (Exposé)

Die wichtigsten Arbeitsschritte nach dem Exposé sind:

- Forschungsstand erheben,
- Forschungslücke und Forschungsfrage ableiten,
- Forschungsdesign,
- Datenerhebung,
- Datenauswertung und Analyse,
- Text schreiben.

Das Wichtigste auf einen Blick:

1. Das Exposé zu schreiben ist der Abschluss des Einstiegs. Damit hast Du einen Plan.
2. Schleife das Exposé sorgfältig, denn daraus entsteht Deine Einleitung.

Mögliche „Mini"-Sprints (Änderungen, Ergänzungen):

Überarbeite das Exposé, welches zur Einleitung wird, am Ende, wenn Du alles erledigt hast.

Sprint 18: Sende dem Betreuer das Exposé und melde an

WARUM?	Du willst grünes Licht für die Arbeit.
Dein Ziel?	...ist ein ausführliches Exposé mit Arbeitsthema, Design und Quellen.
Was steht danach NEU im Exposé?	Das Exposé ist fertig und wird zur Einleitung.
Dauer	2 h

Wie sende ich dem Betreuer das Exposé?

Sende es per Email mit einem kurzen Anschreiben. Beziehe Dich darin auf das letzte Gespräch: Wie besprochen sende ich Ihnen anbei das fertige Exposé. Bitte teilen Sie mir mit, wann ich die Arbeit auf dieser Grundlage anmelden kann... ACHTUNG: Es geht jetzt nicht mehr um die Frage, OB das Exposé passt, sondern um den Beginn der Arbeit. Damit signalisierst Du, dass Du den Einstieg für abgeschlossen hältst.

Woran muss ich bei der Anmeldung der Arbeit denken?

Du kannst anmelden, wenn Du sicher bist, dass das Thema funktioniert. Prüfe genau, was Du für die Anmeldung brauchst:

- Themenformulierung,
- persönliche Daten,
- Zeugnisse bisheriger Leistungen,
- Seminarscheine,
- sonstige Scheine,
- Themenbeschreibung,
- kurze Gliederung,
- Exposé,
- Name des/der Betreuer/in,
- Bearbeitungsbeginn,

- Bestätigung von Professor,
- sonstiges.

Das Wichtigste auf einen Blick:

1. Frage die Betreuer nach konkretem Feedback.
2. Die Inhalte im Exposé sind schon Teile des Textes, nämlich der Einleitung.

Mögliche „Mini"-Sprints (Änderungen, Ergänzungen):

Prüfe und überarbeite die Einleitung am Ende der Arbeit.

MEILENSTEIN 3:
Theorie-Kapitel fertig!

MEILENSTEIN 3:
Theorie-Kapitel fertig!

WARUM?	Du willst das erste vollständige Kapitel.
Dein Ziel?	...ist ein weitgehend fertiges Theorie-Kapitel!
Dauer	30 h = 3,75 Arbeitstage

Sprint 19: Lege die Schreibdatei an und lerne unsere Schreibtechnik

WARUM?	Du willst eine Schreib-Datei und eine Turbo-Schreibtechnik.
Dein Ziel?	...ist eine Word-Datei (oder LaTeX, Google Doc, Apple Pages) zum Schreiben.
Was steht danach NEU im Text?	Die Einleitung und die Gliederung. Mikrofragen in den ersten Kapiteln.
Dauer	2 h

Warum ist die Schreibdatei so wichtig?

Die Word-Schreibvorlage ist schon weitgehend fertig formatiert und praktisch das Auffangbecken für all Deine Inhalte.

Wie lege ich meine Schreibdatei an?

1. Lade die Word-Schreibvorlage von Aristolo.com herunter. Sie ist schon formatiert und kann leicht angepasst werden.
2. Benenne die Datei in dieser Art: maxine-mustermann-thesis-text-version-1. docx

3. Lies die kurzen Hinweise zur Schreibvorlage bevor Du damit arbeitest.
4. Kopiere alle Text-Inhalte aus dem Exposé (von Kontext bis Aufbau der Arbeit) in die Einleitung der Schreibdatei.
5. Füge die vorläufige Gliederung als Kapitelüberschriften ein (einfügen und die Formatvorlage Überschrift 1 oder Überschrift 2 zuweisen oder direkt zur passenden Überschrift hinzufügen.)

Ist die Formatierung einer Schreibdatei nicht zweitrangig? Gibt es jetzt nichts Wichtigeres zu tun?

Wenn Deine Arbeit ein Haus ist, dann ist Dein Exposé der Bauplan und Deine Schreibdatei ist der Baugrund. Dort werden am Ende alle Steine und Fenster und Hölzer etc. zu einem Haus zusammengefügt. Besser Du hast Deinen Baugrund gut vorbereitet. Diese Vorbereitung dauert mit unserer Schreibvorlage nur eine Stunde. Aber danach hast Du mit der Gliederung in der Datei einen Kompass und einen Platz, an dem alle Inhalte zusammenkommen. Das gibt Dir ein Gefühl der Sicherheit.

Welche Vorgaben sollte ich bei der Formatierung beachten?

Dein Lehrstuhl macht formelle Vorgaben. Besorge sie Dir. Aber unsere Schreibvorlage ist ein sinnvoller Anfang. Du kannst sie an Deine Vorgaben anpassen.

Mit welcher Methode schreibe ich schnell sehr guten Text?

Mit der Mikrofragentechnik! Mit dieser Methode kannst Du fünf Seiten sehr guten Text am Tag schreiben.

Was sind Mikrofragen genau? Wie sehen die aus?

Mikrofragen sind kurze und präzise Fragen zu einem Aspekt in einem Gliederungspunkt/Unterkapitel. Sie ergeben zusammen einen Leitfaden und führen zum Inhalt des Kapitels.

Hier sind Beispiele für Mikrofragen.

Beispiel-Thema: Nutzung oder Lesegewohnheiten von (Fach-)Ebook-Lesern

Mikrofragen Kapitel Theorie/Begriffe
- Was ist ein Ebook?
- Wie sind Ebooks aufgebaut?

- Wer schreibt Ebooks?
- Wer kauft Ebooks?
- Wer verkauft Ebooks?
- Wer liest Ebooks?
- Welche Inhalte haben Ebooks?
- Welche Arten von Ebooks gibt es?
- Welche Rolle spielen Fach-Ebooks etc.

Mikrofragen Kapitel Analysen

- Welche Gründe motivieren Leser zum Kauf von Fach-Ebooks?
- Welche Lesegewohnheiten haben Fach-Ebook-Leser?
- Auf welchen Geräten lesen Fach-Ebook-Leser?
- Mit welchen Zielen lesen Fach-Ebook-Leser?
- Welche Inhalte bevorzugen Fach-Ebook-Leser?
- Wie häufig lesen Fach-Ebook-Leser? etc.

W-Fragen als einfache Mikrofragen

Wer?	Warum?
Was?	Womit?
Wie?	Für wen?
Wo?	Von wem?
Wann?	Wie viel?
Wie lange?	Wie oft?
Woher?	Wozu?
Wohin?	Wogegen?

Beispiele für komplexere Mikrofragen

- Wovon hängt A ab?
- Wie hängt A mit B zusammen?
- Welche Merkmale von X sind relevant?
- Was zeichnet diese Maßnahme aus?
- Welche Vorteile hat die Alternative B?
- Wie funktioniert dieses Konzept?
- Welche Arten von X gibt es?

- In welchen Bereichen werden diese Instrumente eingesetzt?
- Wer hat Vorteile durch die Regelung?
- Wie entwickelt sich das Phänomen V?
- Welche Ziele haben Unternehmen in dieser Situation?
- Welche Restriktionen gelten bei der Auswahl von T?
- Auf welcher Grundlage werden diese Entscheidungen getroffen?
- Was sind die Gründe für den Eintritt von Ereignis S?
- Welche Schritte sind nötig zur Erreichung des Zieles?
- Wer setzt diese Konzepte ein?
- Was sind die Lehren aus der Nutzung von Instrument V?
- Welche Funktion hat der Bereich C?
- Wie lassen sich die Motive von X charakterisieren?
- Welche Kriterien gelten bei der Eignungsprüfung?
- Was hat das für Konsequenzen?
- Welche Möglichkeiten der Kombination gibt es für A, B, C etc.?
- Wie hat sich A verändert?
- Welche Voraussetzungen müssen gegeben sein?

Vorgehen bei der Mikrofragentechnik

Jeder Gliederungspunkt hat bestimmte Inhalte aus bestimmten Quellen zu einem bestimmten Stichwort oder mehreren Stichworten.

- Formuliere zu jedem Begriff oder Aspekt mehr oder weniger komplexe Fragen. (Fange mit der Theorie an, weil Du dazu viele Quellen findest.)
- Suche zu diesen Fragen die Quellen. Ordne die Quellen den Fragen zu. Aber noch nicht die Kapitel oder Seiten aus den Quellen!
- Filtere jetzt entlang der Fragen die Inhalte aus den Quellen, fasse sie zusammen und schreibe sie direkt unter die jeweilige Frage im Kapitel, mit genauer Quellenangabe!!!
- Prüfe, ob die Inhalte ausreichen und ergänze, falls nötig.
- Formuliere nach und nach den Text in den Unterkapiteln, entlang der Mikrofragen.
- Schleife und überarbeite das Geschriebene.

Hier noch mal die Zusammenfassung des Ablaufs:

Aufgabe	Erläuterung/Frage	Ergebnisse
Mikrofragen formulieren	Was soll genau in den einzelnen Kapiteln stehen?	Fragenliste
Quellen zuordnen	Aus welchen Quellen kommen die Inhalte?	Quellenliste zu jeder Frage
Antworten filtern	Welche Inhalte sind genau geeignet?	Stichworte oder Verweise auf genaue Stellen
Text schreiben	Ausformulieren der Inhalte	Kapitel für Kapitel
Schleifen & Stylen	Korrektorat, Formatierung, Abbildungen etc.	Fertiger Text

Weitere Fragen und Antworten für das Schreiben:

Was ist der Grundgedanke der Mikrofragentechnik?

Im Prinzip ist jede Aussage, jeder Absatz eines Textes eine Antwort auf eine Frage. Dann kann ich das doch umdrehen und VOR der Formulierung eines Abschnitts direkt eine Frage formulieren. Wir schreiben einen Text doch so: Wir haben Inhalte und Fragen im Kopf und beantworten diese nach und nach. Dabei ordnen wir die Inhalte nach einem Schema. Meist passiert das aber unbewusst. Nutzen wir diesen Mechanismus ab sofort gezielt und planmäßig. Dann fällt das Schreiben leichter.

Welche Darstellungsmethoden gibt es im Text?

Tätigkeit	Was ist tun?	Typische Fragen	Tipps
Definieren	Kennzeichne Inhalt, Umfang und wesentliche Merkmale eines Begriffs. Führe den Begriff auf einen Oberbegriff zurück: zu definierender Begriff = Oberbegriff + Artenmerkmale oder kennzeichnende Unterschiede.	Was ist das?	nie den Begriff selbst verwenden. Zu lange Ausführungen vermeiden
Nennen	Aufzählen wesentlicher Merkmale und Ausprägungen eines Objekts oder Konzepts.	Was gehört dazu, zu diesem Konzept, zu diesem Objekt?	lange Erklärungen und Beschreibungen vermeiden
Skizzieren	Beschreibe die wesentlichen Merkmale/Seiten eines Sachverhalts/Zusammenhangs kurz und bündig, verbal oder grafisch.	Wie sieht das im Allgemeinen aus? Wie läuft das allgemein ab?	nicht zu detailliert, nicht zu viel Text schreiben, Grafiken nutzen

Tätigkeit	Was ist tun?	Typische Fragen	Tipps
Beschreiben	Stelle die charakteristischen Merkmale eines Objektes/Phänomens (Gegenstände, Modelle, Prozesse) heraus. Nur verbal.	Wie sieht das genau aus? Wie läuft das konkret ab?	Roten Faden behalten, nicht nur Stichpunkte oder Aufzählungen aneinanderreihen
Darstellen	Beschreibe und veranschauliche die allgemeinen und besonderen Merkmale des Objektes/Phänomens, verbal oder grafisch.	Wie sieht der Sachverhalt, der Prozess im Einzelnen aus?	nur wenige Stichworte, zu wenig konkrete Informationen
Erläutern	Mache die allgemeinen Merkmale und Zusammenhänge eines Phänomens deutlich, indem Du konkrete Beispiele anbringst.	Wie kann man sich das beispielhaft vorstellen?	nur Nennen, nur Beschreiben
Begründen	Decke die Ursache-Wirkungsbeziehung auf. Führe Tatsachen und Zusammenhänge an, die Annahmen oder Behauptungen über einen bestimmten Sachverhalt stützen. Nenne die Ursachen dafür. Beweise die Behauptung.	Warum ist das so und nicht anders? Welche Ursachen gibt es dafür? Warum?	keine Gründe nennen. Alles andere machen, beschreiben, erläutern, Beispiele anbringen etc.
Erklären	Vom Beschreiben eines Sachverhaltes musst Du zum Wesen vordringen. Führe Gründe und Ursachen für die Existenz eines Phänomens an.	Weshalb läuft dieser Prozess so ab und nicht anders?	nur beschreiben, keine Ursachen nennen, keine Struktur in der Erklärung
Zeigen	Führe logische Argumente an, die eine Behauptung stützen. Benutze Beispiele.	Was unterstützt diese Behauptung?	nicht logisch vorgehen, Ursache-Wirkungs-Beziehung außer Acht lassen
Beweisen	Zeigen, dass eine Behauptung zutrifft, indem man von bestimmten Annahmen durch richtiges, logisches Schließen zur Behauptung gelangt.	Ist das richtig? Wieso stimmt das?	nur ein Beispiel nennen, das zutrifft; konkret argumentieren

Tätigkeit	Was ist tun?	Typische Fragen	Tipps
Werten Bewerten (Kritisieren)	Das Werten erfordert die Stellungnahme des Wertenden. Es müssen gesellschaftliche Normen im Vergleich zu persönlicher Meinung dargestellt werden. Ordne ein bestimmtes Phänomen anhand dieser Gesichtspunkte oder Kriterien ein. Entscheiden Sie, ob etwas in Bezug auf diese Kriterien positiv oder negativ ist, effektiv oder nicht effektiv ist. Arbeite Deinen eigenen Standpunkt heraus.	Wie stehe ich dazu? Wie sollte man dazu stehen? Wie ist das unter diesen und jenen Aspekten zu sehen?	Kriterien der Bewertung nicht klar dargestellt, zu wenig Struktur; lediglich Beschreiben, was passiert
Beurteilen	Stelle dar, wie ein bestimmtes Phänomen bezüglich eines bestimmten Kriteriums einzuordnen ist. Stelle seine Wirkung dar.	Wie ist das einzuschätzen? Ist diese Maßnahme richtig?	Zielbezug nicht im Auge behalten; nur beschreiben
Vergleichen	Arbeite anhand vorher definierter Kriterien Gemeinsamkeiten und Unterschiede heraus.	Worin bestehen die Gemeinsamkeiten und Unterschiede?	Über-Kreuz-Vergleichen; keine logischen Kriterien; sich verlieren im Beschreiben

Was sollte ich beim Formulieren der Mikrofragen beachten?

- Nimm Dir zwei Tage Zeit zum Formulieren und Schleifen für ALLE Kapitel.
- Formuliere zwischen fünf und 20 Mikrofragen pro Unterkapitel.
- Nummeriere die Mikrofragen. Das erleichtert die Zuordnung der Quellen.
- Stelle nur offene Fragen, keine geschlossenen Fragen.
- Frage vom Allgemeinen zum Speziellen.
- Versuche, die Fragen zu operationalisieren. Schreibe also statt: Wie läuft der Prozess ab? besser: Welche Phasen enthält der Prozess? Und statt: Was passiert in welcher Phase? schreibe besser: Welche Aktivitäten finden statt? Welche Mittel oder Techniken werden eingesetzt? Welche Veränderungen lassen sich bei Objekt Alfa erkennen?
- Denke an Klausuren. Stelle Dir vor, DU stellst Studenten eine Klausur zum Thema.

- Schreibe, wenn möglich nicht gleich los. Versuche lieber erst einmal, zu allen Fragen Quellen mit Antworten zu finden. Das sorgt dafür, dass Dein Text konsistent wird. Der Rote Faden ist dann einfacher einzuhalten. Du solltest es wenigstens ausprobieren.
- Schreibe immer gleich die Quellenverweise hin.

Sollte ich mir nicht viel Zeit für das Schreiben nehmen? Wird der Text nicht besser, wenn ich das gründlich mache?

Ein paar Fakten:

Je länger das Schreiben dauert, umso länger zieht sich das Projekt hin und Deine Motivation sinkt.

Je länger Du Dich mit einem Kapitel befasst, umso größer ist die Gefahr, dass Du Dich in Details verlierst und Seiten schreibst, die Du am Ende wieder löschen wirst.

Jeder Text braucht Überarbeitungen. Wie schon Old Winston sagt:

To improve is to change; to be perfect is to change often. (Winston Churchill)

Gründlich schreiben meint eigentlich gründliche Vorbereitung. Das ist der Schlüssel. Wenn Du die Inhalte für ein Kapitel vorbereitet hast, dann wird das Schreiben selbst nicht mehr so lange dauern. Du wirst sogar ungeduldig, dass Dich das Schreiben vom Entdecken abhält...

Nutze die Quellen und Analyse-Ergebnisse als Input

Beim Schreiben hilft der Input aus Quellenstudium und Analyse. Denn es ist ja kein freies Schreiben. Deswegen sind so genannte Frei-Schreibtechniken auch fraglich. Letzten Endes sind sachliche Informationen aneinanderzureihen. Das lässt sich nicht aus dem Kopf erledigen, allein schon wegen der Vorgabe, alle Fakten und nicht selbst gewonnenen Erkenntnisse mit Fußnoten zu belegen. Fußnoten hat man nicht im Kopf!

Halte Dich an Deine Notizen

Mache ständig Notizen. Dann hast Du alle relevanten Inhalte für den Text und riskierst keine Schreibblockaden. Dann ist Schreiben kein Stochern im Nebel mehr, sondern Fahren mit Navigationsgerät. Die Orientierung an den Erkenntnissen anderer verhindert, sich zu verirren.

Bleibe sachlich

Beschreibe die Sachverhalte sachlich und nüchtern. Formuliere dann aus Deinen Funden und Überlegungen in Form von Stichworten Sätze und Absätze.

Ein Gedanke - ein Satz

Diese Regel gilt immer beim Schreiben, vor allem aber beim Formulieren wissenschaftlicher Texte. Klingt einfacher als es ist. Doch weil diese Regel einfach ist, lässt sich die Einhaltung bei der Kontrolle sehr gut überprüfen und Abweichungen korrigieren.

Nur Mut

Schreibe zuerst mal zu den Kapiteln, die Dir leicht erscheinen. Editiere und lektoriere SPÄTER. Du musst nicht gleich perfekt schreiben. Schau lieber auf den Inhalt als auf die Form. Schleifen geht hinterher immer noch.

Selbstkritisch sein

Sei immer bereit, bereits Geschriebenes infrage zu stellen. Allerdings nicht nach jedem Satz. Sonst könnte Mark Twain Recht haben: "Wenn wir so sprechen würden, wie wir Schreiben, dann würden wir alle stottern."

Pausen

Mache Pausen! Wenn Du natürlich "einen Lauf hast" und die Sätze "aus der Feder fließen" mache weiter so lange Du kannst. Dennoch solltest Du alle 90 Minuten oder zwei Stunden etwa 10 bis 15 Minuten Pause machen.

Darf ich aus einem Buch eine andere Quelle zitieren?

Wissenschaftlich ist es nicht sauber. Aber man kann durchaus kleine, kurze Informationen zitieren, wenn man der Quelle vertraut.

Richtig feiern können

Belohne Dich, wenn Du bestimmte Meilensteine erreicht hast.

Tipps für wissenschaftliches Formulieren

- Gedanken, die zusammengehören – ein Absatz,
- präzise Formulierungen,
- klare Definitionen,
- nicht zu lange und nicht zu kurze Beschreibungen von Sachverhalten,
- sachliche und nüchterne Sprache, nicht emotional,
- Vermeidung von Superlativen,

- keine akuten Übergänge,
- nicht Wiederholen von Informationen aus Abbildungen oder Tabellen,
- nicht verweisen auf vorherige Kapitel (sich selbst zitieren ist überflüssig),
- nicht zu viele Absätze und nicht zu kurze Absätze,
- keine begeisterte Schreibweise (toll, wunderbar etc.),
- nicht zu viele Kommata,
- Doppelpunkte nur vor Aufzählungen,
- wenige wörtliche Zitate, besser gar keine,
- ICH und MEIN und WIR dürfen nicht vorkommen,
- das Wort „man" möglichst vermeiden,
- Nebensätze auf ein Minimum reduzieren,
- Schachtelsätze vermeiden,
- Lieblingswendungen kritisch prüfen, die sollten nicht zu oft auftauchen,
- für Abwechslung in den Verben sorgen,
- wenn möglich Unterbegriff statt Oberbegriff verwenden,
- keine Häufung von Substantiven.

Das Wichtigste auf einen Blick:

1. Die Schreibvorlage ist Dein Baugrund. Hier werden alle Inhalte eingefügt.
2. Die Schreibvorlage ist jetzt schon Deine Druckdatei. Lege sie sorgfältig an.
3. Technik macht alles leichter, auch das Schreiben.
4. Halte inne und mache Dir die Mikrofragen-Technik zu eigen.

Mögliche „Mini"-Sprints (Änderungen, Ergänzungen):

Fülle die Schreibdatei, bis Dein Text fertig ist. Entwickle Deine Fähigkeit, die richtigen Fragen an den richtigen Stellen zu formulieren. Nutze die Fragentechnik immer und immer wieder.

Sprint 20: Schreibe das Kapitel Theorie

WARUM?	Du willst das erste fertige Kapitel.
Dein Ziel?	...ist ein kompletter Entwurf des Theorie-Kapitel
Was steht danach NEU im Text?	theoretische Grundlagen zu den einzelnen Begriffen
Dauer	28 h

Was gehört alles in das Theorie-Kapitel?

Theorien sind gesichertes Wissen über ein bestimmtes Objekt. Ein zentrales Element von Theorien sind Modelle. Modelle können Texte oder Abbildungen oder Formeln oder Übersichten sein. Sie bilden einen Rahmen (Framework) für alle weiteren Forschungsaktivitäten.

Das Theorie-Kapitel enthält die Definitionen und möglichst präzise Beschreibungen der Bedeutung der Begriffe im Thema. Hier sind Beispiele für Modelle zu Fachbegriffen:

Stichwort	Modelle
Leseschwäche (Pädagogik)	Leseprozess, Kompetenzen
Nanotechnologie (Ingenieurwissenschaft)	Nano-Strukturen, Technologie-Modelle
Digitalisierung (BWL)	Datenmodelle, Prozessmodelle, Entscheidungsmodelle, Ressourcen-Modelle
Bewältigungsstrategien (Psychologie)	Coping-Modelle, psychologische Faktoren aller Art
Migration (Soziologie)	Soziale Gruppen, soziale Bewegungen, Motive
Bargeldabschaffung (VWL)	Geldmodelle, Politische Ökonomie, Geldpolitik, Transmissionsmechanismen
Urbanisierung (Geografie)	Stadt als sozialer Raum
String Theorie (Mathematik)	Graphen
E-Governance (Politikwissenschaft)	Verwaltung, Datenmodelle

Wozu brauche ich diese Theorien und dieses Kapitel?

Du brauchst einen Anfang! Willst Du die Best practices der Digitalisierung in Großunternehmen untersuchen, dann musst Du diese drei Begriffe komplett erfasst haben:
Best practices, Digitalisierung, Großunternehmen. Dazu solltest Du Dich EINZELN um
die Begriffe kümmern und zuerst fragen: Was sind Best practices? Was ist Digitalisierung? Was sind Großunternehmen? Dann formuliere diese Fragen um: Welche Merkmale kennzeichnen Best practices? Welche Merkmale kennzeichnen Digitalisierung?
Welche Merkmale kennzeichnen Großunternehmen? Dann kannst Du nämlich nach
den Details suchen.

Wie gehe ich vor?

- Kopiere die Definitionen aus dem Exposé in Schreibvorlage,
- formuliere Mikrofragen zu den Kapiteln und Unterkapiteln,
- suche oder ergänze die Quellen mit den Antworten,
- filtere die Inhalte aus den Quellen und beantworte damit die Mikrofragen,
- probiere das: Trage die Inhalte per Diktier-App vor,
- formuliere die Inhalte aus,
- lass den Text-Entwurf liegen,
- schleife den Entwurf einmal und dann auf zum nächsten Kapitel. Das wird
  sicher noch nicht das letzte Schleifen gewesen sein.

Weitere Fragen und Antworten zum Theorie-Kapitel:

Warum sollte ich das Theorie-Kapitel jetzt schon schreiben?

Du kommst jetzt ins Schreiben.

Du hast die ersten Seiten und damit ein gutes Gefühl.

Du hast eine klare Vorstellung von Deinen Begriffen und Modellen, unterlegt mit
echte Quellen.

Welche Quellen sind besonders sinnvoll, welche nicht?

Fachbücher wie Lehrbücher in Grundlagenfächern sind adäquate Quellen für Definitionen und Modelle. Sie enthalten auch grundlegende Modelle, auf denen die weiteren
Forschungen beruhen.

Echte Internetquellen dienen mehr als Inspiration und zum Finden von seriösen
Quellen. Sie sollten daher nicht als Quelle angegeben werden.

Sollte ich in dem Theorie-Kapitel auch schon Studien verwenden?

Eigentlich nicht, weil in diesen Studien schon detaillierte Modelle enthalten sind. Die gehen meist über die Grundlagen hinaus. Studien sind aber eine gute Inspiration für die Auswahl der Modelle.

Wie lang sollte das Kapitel Theorie sein?

Nicht mehr als ca. 10 % der Arbeit.

Was ist überhaupt der Unterschied zwischen den Kapiteln Theorie und Forschungsstand?

Im Theorie-Kapitel werden die einzelnen Begriffe im Thema definiert und erläutert. Dazu werden anerkannte Modelle und Theorien genutzt. Im Theorie-Kapitel findet sich also weitgehend GESICHERTES Wissen über die Bestandteile des Themas. Daher wird auch meist auf Bücher verwiesen.

Beispiel für **Inhalte im Theorie-Kapitel** für ein Thema:

Thema: Entwicklung des Ebook-Marktes in Deutschland

Die grundlegenden Begriffe sind Ebook, Markt, Marktentwicklung und Ebook-Markt. Also sind erstmal jeweils 1-2 Seiten über diese vier Begriffe zu schreiben. Ja, der Begriff Marktentwicklung muss erstmal theoretisch erklärt werden. Das ist sogar der Schlüssel zum Thema. Wie entwickelt sich ein Markt? Welche Formen, Strukturen, Etappen gibt es? Das sind keine trivialen Fragen, da ein Markt sehr komplex ist.

Noch ein Thema: „Entwicklung der Krankheit K-12 bei AB-Patienten unter XX-Bedingungen"

Und noch ein Thema: „Einfluss von Nachhilfe im Fach Mathematik auf die Problemlösungsfähigkeiten von Grundschülern"

Überlege Dir selbst die Inhalte im Theorie-Kapitel.

Sollte ich das Kapitel Theorie den Betreuern zeigen?

Eher noch nicht, erst wenn der Forschungsstand steht. Viele Betreuer halten die Einbeziehung solch grundlegender Modelle für überflüssig, weil das ja bekanntes Wissen ist. Dabei geht es aber gar nicht um die Belehrung des Lesers, sondern die Ableitung der eigenen Schlüsse und Schlussfolgerungen aus Bekanntem. Dazu muss man bei den grundlegenden Begriffen anfangen. Wo sollst Du denn sonst anfangen?

 **Aristolo**

Übrigens: Frage doch mal ketzerisch: Wenn das grundlegende Wissen so klar ist (Beispiel Bewältigungsstrategien oder Controlling etc.) warum gibt es dann so viele verschiedene Definitionen und Modelle? Und warum sind viele Modelle so unvollständig? Und überhaupt: warum wird immer noch so viel geforscht?

Das Wichtigste auf einen Blick:

1. Die Definitionen und Modelle im Kapitel Theorie bilden die Basis des Textes.
2. Sei sorgfältig beim Schreiben und nutze nur anerkannte Quellen.
3. Bereite das Schreiben gut vor, aber verbringe nicht Wochen damit.

Mögliche „Mini"-Sprints (Änderungen, Ergänzungen):

Überarbeite das Kapitel Theorie am Ende der Arbeit noch einmal, wenn Du alles geschafft hast.

MEILENSTEIN 4:
Kapitel Forschungsstand fertig!

MEILENSTEIN 4:
Kapitel Forschungsstand fertig!

4

WARUM?	Du willst ein weiteres Kapitel.
Dein Ziel?	...ist ein weitgehend fertiges Forschungsstand-Kapitel!
Dauer	40 h = 5 Arbeitstage

Sprint 21: Werte die Quellen und Studien aus

WARUM?	Du willst den Überblick der Studien-Inhalte.
Dein Ziel?	...ist eine detaillierte Übersicht darüber, wer was und wie zum Thema erforscht hat.
Was steht danach NEU im Text?	Die ausgefüllte Matrix mit den Inhalten der 5-15 Studien.
Dauer	24 h

Wie fange ich mit der Auswertung der Artikel an?

Du hast Deine Artikel beisammen, Dann filterst Du die relevanten Inhalte der Artikel und trägst sie in die Review-Matrix ein. Ein TRICK: Filtere erst mal die Inhalte aus dem Abstract des Artikels. Wenn Du damit die Tabelle schon füllen kannst, dann mache das erstmal. Bei Lücken kannst Du in den Artikel-Text gehen. Damit folgen die Unterfragen der Analyse der Kopfzeile der Zielmatrix:

Wie sieht die Übersicht aus?

Hier ist die Review-Matrix.

Nr.	Autoren	Titel	Jahr	Forshungsfrage	Untersuchte Faktoren
1					
2					
3					

Nr.	Methoden/Modelle	Stichprobe	Ergebnisse/ Erkenntnisse	Lücken/Probleme/ Kritik	Intepretation/Einordnung
1					
2					
3					

Abbildung 3: Matrix für das Literature Review

Nr.	Autoren	Titel	Jahr	Forshungsfrage	Untersuchte Faktoren	Methoden/ Modelle	Stichprobe	Ergebnisse/ Erkenntnisse	Lücken/Probleme/ Kritik	Interpretation/ Einordnung
1	Shasha Tenga. Kok Wei Khonga & Wei Wei Gohb	Persuasive Communication: A Study of Major Attitude-Behavior Theories in a Social Media Context	2015	critically review, discuss, and examine five major attitude-behavior theories in the social psychology field	Theory of Planned Behavior, Elaboration Likelihood Model. Heuristic-Systematic Model. Cognitive Dissonance Theory, Social Judgment Theory	Keword based Literature review' with well defined exclusion criteria	50 papers (after exclusion)	steadily increasing number of research articles applying ELM TPB studies in the social media context accumulated 6 articles in 8 years For HSM studies in the social media context, it is recognized as a rather sporadic occurrence in the trend	CDT: Unable to accurately predict human behaviour Difficult to observe and measure dissonance Failing to provide a reliable method to assess the degree of dissonance SJT: Weaker evidence in assimilation and contrast effects Unable to measure correlations of ego-involvement variables	It is fairly important to state that the TPB is a widely used theory within and beyond the social psychology domain. Unlike ELM, heuristic cues in HSM were criticized as only one part of the peripheral cues of ELM. Lacking in conceptualizing framework. HSM received less empirical support from extant studies
2	Yu-Ting Chang, Huejju Yu, Hsi-Peng Lu	Persuasive messages, popularity cohesion, and message diffusion in social media marketing	2014	This research investigates how persuasive messages (i.e., argument quality, post popularity, and post attractiveness) can lead internet users to click like and share messages in social mediamarketing activities.	H1. Argument quality of posts has a positive effect on usefulness. H2a. Post popularity positively affects usefulness. H2b. Post popularity positively affects preference. H3. Post attractiveness positively affects preference.	Literature review: Structural equation modeling analyzes questionnaire data two-step analysis: AMOS examines measurement model. Then, AMOS examines structural model. study uses confirmatory factor analysis (CFA) to evaluate measurement model.	392 fans survey from a fan page on Facebook	First, this research shows that on social network sites, argument quality, post popularity, and attractiveness reinforce usefulness and preference. Second, results indicate that usefulness affects fan behaviors Third, this research finds that the like intention of page fans is the essential factor in their sharing intention	First, this study is only applicable to pages with abundant content, but not to popular pages, such as those of famous individuals. the sample in this research consists of fans of only one page this research uses an online questionnaire. Thus, it is difficult to analyze post popularity and why users forward posts	This study uses ELM theory to explore popularity cohesion, message diffusion, and persuasive messages in social networking groups

Abbildung 4: Beispiel Matrix für Literature Review

Du siehst in der ausgefüllten Tabelle sehr schnell die Muster in bisherigen Studien. Du kannst die Studien bequem sortieren und clustern.

Wie werte ich die Studien am besten und schnellsten aus?

Suche in jedem Paper schon im Abstract gezielt nach den Antworten auf diese Fragen:

1. Welche Forschungsfrage und welche Faktoren wurden untersucht?
2. Welche Art von Daten (Sample) und von wem oder was wurden erhoben?

3. Welche Methoden wurde zur Datenerhebung und Datenanalyse genutzt?
4. Welche Erkenntnisse wurden gewonnen?
5. Welche Fragen blieben offen?

Trage die Antworten stichpunktartig in die Review-Tabelle ein. Alle Studien werden nach diesem Schema ausgewertet, auch kommende. Diese Review-Matrix leistet Dir bis zum Ende der Thesis sehr gute Dienste.

Vorgehen bei der Auswertung der Studien im Überblick

Schritt	Ziel	Vorgehen	Wie lange	Hinweise
1	erste Spalten ausgefüllt	Autoren, Jahr und Titel eintragen	max. 10 min pro Artikel	keine Fehler erlaubt! Inhalte sollten schon aus Recherche vorliegen
2	ausgefüllte Spalten für fünf Hauptartikel	Ausfüllen der Tabelle für Hauptartikel	max. 1 Tag	Artikel wurden schon am Anfang gründlich gelesen
3	alle weiteren Artikel sind gezielt gelesen und gefiltert	Suche in Artikeln nach Forschungs-frage, Umfang der Stichprobe etc.	ca. 30 Minuten pro Artikel	mit großem farbigem Stift; Abkürzungen nutzen wie FF = Forschungsfrage, Stich = Stichprobe, Meth = Methodik
4	alle Spalten sind ausgefüllt	Eintragen der Infos aus Artikeln	ca. 1 - 2 h pro Artikel	Tabelle Querformat; sorg-fältig ausfüllen und zügig; offene Stellen mit XXXX bezeichnen, Stichworte; Reihenfolge egal
5	finale Kontrolle und Schleifen	Fehler elimi-nieren, Stich-worte kürzen	max. 1 Tag	pro Zelle maximal fünf Zeilen, wenn möglich;

Was ist mit Cluster-Bildung gemeint?

Der zweite Schritt der Auswertung besteht darin, die Gemeinsamkeiten und Unter-schiede der einzelnen Artikel zu identifizieren. Dabei geht es um thematische oder methodische Cluster-Bildung. Fragen für diesen Abschnitt der Analyse lauten zum Beispiel:

- Welche Erkenntnisse gibt es im Hinblick auf die Forschungsfrage für Ziel-gruppe ABC?

- Welche Rolle spielen die Faktoren 1, 2, 3? Etc.

Für das Beispielthema Diversity lauten mögliche Forschungsfragen:

- Welche Erkenntnisse gibt es im Hinblick auf kleine Unternehmen?
- Welche Erkenntnisse gibt es im Hinblick auf internationale Unternehmen? Etc.

Was heißt, die Forschungslücken zu identifizieren?

Im dritten Schritt der Auswertung geht es um die Identifikation offener Fragen für die weitere Forschung. Das ist der schwerste Teil. Allerdings helfen dabei auch die Artikel. Denn in diesen stehen immer wieder Hinweise auf noch nicht durchgeführte Analysen oder interessante offene Fragen. Das Ziel dieses letzten Teils der Analyse besteht darin, wenigstens eine Hand voll weiterer offener Fragen zusammenzutragen. Fragen für diesen Abschnitt der Analyse lauten zum Beispiel:

- Welche Vorschläge machen verschiedene Autoren für weitere Untersuchungen?
- Welche Schwierigkeiten werden in Artikeln erwähnt, aus denen sich weitere Forschungsfragen ergeben? Etc.

Weitere Fragen und Antworten:

Wie lange sollte die Auswertung einer Studie dauern?

Am Anfang brauchst Du pro Studie etwa 3-5 Stunden, besonders für die Super-Studien. Danach sollte 1 h pro Studie reichen, weil Du Dich schon auskennst. Du filterst nur die Inhalte zu Deinen fünf Fragen heraus. Dabei hilft oft schon allein das Abstract. Verliere Dich also nicht im gründlichen Lesen. Das solltest Du bei den ersten sehr guten Studien machen und erneut, wenn Du weitere sehr wichtige Studien gefunden hast. Später kannst Du wichtige Studien noch einmal gründlich lesen, wenn Du genauer weißt, welche wichtig und ergiebig sind.

Wie detailliert sollten die Inhalte in der Tabelle sein?

Kümmere Dich nur um die Fakten, stichwortartig. Schreibe auf keinen Fall seitenweise die Ergebnisse ab. Eine Dritte Querseite ist für eine Studie das Maximum.

In welcher Reihenfolge sollte ich die Studien auswerten?

Fange mit den besten Studien an, aus den Journals, die am höchsten bewertet sind. Oder einfach mit denen, die Dir leichter fallen oder die empfohlen wurden oder Dich einfach „anlachen". Das ist gut für die Motivation.

Sollte ich die Studien nicht sehr sorgfältig lesen?

Ja und nein. Du musst gezielt die wichtigen Infos aus den Studien filtern. Das verlangt Sorgfalt. ABER: Du weißt am Anfang oft gar nicht, was wichtig ist.

Ideal wäre, wenn Du drei Super-Studien zum Einstieg gründlich lesen würdest, in denen die wichtigsten Konzepte und Fragen behandelt werden. Aber es ist sehr schwer, die Qualität und Relevanz der Studien am Anfang einzuschätzen. Dazu brauchst Du erst einmal den Überblick über den Themenbereich, eine Art Koordinatensystem. Den Überblick bekommst Du am schnellsten mit der Tabelle, mit den Infos aus den Studien. DANACH verstehst Du die Studien viel besser und kannst auch die besten Studien erkennen. Du wirst also noch mal einige genauer lesen, aber später! Im Moment sollte das eher eine Sache von wenigen Tagen als Wochen sein.

Bei zehn relevanten Artikeln mit einem durchschnittlichen Umfang von 20 Seiten liegen etwa 200 ausgedruckte Seiten in anspruchsvollem Englisch auf dem Tisch. Je nachdem, wie gut Dein Englisch ist, dauert das Lesen ca. 50-100 Stunden. Danach ist aber die Tabelle noch nicht ausgefüllt. Und Du hast keine Zeile geschrieben. Daher solltest Du unbedingt erst mal den Überblick haben. Wer weiß, ob alle zehn Studien passen oder ob es nicht viel bessere Studien gibt. Das Ziel Deines Lesens ist die ausge-füllte Zielmatrix. Insofern ist das wohl schon mehr als nur Lesen.

Welche Rolle spielen Bücher?

Beim Einstieg helfen auch Bücher, denn sie enthalten grundlegende Modelle und vor allem Definitionen. Du solltest allerdings unbedingt einen Themenbereich wählen, in dem Du schon zu Hause bist. Sonst fängst Du bei null an. Nicht gut!

Das Wichtigste auf einen Blick:

1. Halte Dich an die Matrix-Vorlage.
2. Filtere die wichtigsten Infos aus den Studien. Nutze schon den Abstract.
3. Schau immer wieder auf die Matrix, um Dich zu fokussieren.

Mögliche „Mini"-Sprints (Änderungen, Ergänzungen):

Ergänze die Matrix, sobald Du neue Studien findest. Versuche Stapelverar-beitung mehrerer Studien, wenn möglich.

Sprint 22: Schreibe das Kapitel Forschungsstand

WARUM?	Du willst das Kapitel Forschungsstand fertig haben.
Dein Ziel?	...ist ein fertiger Entwurf des Forschungsstand-Kapitels.
Was steht danach NEU im Text?	Aktueller Forschungsstand mittels Studien
Dauer	16 h

Was sind die Inhalte im Kapitel Forschungsstand?

Der Forschungsstand umfasst die wichtigsten bisherigen Erkenntnisse zur Forschungs-frage, die bereits von Autoren veröffentlicht wurden. Dabei handelt es sich um sehr spezielles Wissen in wissenschaftlichen Artikeln, den so genannten papers. Dieser Forschungsstand liegt nach dem intensiven Studium und der Auswertung der Quellen normalerweise vor als:

- rigene Notizen in Form von Stichpunkten und Verweisen auf Stellen in Quellen,
- Markierungen relevanter Stellen oder längerer Abschnitte in Literaturquellen,
- Ausschnitte aus relevanten digitalen Dokumenten wie PDFs und Webseiten,
- relevante kopierte oder gespeicherte Abbildungen.

Typisch ist, dass sich EIN Artikel nur auf EINEN kleinen Ausschnitt konzentriert. Das Kapitel Forschungsstand ist deshalb eher ein Puzzle als eine überschaubare Theorie. Diese beginnt gerade, sich zu formen. Diese verstreuten Wissenselemente machen es so schwierig, den Überblick zu bekommen. Aber mit Hilfe des Literature Reviews gelingt das.

Ein Beispiel für den Forschungsstand in einem Artikel oder Paper:

Bezogen auf das Beispiel-Thema **„Einfluss von Nachhilfe im Fach Mathematik auf die Problemlösungsfähigkeiten von Grundschülern"** finden sich im Forschungs-stand Erkenntnisse aus Studien, die sich mit Problemlösungsfähigkeiten von Grund-schülern beschäftigen, meist in ganz anderem Zusammenhang wie Lehrmethoden, Lernmaterialien, Kommunikation. Dann gibt es Erkenntnisse über Nachhilfe in

verschiedenen Fächern und es gibt Erkenntnisse über Mathematik und Probleme in diesem Fach etc. Die konkreten Erkenntnisse werden im Forschungsstand zusammengetragen und führen zur Forschungslücke, Forschungsfrage, den Detailfragen, der Datenbasis und den Methoden. Wie Du siehst, „schleicht" der Forschungsstand um DEIN Thema und Deine Frage herum.

Die Inhalte im Kapitel Forschungsstand hängen vom Thesis-Typ ab. Folge daher diesen Vorgehensweisen.

Literaturarbeit/Literature Review, Empirie und Praxis S. 137

Wie schreibe ich das Kapitel Forschungsstand für eine Literaturarbeit und ein Literature Review?

- Stelle die Review Matrix fertig,
- schreibe kurze Zusammenfassungen der wichtigsten Artikel ODER kopiere die Tabelle als Ersatz in das Kapitel.

Du gibst jetzt nur einen ÜBERBLICK über die Studien. Dieser ist aber etwas ausführlicher als der Studienüberblick in der Einleitung.

ACHTUNG: Die Details der Studien, nämlich die Erkenntnisse, die Methoden, die Daten und offenen Fragen kommen in Dein Ergebnis-Kapitel. Das ist sehr wichtig! Gib hier also nur einen ÜBERBLICK.

Empirie-Arbeit oder Praxis-Arbeit

Wie schreibe ich das Kapitel Forschungsstand für eine EMPIRIE-ARBEIT und eine Praxis-Arbeit?

Bei diesen Arten der Thesis ist der Forschungsstand deutlich ausführlicher. Gehe so vor:

- stelle die Review Matrix fertig,
- schreibe kurze Zusammenfassungen der wichtigsten Artikel ODER kopiere die Tabelle als Ersatz in das Kapitel,
- formuliere Mikrofragen für die Diskussion,
- sammle und sortiere die Argumente für die Diskussion aus den Studien,
- trage die Inhalte per Diktier-App ein,

- formuliere die Diskussion aus,
- lass den Entwurf liegen,
- schleife ihn noch einmal und dann auf zum nächsten Kapitel.

In der Empirie-Arbeit und in der Praxis-Arbeit werden bereits in diesem Kapitel alle relevanten Inhalte der Studien eingetragen und diskutiert. Denn die neuen Erkenntnisse stammen nicht aus den Studien oder anderen Quellen sondern aus der Analyse der eigenen Daten.

Warum sollte ich das Kapitel Forschungsstand jetzt schon schreiben?

Du bekommst ein gutes Gefühl, weil Du ein Kapitel fertig hast. Die Klärung der Begriffe und Grundlagen ist jetzt tatsächlich abgeschlossen. Du hast das Bekannte abgegrast. Damit ist auch klar, was noch erforscht werden muss. Das sind die Forschungslücken, von denen Du eine selbst bearbeitest.

Wie viele Studien sind genug?

Lieber erstmal zu wenige als zu viele. Ja, wirklich! Denn schlechte musst Du wieder rauswerfen. Füge zunächst die wichtigsten fünf bis zehn Studien ein und dann schau später, welche noch passen. Für eine Thesis sind in der Regel zwischen fünf und 20 Studien relevant. Es hängt auch von den Betreuern ab.

Das Wichtigste auf einen Blick:

1. Die Erkenntnisse aus anderen Studien sind die Basis für Deine Arbeit.
2. Sei sorgfältig und habe lieber zu wenige aber sehr gute Quellen.
3. Ergänze das Kapitel, wenn neue gute Studien auftauchen.

Mögliche „Mini"-Sprints (Änderungen, Ergänzungen):

Ergänze das Kapitel Forschungsstand mit neuen Studien und ergänze es vor der Abgabe der Arbeit.

Guide A:
LITERATURARBEIT
und
LITERATURE REVIEW

LITERATURE REVIEW und LITERATURARBEIT

MEILENSTEIN 5: Ergebnis-Kapitel fertig!

MEILENSTEIN 5:
Ergebnis-Kapitel fertig!

5

WARUM?	Das Kapitel Ergebnisse ist fertig.
Dein Ziel?	... ein fertiger Entwurf des Kapitels Ergebnisse.
Was steht danach NEU im Text?	Das Kapitel Ergebnisse
Dauer	96 h = 13,75 Arbeitstage

Sprint 23: Schreibe das Kapitel Detailfragen

WARUM?	Du willst detaillierte Fragen für die Eigenleistung.
Dein Ziel?	...ist eine Liste von Detailfragen für die Literaturauswertung.
Was steht danach NEU im Text?	Das Kapitel Detailfragen
Dauer	8 h

Was sind überhaupt Detailfragen und wozu sind die gut?

Detailfragen sind typische Unterfragen zur Forschungsfrage für einzelne Themen-formulierungen. Die Antworten auf die Detailfragen beantworten letztlich die Forschungsfrage.

Die Detailfragen sorgen für den Roten Faden.

Ein Beispiel für Detailfragen.

Thema: Nutzung von Ebooks durch Ebook-Käufer

Forschungsfrage:

Wie (auf welche Art und Weise) nutzen Ebook-Käufer die Ebooks?

Detailfragen:

- Wozu/für welchen Zweck nutzen sie die Ebooks? (Beruf, Hobby, Lernen etc.)
- Wo nutzen sie die Ebooks? (Zu Hause, im Büro, an Hochschulen etc.)
- Wie oft nutzen sie die Ebooks? (mehrmals am Tag, pro Woche etc.)
- Auf welchen Geräten lesen sie die Ebooks? (PC, Tablet, smartphone etc.)

Noch ein Thema: Nutzung von Social Media durch Jugendliche

Forschungsfrage:

Wie nutzen Jugendliche Social Media Plattformen?

Detailfragen:

- Wozu/für welchen Zweck nutzen sie Social Media Plattformen? (Kontakte, Infosuche, Lernen etc.)
- Wo nutzen sie Social Media Plattformen? (Zu Hause, Schule, Uni etc.)
- Wie oft nutzen sie Social Media Plattformen? (mehrmals am Tag, pro Woche etc.)
- Auf welchem Gerät nutzen sie Social Media Plattformen? (PC, Tablet, smart-phone etc.)
- Welche der vielen Social Media Plattformen nutzen sie am meisten welche weniger?

Wie an den Beispielen ersichtlich ist, fallen einem dazu meistens auch schon die Antwortvarianten ein.

Nach welchem Schema kann ich die Detailfragen formulieren?

Bitte lies die folgenden Ausführungen sehr genau durch und wende sie auf Deine Frage an. Damit wirst Du Deine Eigenleistung viel besser schaffen.

Beispiel-Thema: „Social Media Verhalten von Kunden von Schokoladen-Firmen"

Forschungsfrage: Welche Charakteristika weist das Social Media Verhalten von Kunden von Schokoladen-Firmen auf?

Du kannst Fragen formulieren zu:

- den Eigenschaften oder Attributen eines Objekts (wie Vorlieben von Menschen),

- den Varianten eines Objekts oder Faktors (wie Motiv 1, 2, 3 einer Person),
- den Elementen oder Bestandteilen eines Objekts oder Faktors (wie Motive, Wissen, Ansichten, Erfahrungen, Vorlieben, Fähigkeiten einer Person oder Gruppe).

Nehmen wir Beispiele dafür.

Frage nach den Eigenschaften oder Attributen eines Objekts

Thema: Einfluss von Nachhilfe auf die persönlichen Kompetenzen von Abiturienten– eine Analyse

Detailfrage 1: Welchen Einfluss hat Nachhilfe auf die sozialen Kompetenzen von Abiturienten?

Detailfrage 2: Welchen Einfluss hat Nachhilfe auf die kommunikativen Kompetenzen?

Detailfrage 3: Welchen Einfluss hat Nachhilfe auf die Selbstorganisations-Kompetenzen? etc.

Frage nach den Varianten eines Objekts oder Faktors

Thema: Einflussfaktoren in der Digitalisierung von Geschäftsprozessen – eine Analyse

Detailfrage 1: Welche Rolle spielt Einflussfaktor A (Firmengröße)?

Detailfrage 2: Welche Rolle spielt Einflussfaktor B (Branche)?

Detailfrage 3: Welche Rolle spielt Einflussfaktor C (Lieferkette)? etc.

Frage nach den Elementen oder Bestandteilen eines Objekts oder Faktors

Thema: Einflussfaktoren in der Digitalisierung von Geschäftsprozessen – eine Analyse

Jetzt fragen wir nach den Geschäftsprozessen. Diese durchlaufen Phasen.

Detailfrage 4: Welche Auswirkungen hat Einflussfaktor A (wie IT-Ausstattung) auf die Digitalisierung der Planung von Geschäftsprozessen?

Detailfrage 5: Welche Auswirkungen hat Einflussfaktor A auf die Digitalisierung der Dokumentation von Geschäftsprozessen?

Detailfrage 6: Welche Auswirkungen hat Einflussfaktor A auf die Digitalisierung der Überwachung von Geschäftsprozessen? etc.

Weitere Schemata:

Weitere ähnlich gelagerte Schemata gibt es für Prozess-Analysen (Phasen oder Stakeholder oder Faktoren...), für Risiko-Analysen (Risiko 1, 2, 3, Folgen 1, 2, 3 etc.),

Ursachen-Analysen (Ursache 1, 2, 3...), Pattern-Analysen (Pattern/Merkmal 1, 2, 3...) und noch viele mehr.

Übersicht zu Detailfragen je nach Themen-Fokus:

Suche die Themenansätze, die Deinem Thema am nächsten kommt und schaue Dir diese Fragen genauer an. Diese Fragen solltest Du im Text beantworten. Offenbar sind diese Detailfragen wieder mit den Analyse-Typen aus Sprint 4 verbunden.

Themenansätze	Typische Detailfragen
Aspekte - institutionelle, organisatorische, administrative, technische, konzeptionelle, wirtschaftliche, finanzielle, personelle, didaktische, Managementaspekte, Qualitätsaspekte,	Was sagt Autor A über die Aspekte A, B, C etc.? Was sagt Autor B über die Aspekte A, B, C etc.? Was sagt Autor C über die Aspekte A, B, C etc.? Welche Gemeinsamkeiten und Unterschiede gibt es? Welche Aspekte spielen welche Rolle?
Funktionsweise, Gestaltungsmöglichkeiten und Einsatzgebiete oder Perspektiven	Wie funktioniert das Objekt? Welche Gestaltungsvarianten gibt es? Wo wird das Objekt verwendet? Welche Rolle spielt das Objekt? Wie entwickelt sich das Objekt?
Arten, Formen und Funktionsweisen	Nach welchen Merkmalen werden die Objekte unterschieden und eingeteilt? Welche Arten gibt es? Wie sind diese ausgestaltet? Wie funktionieren sie?
Das Konzept des XY - Kernidee und Anwendungsbereiche	Was ist die Grundidee des Konzepts? Was ist der theoretische Hintergrund? Wie wirkt das Konzept? Wie ist die Argumentation des Konzepts? Wo kann das Konzept eingesetzt werden? Welche Erfahrungen gibt es bereits mit dem Konzept?
Stärken und Schwächen	Welche Kriterien kommen zur Anwendung? Wer legt die Kriterien fest? Welche theoretische Grundlage gibt es für die Beurteilung? Was heißt stark, was heißt schwach?
Situation/komplexeres System	Was ist das für eine Situation? Welche Elemente spielen eine Rolle? Welche Gegebenheiten oder Faktoren spielen eine Rolle? Wie ist der Zusammenhang zwischen den Elementen und den Faktoren? Welche Vorgänge lassen sich beobachten?
Probleme, Ursachen, Lösungsansätze	Wer sind die Akteure? Was sind Ihre Ziele und Interessen? Was gibt es für Hindernisse auf dem Weg zum Ziel? Was sind die Ursachen für diese Hindernisse/Probleme? welche Faktoren spielen dabei eine Rolle? Welche Lösungsansätze gibt es? Wie sind diese zu bewerten? Welche Erfahrungen gibt es damit schon?

 **Aristolo**

Themenansätze	Typische Detailfragen
Herausforderungen und Lösungsansätze	Wer sind die Akteure? Was sind Ihre Ziele und Inter-essen? Was gibt es für Schwierigkeiten auf dem Weg zum Ziel? Welche Faktoren spielen dabei eine Rolle? Wie sieht die Lösung der Probleme aus? Welche Lösungsansätze gibt es? Wie sind diese zu bewerten? Welche Erfahrungen gibt es damit schon?
Chancen und Risiken einer bestimmten Entwicklung	Wer sind die Akteure? Was sind Ihre Ziele? Wie lässt sich das Umfeld beschreiben? Welche Faktoren spielen eine Rolle? Wie sind diese Faktoren zu bewerten? Haben sie positive oder negative Auswirkungen? Inwieweit lassen sich die Chancen und Risiken bestimmen?
Ziele, Aufgaben, Umsetzungs-probleme, Umsetzungskonzepte	Wer sind die Akteure? Welche Ziele haben Sie? Wie lassen sich die Ziele charakterisieren? Welche Rolle spielen die Akteure? Welche Aufgaben haben sie? Welche Probleme erleben Sie bei der Umsetzung? Welche Lösungsansätze gibt es?
Prozess/Prozesse	Wie lässt sich der Prozess definieren? Welche Phasen gibt es im Prozess? Wer ist involviert? Was passiert in den einzelnen Phasen? Welche Faktoren beeinflussen den Prozess? Welche Ziele werden eventuell mit dem Prozess verfolgt? Welche Probleme gibt es während des Prozesses? Welche Entwicklungstendenzen gibt es im Prozess? Welche Varianten des Prozesses gibt es? Welche Teilprozesse gibt es?
Entstehung, Entwicklung, aktu-elle Situation, Perspektiven eines Phänomens	Wie lässt sich das Phänomen beschreiben? Wie ist es entstanden? Welche Faktoren spielten dabei eine Rolle? Wie hat sich das Phänomen entwickelt? Welche Phasen der Entwicklung gibt es? Wie lässt sich das Phänomen aktuell charakterisieren? In welche Rich-tungen kann sich das Phänomen weiter entwickeln?
Auswirkungen von Faktor A auf ... Phänomen B	Welche Objekte gehören zum System? Welche Merk-male weisen diese Systemelemente auf? In welcher Beziehung stehen sie zueinander? Welche gegensei-tigen Auswirkungen lassen sich feststellen? Welche Faktoren spielen im Systems noch eine Rolle? Wie lässt sich die Wirkung charakterisieren?

Wie gehe ich allgemein vor beim Formulieren der Detailfragen?

- Erst mal W-Fragen stellen (was, wer, wie, womit, wann, wo, wozu etc.).
- Brainstorming von Fragen machen.
- Auf die einzelnen Elemente des Themas schauen und dazu Fragen stellen.
- Fragen mit Testgesprächspartnern durchgehen und schleifen.

Wie stelle ich sicher, dass meine Detailfragen konkret sind?

Die Detailfragen müssen offen und operationalisiert sein. Die besten Fragewörter sind welche (und dazu Wörter wie Risiken, Barrieren, Merkmale etc.) und Wie viele, Wie oft. Mit den Fragewörtern WIE (Wie läuft das ab?), WAS (Was wollen Kunden?) und WO (Wo kommt das vor?) kannst Du starten.

Aber dann musst Du konkret werden. Diese Fragewörter sind zu offen, zu global. Die Antworten sind das dann auch, viel zu umfangreich.

Du brauchst konkrete Listen oder Übersichten, nicht viel Text mit allen möglichen Inhalten. Bei diesen WIE-Fragen weiß man auch gar nicht, wo man anfangen soll...

Nehmen wir: WAS (Was wollen Kunden?) Sie wollen wenig Geld ausgeben, Sicherheit, Spaß, keine Zeit verschwenden etc. Mit solchen Antworten kann ich wenig anfangen, wenn es um Produkte für Kunden geht.

Frage also besser in dieser Art: Welche Erwartungen haben XY-Kunden an das Produkt AB? Oder noch konkreter und damit besser: Welche Erwartungen (Anforderungen) haben XY-Kunden (Familien) an das Attribut Alfa (Maße) des Produktes Beta (Waschmaschine)? Diese Frage ist zwar schwerer zu beantworten, aber dafür ist die Antwort brauchbar. Globale Fragen führen zu nutzlosen Antworten.

Das Wichtigste auf einen Blick:

1. Die Detailfragen helfen Dir, konkret zu werden und zu bleiben.
2. Sie geben Orientierung in den Analysen und beim Schreiben der Ergebnisse.

Mögliche „Mini"-Sprints (Änderungen, Ergänzungen):

Überarbeite die Detailfragen nur, wenn es notwendig ist. Mitunter sind aber Ergänzungen oder Verfeinerungen sinnvoll.

Sprint 24: Schreibe das Kapitel Vorgehensweise

WARUM?	Du willst das Unterkapitel Vorgehen im Ergebniskapitel.
Dein Ziel?	...ist ein Entwurf für das Kapitel Methoden und Vorgehen
Was steht danach NEU im Text?	Kapitel 4.2 Vorgehen
Dauer	8 h

Was kommt in das Methodenkapitel bei einer Literaturarbeit oder einem Literature Review?

Hier geht es um den so genannten Eigenanteil. Auch wenn es eine Literaturarbeit ist, wird das reine Abschreiben ohne irgendwelche Analyse nicht akzeptiert.

Das Ergebnis-Kapitel ist das schwierigste in der ganzen Arbeit. Denn dabei lässt sich nicht direkt auf Quellen zurückgreifen. Das zusammengetragene Wissen ist selbständig zu verarbeiten, um daraus eigene Erkenntnisse zu gewinnen. Das sind allerdings nicht eigene Erkenntnisse im Sinne von eigenen Einsichten! Es geht um Erkenntnisse, die allgemein relevant und allgemein von Interesse sind. Der Prüfstein dafür ist, dass diese Erkenntnisse bisher nicht so in einer Quelle zu finden sind. Beantworte dazu am besten Deine Detailfragen.

Im Ergebnis-Kapitel musst Du das Vorgehen bei der Beantwortung der Detailfragen beschreiben. Folgende Ansätze kommen für eine Literaturarbeit und ein Literature Review in Frage. Suche Dir den passenden Ansatz.

Ansatz 1: Review der Erkenntnisse von Autoren zu bestimmten Aspekten

Übersicht aller Erkenntnisse aus wissenschaftlichen Quellen zur Frage:

- Fortsetzung der Auswertung der Studien,
- Auflistung der Fragen für die systematische Darstellung der Erkenntnisse,
- Sammlung der Argumente, Statistiken, Informationen aller Art.

Bei einer Literaturarbeit ist die eigentliche Analyse vor allem die Systematisierung und Interpretation der Inhalte aus den verwendeten Quellen. Es geht also darum,

Gemeinsamkeiten und Unterschiede in den Argumenten der verschiedenen Autoren zu benennen und eventuell zu erklären. Gemeinsamkeiten und Unterschiede lassen sich finden in der Anwendung von Modellen, in der Nutzung von Methoden oder auch der Auswahl beispielsweise von Zielgruppen oder Probanden.

Frage für diesen Ansatz: Welche Gemeinsamkeiten und Unterschiede gibt es in den Argumenten/Ansichten der Autoren A, B, C im Hinblick auf die Erklärung des Problems?

Ansatz 2: Vergleich von zwei Objekten oder Modellen etc. nach einem Schema
- Vergleich von Schulform 1 und Schulform 2
- Vergleich von wissenschaftlichen Modellen
- Vergleich von Verhaltensweisen
- Vergleich von Methoden, Techniken, Tools aller Art
- Vergleich von Produkten aller Art
- Vergleich der Wirkungsweisen von Therapien aller Art
- Vergleich von Gegenständen aller Art

Frage für diesen Ansatz: Welche Gemeinsamkeiten und Unterschiede gibt es bei Objekt 1 und Objekt 2 im Hinblick auf die Vergleichskriterien?

Ansatz 3: Bewertung von einem Objekt entlang von Kriterien (Scoring)
- Bewertung von Konzepten, Methoden, Techniken
- Bewertung von Produkten aller Art
- Bewertung von Optionen aller Art
- Bewertung von was auch immer sich bewerten lässt

Frage für diesen Ansatz: Inwieweit (mit welcher Punktzahl) erfüllen die Methoden 1 und 2 die Kriterien A, B, C und welche Methode ist besser geeignet?

Ansatz 3: Systematisierung oder Typisierung von bestimmten Objekten
Beispiele:
- Verhaltensweisen von Menschen unter bestimmten Umständen,
- Typologie von Schokoladenliebhabern, Lernmethoden oder Technologien etc.,
- Systematik von Steinen oder Motoren oder Kunstwerken etc.

Frage für diesen Ansatz: Nach welchen Ordnungskriterien lassen sich die Objekte 1 bis 15 ordnen und wie sieht diese Systematik aus?

Ansatz 4: Analogien ziehen

- Übertragung einer Methode auf ein ähnliches Problem (Eine didaktische Methode wie Rollenspiel passt für die Vermittlung von Wissen im Themen-bereich Alfa und vielleicht auch für den Themenbereich Beta? Das ist zu prüfen.), nachdem alle Umstände betrachtet wurden und somit die Anwend-barkeit begründet wurde.
- Charakterisierung eines Objekts entlang der Charakteristika eines anderen; das ähnelt dem Vergleich.

Frage für diesen Ansatz: Inwieweit lässt sich die Lösung Alfa auf die Problematik Beta übertragen? Welche Anpassungen sind nötig?

Ansatz 5: Puzzle der Inhalte von Autoren

Verschiedene Autoren setzen verschiedene Schwerpunkte bei ihrer Forschung. Daher ist ein weiterer Ansatz, eine Art Puzzle zu lösen. Autor 1 beschäftigt sich mit dem Abschnitt A, Autor 2 beschäftigt sich ebenfalls mit Abschnitt A aber darüber hinaus auch mit Abschnitt B1. Ein dritter Autor beschäftigt sich mit dem Abschnitt B2 und C1 usw. Es ist dann schon eine Leistung, diese verschiedenen Ansätze zu systematisieren.

Frage für diesen Ansatz: Welche Abschnitte im Forschungsbereich decken die Studien der Autoren A, B, C im Hinblick auf die Forschungsfrage ab?

Ansatz 6: Suche nach Lücken in der Forschung

Ein weiterer Ansatz ist, Lücken in der Forschung zu beschreiben und Empfehlungen für weitere Forschungsprojekte abzuleiten. Dabei können aufgrund der Beschäftigung mit den bisherigen Vorgehensweisen auch Hinweise zur Methodik formuliert werden.

Frage für diesen Ansatz: Welche offenen Fragen benennen die Autoren selbst oder welche ergeben sich unter Betrachtung der Forschungsergebnisse der Autoren A, B, C im Hinblick auf die Erklärung des Problems? Mit welchen Forschungsmethoden können diese offenen Fragen beantwortet werden?

Ansatz 7: Weiterdenken von Forschungsansätzen

Bei dieser Variante geht es darum, die Erkenntnisse von bestimmten Autoren auf andere Gegebenheiten zu beziehen und dabei zu versuchen, zu neuen Erkenntnissen zu gelangen. Haben zum Beispiel Autoren bestimmte Erkenntnisse über pädagogische Konzepte für Abiturienten gewonnen, kann versucht werden, diese Erkenntnisse auf Berufsschüler zu übertragen. Offensichtlich ist bei diesem Ansatz eine intensive Beschäftigung mit den bisherigen Forschungen nötig sowie mit dem anderen Themengebiet, auf das die Erkenntnisse bezogen werden sollen.

Frage für diesen Ansatz: Welche Schlussfolgerungen lassen sich aus den Forschungsergebnissen der Autoren A, B, C für die Anwendung der Modells XYZ oder im Bereich DEF ziehen? Welche Weiterentwicklungen sind denkbar und sinnvoll?

Ansatz 8: Visualisierung von Erkenntnissen

Dieser Ansatz ist kreativ und mit Sicherheit nicht allein ausreichend. Allerdings kann die Änderung der Darstellung der Ergebnisse auch zu neuen Erkenntnissen führen. Mitunter sind Muster erst durch die Betrachtung aus einem anderen Blickwinkel erkennbar.

Frage für diesen Ansatz: Welche Muster lassen sich bei Betrachtung der Objekte 1 – 200 erkennen?

Ansatz 9: Verallgemeinerung von Erkenntnissen

Bei diesem Ansatz werden die Forschungsergebnisse der Autoren in einem größeren Zusammenhang betrachtet. Dabei wird versucht, bisherige Modelle entweder weiterzuentwickeln oder Hinweise für notwendige Weiterentwicklungen zu formulieren.

Frage für diesen Ansatz: Welche allgemeinen Schlüsse lassen sich aus den Erkenntnissen von Autor A und B und C etc. ziehen?

Welche Fragen helfen mir bei der Beschreibung des Vorgehens bei meiner Analyse?

Beantworte diese Mikrofragen zur Beschreibung Deines Vorgehens:

- Nach welcher Methode werden die Quellen für die Analyse ausgewertet und die Erkenntnisse gewonnen? Wie und nach welchen Kriterien werden die Argumente gesammelt?

- Welche Schritte werden gegangen, um die gewünschten Ergebnisse zu gewinnen?
- Auf welche Art und Weise wird sichergestellt, dass die gewünschten Erkenntnisse mit dem Vorgehen gewonnen werden können?

Das Wichtigste auf einen Blick:

1. Der Forschungsplan muss detailliert beschrieben werden.
2. Arbeite die Hinweise aus dem Vortrag mit ein.
3. Ergänze das Kapitel, wenn die Erkenntnisse gewonnen sind.

Mögliche „Mini"-Sprints (Änderungen, Ergänzungen):

Überarbeite das Kapitel Methodik vor dem Finale der Arbeit noch einmal.

Sprint 25: Sammle Antworten für die Detailfragen

WARUM?	Du willst Input für das Ergebniskapitel.
Dein Ziel?	...ist eine Sammlung mit Quellen und Stichworten zu den Detailfragen.
Was steht danach NEU im Text?	Das Ergebniskapitel enthält die Detailfragen mit Deinen Notizen und Zitaten aus den Quellen, natürlich mit Belegen.
Dauer	48 h

Sammle Argumente aus Studien

Studien sind die besten Quellen für die Antworten auf die Detailfragen. Ordne die Studien zu und dann filtere die Informationen. Zuletzt formulierst Du die Antworten zu den Detailfragen.

Sammle Argumente aus Büchern

Bücher sind auch eine Lösung. Allerdings ist das Wissen meist deutlich älter und auch allgemeiner. Bitte versuche, wenigstens ein paar Studien einzubauen.

Sammle Statistiken aller Art als Argumente

Zahlen passen natürlich nicht zu allen Themen. Also sei bitte wählerisch.

Sammle Argumente aus sonstigen Informationsquellen

Sonstige Quellen könnten Fachinterviews sein oder Vorträge, die sich im Netz finden. Sei bitte sorgfältig bei der Auswahl. Nur anerkannte Experten kommen in Frage. Aber die Kernargumente für Deine Antworten sollten nie allein aus solchen Quellen stammen.

Was sind die Zeitfresser bei der Sammlung der Antworten und wie umgehe ich sie?

Zeit kostet vor allem:

- keine oder schlechte Vorbereitung der Detailfragen (kann Dir nicht mehr passieren),
- fehlende Motivation beim Lesen und Filtern (klar bist Du motiviert),
- Unklarheit über das gewählte Vorgehen bei der Auswertung der Quellen.

Das Wichtigste auf einen Blick:

1. Die Sammlung der Argumente sollte alle Detailfragen erfassen.
2. Halte Ordnung in den Quellen und behalte den Überblick.

Mögliche „Mini"-Sprints (Änderungen, Ergänzungen):

Während der Beschaffung der Argumente wirst Du noch weitere Einsichten gewinnen und vielleicht verschiebt sich Dein Fokus etwas. Notiere das und sammle weiter. Der Text im Ergebniskapitel ist entscheidend für die Bewertung der Arbeit. Bis dahin ergeben sich noch Ergänzungen und Anpassungen.

Sprint 26: Schreibe das Ergebnis-Kapitel

WARUM?	Du willst das Kapitel Ergebnisse fertig haben.
Dein Ziel?	... ein weitgehend fertiges Ergebniskapitel.
Was steht danach NEU im Text?	Kapitel 6 Ergebnisse Stelle die Ergebnisse Deiner Analyse dar
Dauer	32 h

Was kommt in das Kapitel mit den detaillierten Ergebnissen?

Hier stehen die Antworten auf Deine Detailfragen. Das sind die einzelnen Erkenntnisse und Ergebnisse Deiner Analysen und Auswertungen, Deine Eigenleistung, Dein eigener wissenschaftliche Beitrag.

Du hast diese finalen Erkenntnisse bei der Zielformulierung schon von der Struktur her beschrieben.

Wie schreibe ich das Kapitel Ergebnisse?

Deine Detailfragen sind die Unterkapitel im Kapitel Ergebnisse. Damit hast Du eine klare Ordnung der Ergebnisse. Gehe so vor:

- Sammle alle Argumente und Schlussfolgerungen aus Deiner Analyse und den Auswertungen.
- Schreibe sie jeweils unter die Detailfragen, in Stichworten oder Sätzen.
- Dann formuliere die Antworten auf die einzelnen Detailfragen aus.
- Lass den Text liegen und schleife danach wieder daran.
- Erkläre die Ergebnisse Deinen Freunden.
- Halte einen richtigen Vortrag, vor wem auch immer.

Wie sieht ein Beispiel aus für das Kapitel Ergebnisse?

Nehmen wir das Beispiel-Thema **„Lesegewohnheiten von Fach-Ebook-Lesern"**

Diese Detailfragen haben wir und diese sind unsere Unterkapitel:

4.3 Darstellung der detaillierten Ergebnisse und Erkenntnisse der Analyse

4.3.1 Motive des Lesens

4.3.2 Präferierte Inhalte

4.3.3 Verwendungszwecke der Inhalte im Beruf

4.3.4 Orte und Zeiten und Dauer des Lesens

Vielleicht lassen sich die Inhalte auch anders darstellen. Aber die Logik und Klarheit der Detailfragen ist einfach zu bestechend, um das anders zu machen…

Hier ist noch ein Beispiel für die Darstellung der detaillierten Ergebnisse für das Thema **„Auswirkungen von Schokoladenkonsum auf die Motivation von Studierenden"**

Detailfrage 1: Welchen Einfluss hat der Schokoladenkonsum auf die Fähigkeit, länger zu arbeiten?

Die folgende Grafik gibt einen Überblick über den Zusammenhang zwischen den konsumierten Schokoladenmengen und den Arbeitsstunden. Auffällig dabei ist…

Detailfrage 2: Welcher Zusammenhang besteht zwischen der Schokoladensorte und dem Glücksniveau der Studierenden in der Prüfungsvorbereitung?

Den Zusammenhang zwischen der Schokoladensorte und dem Glücksniveau der Studierenden in der Prüfungsvorbereitung zeigt die folgende Übersicht.

Offensichtlich führt ein höherer Zuckeranteil zu … usw.

Alles klar?

7 Tipps für das Kapitel mit den Ergebnissen

- Plane genug Zeit für die Ergebnisse ein. Das ist im Grunde das wichtigste Kapitel. Dafür gibt es die meisten Punkte. Vermeide, 80 % der Arbeitszeit für die Grundlagen und die Theorie zu verwenden und für die Ergebnisse nur kümmerliche zwei oder drei Tage übrig zu haben. Der Betreuer macht es bei seiner Begutachtung genau andersrum: sie überblättert die Grundlagen und widmet sich die meiste Zeit den Ergebnissen.
- Die Ausarbeitung des Ergebniskapitels beginnt schon ganz am Anfang, wenn die Detailfragen festgelegt werden. Diese Detailfragen bilden das Grundgerüst für das Ergebniskapitel.
- Sortiere und schreibe immer entlang der Detailfragen.
- Mache Dir immer Notizen zu den Erkenntnissen, direkt zu den Detailfragen.
- Das Ergebniskapitel solltest Du nicht in einem Ruck schreiben müssen. Das muss liegen bleiben und geschliffen werden. Außerdem ergeben sich mit Pausen noch weitere Gesichtspunkte.

- Diskutiere die Ergebnisse mit anderen. Verteidige Deine Ergebnisse, erkläre die Ergebnisse, trage sie vor.
- Arbeite mit Stichworten, wenn Dir keine ganzen Formulierungen im Moment einfallen.

Formulierungen für die detaillierten Ergebnisse

- Die Befragung der XY Gruppe ergab einen engen Zusammenhang zwischen...
- Signifikante Ergebnisse zeigen die Untersuchungen des Zusammenhangs zwischen Alfa und Beta...
- Weniger stark ist der Zusammenhang zwischen Faktor Arpas und Betras...
- Wie die Abbildung XXX zeigt, fordert Alfa das Auftreten von Beta...
- Als Ursachen für den Zustand XY kommen vor allem das Vorhandensein von XZ in Frage...
- Abbildung 14 belegt den Einfluss von B auf D...
- Die Werte 1 und 2 deuten auf die Existenz eines XY hin... Allerdings ist auffällig, dass...
- Weniger eng ist der Zusammenhang zwischen X und Y bei der Gruppe der PP...
- Den stärksten Einfluss über Alfa auf Zeta aus...
- Der Wert von Zeta wird besonders von den Faktoren R und T bestimmt...
- Die zentrale Erkenntnis der Studie von XXX ist....
- Weiterhin gibt es einen Zusammenhang zwischen Alfa und Beta.
- Nicht erwartet wurde der Zusammenhang zwischen Beta und Theta.
- Eine weitere Erkenntnis betrifft den Zusammenhang zwischen ...
- Der Faktor Gamma spielt offenbar eine wichtigere Rolle für Lambda als bislang angenommen...

Du brauchst eine Diskussion. Wozu?

Die wichtigsten Erkenntnisse der Datenauswertung müssen diskutiert werden, um sie in das aktuelle Forschungsfeld einzuordnen. An sich ist eine Diskussion ein Austausch von Argumenten, Fakten, Positionen und Ideen zu einem Thema, mündlich oder schriftlich.

In der Thesis ist die Diskussion die Erörterung der eigenen Erkenntnisse in Verbindung mit dem bisher Bekannten, den vorhandenen Theorien und Erklärungsansätzen. Verweise also auf zentrale, bereits vorhandene Erkenntnisse, Modelle, Theorien und Fakten und bringe diese in Verbindung mit den neuen Erkenntnissen.

Dazu werden die Standpunkte und Ansätze und Erkenntnisse von Autoren noch einmal aufgegriffen und den eigenen Erkenntnissen (nicht Deiner Meinung!!!) gegenübergestellt. Die Gliederung des Diskussionskapitels erfolgt am besten entlang der eigenen Erkenntnisse. Mit den wichtigsten Erkenntnissen solltest Du anfangen. Am Ende sollten mindestens fünf Erkenntnisse diskutiert werden.

Wie schreibe ich die Diskussion?

Die Diskussion sollte auf jeden Fall nicht erst zwei Tage vor dem Druck geschrieben werden! Die Diskussion ist ein Denkprozess und braucht etwas Zeit und Denkpausen und dann Überarbeitung.

Die inhaltliche Voraussetzung für das Kapitel mit der Diskussion ist das Kapitel mit den Ergebnissen. Stehen die Ergebnisse weitgehend fest, kann auch die Diskussion erfolgen. Sinnvoll ist, sich immer wieder Notizen bei guten Einfällen zu machen. Eine echte Diskussion mit einem Sparringspartner ist natürlich auch sinnvoll. Das ist wiederum ein Hinweis, dass die Diskussion nicht auf die Schnelle geschrieben werden darf.

Wichtig: es gibt keinen echten Maßstab, was alles in die Diskussion gehört. Du hast die Arbeit gemacht. Du weißt, was wichtig ist. Wähle also die Inhalte selbst aus. Die Quelle für die Inhalte der Diskussion sind Deine Erkenntnisse und die im Text beschriebenen theoretischen Ansätze, empirischen Erkenntnisse, Fakten, Argumente und Modelle aus fremden Quellen. Es sollten jetzt keine neuen Quellen mehr auftauchen.

Liste von Fragen zum Schreiben der Diskussion

Schritt 1: Bisheriges Wissen

Was sind die drei bis fünf wichtigsten Ansätze, Modelle, Theorien, Gegebenheiten etc.?

Schritt 2: mein neues Wissen

Was sind meine wichtigsten eigenen Erkenntnisse, die noch nicht in wissenschaftlichen Quellen stehen?

Schritt 3: Verbindung zwischen bisherigen und meinen Erkenntnissen

- Welche bisherigen Erkenntnisse kann ich bestätigen?
- Welche bisherigen Erkenntnisse widersprechen meinen Ergebnissen? (Welche Ursachen kann es dafür geben? Wo sind eventuell Unterschiede im Forschungsdesign? Habe ich andere Erhebungsmethoden oder Auswertungsmethoden verwendet? Habe ich eine andere Zielgruppe untersucht? Habe ich andere Fragen gestellt? etc.)

- Welche neuen Erkenntnisse kann ich zu einzelnen Fragen beitragen?
- Welche Fragen bleiben offen? Was muss weiter erforscht werden?

Wie hängt das Kapitel mit der Diskussion mit den anderen Teilen des Textes zusammen?

Das Kapitel mit der Diskussion ist die Krönung Deiner Arbeit. In der Diskussion wird auf die Standpunkte und Erkenntnisse anderer Autoren eingegangen. Diese werden mit Deinen Erkenntnissen im Zusammenhang betrachtet. Die Diskussion ist daher mit allen Kapiteln verbunden. Sie ist vor allem auch mit der Einleitung verbunden, weil in dieser die Detailfragen zur Forschungsfrage formuliert sind. Damit schließt sich der Kreis.

Diese Formulierungen helfen bei der Diskussion der Ergebnisse:

- Die Erkenntnisse A und B und D bestätigen die Ergebnisse der empirischen Studien von Autoren X, Y, Z.
- Die Daten zur Variable X12 widersprechen dem Modell von Autor M hinsichtlich der Frage ABC...
- Besonders die Frage K24 ist nach wie vor nicht beantwortet. Sie muss weiter untersucht werden...
- Eine Erweiterung des Ansatzes von Autor Gamma sind die Erkenntnisse über die Aspekte A und G und G1...
- Die Ergebnisse zeigen, dass unter bestimmten Umständen auch die Fähigkeiten A und B für X benötigt werden.

7 Tipps für die Diskussion der Ergebnisse der Analysen

1. Schiebe die Diskussion nicht bis auf den Tag vor dem Druck auf.
2. Mache Dir auch während der Arbeit schon Gedanken und Notizen für die Diskussion.
3. Fange mit den wichtigsten Erkenntnissen an.
4. Folge dem Schema der Detailfragen.
5. Halte zur Übung einen Vortrag zur Diskussion. Nimm ihn mit einer Diktier-App auf.
6. Diskutiere die Inhalte Deiner Diskussion mit Diskussionspartnern. Im Austausch finden sich immer die besten Argumente.
7. Sei kritisch bei Feedback zur Diskussion. Niemand hat sich so intensiv mit dem Thema beschäftigt wie Du. Nimm also gut gemeinte Ratschläge erstmal

zur Kenntnis und reflektiere sie, bevor Du alles Mögliche änderst. Eine Nacht drüber schlafen hilft bestimmt.

Du brauchst auch einen Forschungsbedarf. Welche Inhalte kommen da rein?

Der Forschungsbedarf umfasst weiterhin bestehende Wissenslücken. Im Grunde haben wir mehr Forschungslücken als Erkenntnisse. Formuliere den Forschungsbedarf entweder als Aufzählung von Aspekten oder als eine Reihe von Fragen.

Deine eigenen Erkenntnisse müssen natürlich weiter ausgebaut werden. Wenn Du eine Literaturauswertung gemacht hast, sollten sich daran empirische Analyse anschließen wie Experteninterviews oder Probandeninterviews oder Fallstudien. Damit können im Einzelfall gewonnene Erkenntnisse durch repräsentative Analysen mit vielen Probanden oder Fällen überprüft werden.

Also gibt es letztlich zwei Varianten des Forschungsbedarfs:

1. in Einzelfällen oder wenigen Fällen gewonnene Erkenntnisse überprüfen oder bestätigen oder erweitern
2. Bisher fehlende Erkenntnisse gewinnen und bisher unerforschte Aspekte unter die Lupe nehmen.

Diese Mikrofragen helfen beim Forschungsbedarf

- Welche weiteren Aspekte des Zusammenhangs zwischen den Faktoren A und B sind interessant aber bisher wenig erforscht?
- Welche Aspekte der eigenen Erkenntnisse müssen weiter untersucht werden?
- Was für Arten von weiteren Untersuchungen sind sinnvoll, um das Wissen über das Thema XYZ zu erweitern?

Mindestens fünf offene Fragen solltest Du finden und formulieren können.

Beispiele für Forschungsbedarf

Wir betrachten ein Beispiel für Forschungslücken für das Schokoladen-Thema im Hinblick auf die Motivation von Studis.

THEMA: Einfluss von Schokolade auf die Motivation von Studierenden in Klausurphasen

1. Empirische Bestätigung der Erkenntnisse zu den gleichen Gruppen von Studierenden (Überprüfung oder Validierung)

Bisher wurden Selbstbeobachtungen mit eigener Dokumentation von Präsenzstudenten an Unis und Fachhochschulen in Klausurphasen gemacht. Folgende Methoden wären zur weitergehenden Überprüfung zwar geeignet, aber ethisch nicht akzeptabel:

- Kurzzeit-Experimente,
- Langzeit-Beobachtung in einem Labor,
- permanente Körpermessungen mit Geräten und Überwachung mit Video etc.

2. Untersuchung der gleichen Gruppen von Studierenden und der gleichen Variablen Motivation und Schokolade, aber in anderem Kontext (Erweiterung)

Untersucht wurde der Kontext Klausurphasen. Folgende andere Kontexte kommen in Betracht:

- Hausarbeiten-Phasen,
- Thesis-Schreiben,
- Praktikum,
- Vortrage und Referate etc.

3. Untersuchungen für weitere Gruppen von Studierenden (andere Objekte)

Erforscht wurden Präsenzstudenten an Unis und Fachhochschulen in Klausurphasen. Weitere mögliche Gruppen sind folgende:

- Fernstudenten/MBA,
- Doktoratsstudenten,
- Studenten im Dualen Studium etc.

Das Ziel sind neue Erkenntnisse für diese Untergruppen.

4. Erforschung von anderen Variablen bei den gleichen Gruppen von Studierenden (andere Variable)

Ein ganz anderer Fokus wäre die Erforschung der Wirkung von Schokolade auf das Leistungsniveau der Studis.

Weitere Variablen könnten sein:

- Glücksniveau,
- Gesundheit,
- Gewicht,
- Wohlbefinden,
- Körperkoordination,
- Kreativität uvm.

Schau noch mal auf das Thema. Alle vier Substantive (Schokolade, Motivation, Studis, Klausurphasen) im Thema kannst Du variieren und schon hast Du jede Menge Forschungsbedarf.

Welche Formulierungen helfen beim Forschungsbedarf?

- Offene Fragen sind weiterhin ....
- In der Zukunft ist weitere Forschung zu den Aspekten 1, 2, 3 notwendig...
- Diese Studie konnte einen Beitrag zum Themenbereich ABC leisten. Jedoch sind weitere Anstrengungen nötig, um ein Modell von ABC zu entwickeln.
- Die im Fall Alfa gewonnenen Erkenntnisse lassen sich nicht ohne Weiteres auf andere Fälle übertragen. Daher sind weitergehende Analysen notwendig. insbesondere sollten weitere Fallstudien durchgeführt werden...
- Nicht betrachtet werden konnten die Ereignisse/Faktoren G, K und P.
- Ein Schwerpunkt künftiger Forschung sollte der empirische Nachweis des Einflusses von Alfa auf Beta sein...
- Die gewonnenen Erkenntnisse konnten nur für die Branche X erhoben werden. Zu überprüfen ist daher die Übertragbarkeit auf die Branchen Y und Z.
- In der Untersuchung wurde die Situation X simuliert, ohne die Faktoren P und Q... In künftigen Analysen müssen auch diese beiden Faktoren berücksichtigt werden.

Das Wichtigste auf einen Blick:

1. Das Kapitel Ergebnisse ist das wichtigste Kapitel der ganzen Arbeit. Hier findet sich DEIN Beitrag zum Erkenntnisfortschritt.
2. Arbeite entlang der Detailfragen und der Ergebnisse der Analysen.

Mögliche „Mini"-Sprints (Änderungen, Ergänzungen):

Überarbeite das Kapitel Ergebnisse nachdem Du die Diskussion und die Schlussfolgerungen beendet hast.

LITERATURE REVIEW und LITERATURARBEIT

MEILENSTEIN 6:
Text fertig!

MEILENSTEIN 6:
Text fertig!

WARUM?	Du willst einen kompletten Text.
Dein Ziel?	...ist, in jedem Kapitel das Richtige stehen zu haben.
Dauer	26 h = 3,25 Arbeitstage

Sprint 27: Schreibe das Kapitel Fazit

WARUM?	Du willst das Kapitel Fazit.
Dein Ziel?	...ist ein fertiges Kapitel Fazit.
Was steht danach NEU im Text?	Kapitel 5 Fazit Beschreibe Deine Schlüsse und den Ausblick.
Dauer	16 h

Aus welchen Quellen kommen die Schlussfolgerungen?

Die Schlussfolgerungen oder das Fazit aus der Arbeit sind eine Übersicht der wesentlichen Lehren aus Deinem Erkenntnisprozess. Daher geht es um Deine Ergebnisse, aber auch um weitergehende Schlüsse und Konsequenzen aus der Analyse. Dazu wird auf die wichtigsten behandelten Bereiche des Themas verwiesen. ACHTUNG: hier geht es nicht um DIE Beantwortung der Forschungsfrage. Die Antworten auf die Forschungsfragen gehören in Dein Ergebniskapitel! Hier stehen nur die Hauptpunkte Deiner Antworten, in Kurzform. Die Quellen für das Fazit sind die eigenen Erkenntnisse und die bisherigen feststehenden Erkenntnisse, welche im Text behandelt worden sind

Hier ist ein Beispiel für ein Fazit

Die Forschung konzentriert sich bisher auf drei Faktoren, die Unwissenheit der Verursacher, die Unbedarftheit der Anwender und die Ignoranz der Entscheider. Zum Faktor Unwissenheit gibt es Erkenntnisse aus Experimenten mit Grauweiß-Störchen ....

Der Einfluss des Faktors Unwissenheit besteht vor allem darin, dass sich diese Tiere immer wieder verfliegen... Der Faktor Unbedarftheit konnte bisher nicht messbar gemacht werden. Dennoch gibt es erste Ergebnisse für die Gruppe der Nestbauer. Sie deuten darauf hin, dass sie immer zu wenig Baumaterial heranschaffen. Eine Ursache dafür könnte die fehlende Ortskenntnis sein. ...

Die Ignoranz der Entscheider ist schon ein viel erforschtes Phänomen. Allerdings sind die Datenerhebungen für Grauweiß-Störche bisher noch wenig aussagekräftig. Herausforderungen sind vor allem die mangelnde Beobachtbarkeit in der freien Flugbahn. Zum anderen wechseln diese Vögel ständig ihr Revier. Damit ist ein Verfolgen ... Weitere Forschung ist vor allem nötig hinsichtlich der Ursachen des Trends zu zweistöckigen Nestern für die Unterbringung ganzer Storchenfamilien. Auch die Verbrüderung der Grauweiß-Störche mit den Weißgrau-Störchen ist ein neuartiges Phänomen und erfordert tiefergehende Erforschung.

7 Tipps für das Schreiben des Fazits

- Schreibe das Fazit nicht erst zwei Tage vor dem Druck.
- Sammle schon unterwegs Ideen für das Fazit.
- Sammle Stichworte und formuliere das Fazit am Ende aus.
- Fasse Dich kurz. Das Fazit ist hat nur ein paar Seiten.
- Mache eine Liste der wichtigsten Schlussfolgerungen. Wähle die drei bis fünf wichtigsten und schreibe dazu lieber mehr als zu zehn Punkten nur jeweils zwei Sätze.
- Betrachte die gesamte Arbeit und die Ergebnisse mit etwas Abstand.
- Besprich das Fazit mit anderen.

Diese Mikrofragen helfen beim Schreiben von Fazit und Schlussfolgerungen

- Was sind die wichtigsten Erkenntnisse meiner Arbeit und welche Schlussfolgerungen ergeben sich daraus?
- Was sind die wichtigsten Lehren aus der Untersuchung?
- Welche Schlüsse lassen sich ziehen, im Hinblick auf A, B oder C?
- Welche Aspekte des Themas sind gut erforscht? Welche Fragen müssen weiter erforscht werden?
- Welche Analyse-Methoden haben sich als geeignet erwiesen, welche sind weniger passend, welche sollten ausprobiert werden?

- Welche Zielgruppen sind bereits analysiert worden? Welche müssen weiter erforscht werden?
- Was bedeuten die Erkenntnisse für Betroffene, für Akteure?
- Welchen Einfluss haben die Erkenntnisse auf Aktivitäten oder Prozesse von Akteuren?

Formulierungen für Implikationen und Schlussfolgerungen
- Die Erkenntnisse aus dieser Arbeit sind für die folgenden Zielgruppen besonders relevant…
- Die Gruppe XY (Beispiel: Leasing-Unternehmen) muss ihre Technologie in Zukunft…
- Mit der Änderung (ABC) ergeben sich neue Chancen für den Markteintritt von XY Unternehmen…
- Die Ergebnisse der Auswertung legen nahe, dass Alfa und Delta…
- Der Einfluss von A auf B lässt darauf schließen, dass…
- Langfristig ist zu erwarten, dass…
- Angesichts der vielfältigen Möglichkeiten im Bereich A und B konnte im Projekt…
- Damit ist offensichtlich, dass der Faktor Alfa mittelfristig eine größere Bedeutung gewinnen wird…
- Die Entscheidung für die Einführung von System XY muss auch den Einfluss von Beta berücksichtigen.

Was gehört in meinen Ausblick?
Der Ausblick ist das Ergebnis der Eigenleistung. Daher sind die eigenen Ergebnisse die Quelle für den Ausblick. Der Ausblick sollte die Ergebnisse und Erkenntnisse Deiner Arbeit weiterdenken. Dabei solltest Du auf künftige relevante Entwicklungen und Aspekte eingehen. Die offenen Forschungsfragen hängen damit eng zusammen. Hier steht dann auch ein letzter Satz, der den Kreis schließen soll. Dein letzter Satz sollte eine Art Essenz sein, nicht einfach irgendein Detail. Eine gute Idee kann sein, einen bekannten Autor als Autorität zu zitieren, in dem Sinne, der Autor XXX sagt das auch…

Beispiel für den Ausblick:
Ebooks werden in der Zukunft eine strategische Rolle im Verlagsgeschäft spielen. Daher müssen sich Verlage heute schon mit der zielgruppengenauen Publikation von Ebooks befassen und diese optimieren. Nur so sind sie für die Herausforderungen der Zukunft gerüstet.

7 Tipps für das Vorgehen beim Schreiben des Ausblicks

- Schreibe unbedingt ein paar Sätze zu offenen Fragen für die weitere Forschung.
- Sammle schon unterwegs Ideen dafür.
- Orientiere Dich an den Fragen.
- Besprich Deinen Ausblick mit anderen. Das müssen gar keine Fachleute sein.
- Schreibe den Ausblick nicht erst ganz am Ende, ein paar Stunden vor dem Druck. Das wird nicht gut.
- Spekuliere nicht. Wenn Dir wenig einfällt, dann schreibe eben nur drei Punkte hin.
- Überlege, die Aussage eines/r anerkannten Expert/in einzubringen, als Autoritätsbeweis.

Beantworte diese Mikrofragen für den Ausblick

- Was kann aus den Ergebnissen der Arbeit für die Zukunft geschlossen werden?
- Welche Entwicklungen sind zu erwarten?
- Was für Probleme können auftreten?
- Wer ist davon betroffen?
- Welche Chancen sind denkbar?
- Auf welche Aspekte muss wer achten?
- Was muss weiter erforscht werden?

Das Wichtigste auf einen Blick:

1. Das Fazit enthält die wichtigsten Erkenntnisse und Schlussfolgerungen und einen Ausblick.
2. Fasse Dich kurz und fokussiere auf das Wesentliche.

Mögliche „Mini"-Sprints (Änderungen, Ergänzungen):

Das Kapitel Fazit steht am Ende und sollte nicht mehr überarbeitet werden müssen.

Sprint 28: Prüfe letztmalig die Inhalte im Text

WARUM?	Du willst einen Tipp-Top-Text.
Dein Ziel?	... sind stilistische Verbesserungen und Null Fehler und Null plagiatsgefährdete Stellen im Text.
Was steht danach NEU im Text?	Weniger Text und besserer Text.
Dauer	10 h

Überarbeite die einzelnen Unterkapitel in der Einleitung

Vergleiche Deine Einleitung und deren Inhalte mit dem Erforschten und Geschriebenen und überarbeite gegebenenfalls den Kontext, den Studienüberblick, die Forschungslücke und Forschungsfrage sowie die Methodik.

Wie überarbeite ich die weiteren Kapitel?

Du hast jetzt alle Erkenntnisse beisammen und weißt somit, in welchem Kapitel was überarbeitet oder anders dargestellt werden sollte. Gehe so vor:

- Lies die Kapitel.
- Mache Kommentare mit XXXX in Rot an problematischen Stellen.
- Lass den Text einen oder zwei Tage liegen.
- TRICK: Bereite die Inhalte schon für den Vortrag vor. Dann kannst Du parallel den Text schleifen und extra-schlank machen!
- Gehe die XXXX immer zwischendurch an, wenn Du Dich belohnen willst.
- Arbeite an den Kapiteln, so dass diese danach ins Lektorat und Korrektorat können.

Woher weiß ich, dass eine Stelle zu überarbeiten ist?

Du hast jetzt alle Unterkapitel fertig bis auf das Fazit. Sicher sind Dir noch Ideen gekommen, was im Kapitel Ergebnisse verbessert werden sollte. Jetzt ist die Zeit, diese Überarbeitung vorzunehmen. Die folgenden Aspekte sollten dabei eine Rolle spielen:

- Der Abschnitt ist präzise, verständlich, komplett.
- Falls zu viele Ergebnisdetails, verschiebe einiges eventuell in den Anhang.
- Die Qualität der Grafiken ist wichtig.
- Erläutern, erklären, verbinden der Inhalte
- Immer wieder Bezug auf die grundlegenden Modelle ist sinnvoll.
- Bezug auf andere Autoren ist erwünscht, gemeinsame Positionen und unterschiedliche Positionen darstellen, mit Bestätigungen, Widerlegungen, Weiterentwicklungen

Mache Pausen und vollende dann das Kapitel. Vermutlich wird eine Deadline Deine Überarbeitung beenden... Aber so ist der Lauf der Welt.

Nach welchen Kriterien überprüfe ich meinen Text?

Hier geht es um die sachliche und inhaltliche Prüfung, weniger um das Feilen am Ausdruck. Überprüfe den Text so:

- Ist der Text verständlich?
- Ist er komplett? Sind alle Infos enthalten?
- Ist er zu ausführlich?
- Ist er eventuell zu knapp?
- Ist der Text in der Tiefe ausreichend? Muss ich kürzen oder ergänzen?

Markiere die Stellen, an denen Du noch anbauen oder kürzen musst mit XXXX. Entscheide dann, ob dies relevant für das weitere Vorankommen ist. Falls ja, musst Du diese erledigen, bevor Du Dich den weiteren Textteilen widmen kannst. Ist dies nicht der Fall, kannst Du weitermachen, es sei denn, es ärgert Dich, diesen Abschnitt jetzt erst mal so stehen zu lassen. Bedenke auch, dass ein solches Provisorium oftmals bis zum Ende überlebt. Ein Kompromiss könnte sein, dass Du Dir noch einmal genaue Notizen machst, was noch zu ändern ist. Das kannst Du dann später „einschieben", wenn Du mal schnell ein Erfolgserlebnis brauchst.

Checkliste für Schwächen und Mängel des Textes

- Mit welchen Stellen bin ich nicht zufrieden?
- Wo hatte ich große Probleme und will ich noch einmal ran?
- Wo sehe ich Schwächen in der Formulierung?

- Wo sehe ich Schwächen im Inhalt?
- Wo fehlen Informationen?
- Was muss ich noch ändern, um eine bessere Note zu bekommen?
- Was würde ich noch verbessern, wenn ich mehr Zeit hätte?

Das Wichtigste auf einen Blick:

1. Das Kapitel Ergebnisse hast Du vor kurzem geschrieben. Daher sollte nicht mehr viel Bedarf sein.
2. Setze Dir eine Deadline und verheddere Dich nicht!

Mögliche „Mini"-Sprints (Änderungen, Ergänzungen):

Die Überarbeitung der Ergebnisse ist final. Du willst schließlich zum Ende kommen.

GUIDE B:
EMPIRIE-ARBEIT und PRAXIS-ARBEIT

EMPIRIE-ARBEIT und PRAXIS-ARBEIT

MEILENSTEIN 5: Methoden-Kapitel fertig!

MEILENSTEIN 5:
Methoden-Kapitel fertig!

5

WARUM?	Du willst die Methoden endlich im Griff haben.
Dein Ziel?	...ist ein Entwurf für das Methodenkapitel.
Dauer	86 h = 10,75 Arbeitstage

Sprint 23: Formuliere Detailfragen und Hypothesen

WARUM?	Du willst detaillierte Fragen oder/und Hypothesen.
Dein Ziel?	...ist eine Liste von Detailfragen und falls möglich Hypothesen als Basis für Datenerhebung und Datenanalyse.
Was steht danach NEU im Text?	Die Detailfragen und, falls zutreffend, Hypothesen im Kapitel Detailfragen.
Dauer	18 h

Was sind überhaupt Detailfragen und wozu sind die gut?

Detailfragen sind typische Unterfragen zur Forschungsfrage für einzelne Themen.

Die Antworten auf die Detailfragen beantworten letztlich die Forschungsfrage. Die Detailfragen sorgen für den Roten Faden.

Ein Beispiel für Detailfragen.

Thema: Nutzung von Ebooks durch Ebook-Käufer

Forschungsfrage:

Wie (auf welche Art und Weise) nutzen Ebook-Käufer die Ebooks?

Detailfragen:

- Wozu/für welchen Zweck nutzen sie die Ebooks? (Beruf, Hobby, Lernen etc.)
- Wo nutzen sie die Ebooks? (Zu Hause, im Büro, an Hochschulen etc.)
- Wie oft nutzen sie die Ebooks? (mehrmals am Tag, pro Woche etc.)
- Auf welchen Geräten lesen sie die Ebooks? (PC, Tablet, smartphone etc.)

Noch ein Thema: Nutzung von Social Media durch Jugendliche
Forschungsfrage:
Wie nutzen Jugendliche Social Media Plattformen?
Detailfragen:

- Wozu/für welchen Zweck nutzen sie Social Media Plattformen? (Kontakte, Infosuche, Lernen etc.)
- Wo nutzen sie Social Media Plattformen? (Zu Hause, Schule, Uni etc.)
- Wie oft nutzen sie Social Media Plattformen? (mehrmals am Tag, pro Woche etc.)
- Auf welchem Gerät nutzen sie Social Media Plattformen? (PC, Tablet, smartphone etc.)
- Welche der vielen Social Media Plattformen nutzen sie am meisten, welche weniger?

Wie an den Beispielen ersichtlich ist, fallen einem dazu meistens auch schon die Antwortvarianten ein.

Nach welchem Schema kann ich die Detailfragen formulieren?
Bitte lies die folgenden Ausführungen sehr genau durch und wende sie auf Deine Frage an. Damit wirst Du Deine Eigenleistung viel besser schaffen.
Beispiel-Thema: „Social Media Verhalten von Kunden von Schokoladen-Firmen"
Forschungsfrage: Welche Charakteristika weist das Social Media Verhalten von Kunden von Schokoladen-Firmen auf?
Du kannst Fragen formulieren zu:

- den Eigenschaften oder Attributen eines Objekts (wie Vorlieben von Menschen),
- den Varianten eines Objekts oder Faktors (wie Motiv 1, 2, 3 einer Person),
- den Elementen oder Bestandteilen eines Objekts oder Faktors (wie Motive, Wissen, Ansichten, Erfahrungen, Vorlieben, Fähigkeiten einer Person oder Gruppe).

Nehmen wir Beispiele dafür.

Frage nach den Eigenschaften oder Attributen eines Objekts

Thema: Einfluss von Nachhilfe auf die persönlichen Kompetenzen von Abiturienten– eine Analyse

Detailfrage 1: Welchen Einfluss hat Nachhilfe auf die <u>sozialen</u> Kompetenzen von Abiturienten?

Detailfrage 2: Welchen Einfluss hat Nachhilfe auf die <u>kommunikativen</u> Kompetenzen?

Detailfrage 3: Welchen Einfluss hat Nachhilfe auf die <u>Selbstorganisations</u>-Kompetenzen? etc.

Frage nach den Varianten eines Objekts oder Faktors

Thema: Einflussfaktoren in der Digitalisierung von Geschäftsprozessen – eine Analyse

Detailfrage 1: Welche Rolle spielt Einflussfaktor A (Firmengröße)?

Detailfrage 2: Welche Rolle spielt Einflussfaktor B (Branche)?

Detailfrage 3: Welche Rolle spielt Einflussfaktor C (Lieferkette)? etc.

Frage nach den Elementen oder Bestandteilen eines Objekts oder Faktors

Thema: Einflussfaktoren in der Digitalisierung von Geschäftsprozessen – eine Analyse

Jetzt fragen wir nach den Geschäftsprozessen. Diese durchlaufen Phasen.

Detailfrage 4: Welche Auswirkungen hat Einflussfaktor A (wie IT-Ausstattung) auf die Digitalisierung der Planung von Geschäftsprozessen?

Detailfrage 5: Welche Auswirkungen hat Einflussfaktor A auf die Digitalisierung der Dokumentation von Geschäftsprozessen?

Detailfrage 6: Welche Auswirkungen hat Einflussfaktor A auf die Digitalisierung der Überwachung von Geschäftsprozessen? etc.

Weitere Schemata:

Weitere ähnlich gelagerte Schemata gibt es für Prozess-Analysen (Phasen oder Stakeholder oder Faktoren...), für Risiko-Analysen (Risiko 1, 2, 3, Folgen 1, 2, 3 etc.), Ursachen-Analysen (Ursache 1, 2, 3...), Pattern-Analysen (Pattern/Merkmal 1, 2, 3...) und noch viele mehr.

Wie stelle ich sicher, dass die Detailfragen konkret sind?

Die Detailfragen müssen offen und operationalisiert sein. Die besten Fragewörter sind welche (und dazu Wörter wie Risiken, Barrieren, Merkmale etc.) und Wie viele, Wie oft. Mit den Fragewörtern WIE (Wie läuft das ab?), WAS (Was wollen Kunden?) und WO (Wo kommt das vor?) kannst Du starten. Aber dann musst Du konkret werden. Diese Fragewörter sind zu offen, zu global. Die Antworten sind das dann auch, viel zu umfangreich. Du brauchst konkrete Listen oder Übersichten, nicht viel Text mit allen möglichen Inhalten. Bei diesen WIE-Fragen weiß man auch gar nicht, wo man anfangen soll...

Nehmen wir: WAS (Was wollen Kunden?) Sie wollen wenig Geld ausgeben, Sicherheit, Spaß, keine Zeit verschwenden etc. Mit solchen Antworten kann ich wenig anfangen, wenn es um Produkte für Kunden geht. Frage also besser in dieser Art: Welche Erwartungen haben XY-Kunden an das Produkt AB? Oder noch konkreter und damit besser: Welche Erwartungen (Anforderungen) haben XY-Kunden (Familien) an das Attribut Alfa (Maße) des Produktes Beta (Waschmaschine)? Diese Frage ist zwar schwerer zu beantworten, aber dafür ist die Antwort brauchbar. Globale Fragen führen zu nutzlosen Antworten.

Hypothesen

Hypothesen sind streng genommen nur notwendig und sinnvoll in quantitativen Untersuchungen. Dazu gehören Umfragen und Datenanalysen aller Art. Allerdings werden mitunter auch globalere Vermutungen als Hypothese bezeichnet.

Was ist eine Hypothese? Wie sieht sie aus?

Eine Hypothese ist eine Vermutung oder Behauptung in Form einer Aussage über einen Zusammenhang zwischen zwei Gegebenheiten oder Elementen oder Faktoren. Sie kann auf ihre Gültigkeit hin überprüft und entweder bestätigt oder widerlegt werden.

Sie ist eine Formulierung nach dem Schema: Wenn – dann (bei diskreten Merkmalen wie Mann oder Frau, Stadt- oder Landbewohner) ODER je – desto (bei Merkmalen mit kontinuierlichen Ausprägungen wie Einkommen, Anzahl der gelesenen Bücher, Überstunden etc.)

Beispiele:

Wenn Ehepaare ein Kind haben, dann ist die Scheidungswahrscheinlichkeit geringer als bei kinderlosen Ehepaaren.

Je mehr Kinder eine Familie hat, umso höher sind ihre Ausgaben für Lebensmittel.
Je qualifizierter ein Lehrer ist, umso besser sind die Leistungen seiner Schüler.

Wichtig ist, dass die einzelnen Elemente im Satz klar definiert sind. Denn nur auf Grundlage einer eindeutigen Definition lassen sich Daten und Informationen zur Prüfung der Hypothesen gewinnen.

Hypothesen können auch einfacher formuliert werden. ABER: diese einfacheren Formulierungen können nur der Ausgangspunkt für die echten Hypothesen sein!

Beispiel: Triathleten werden seltener krank als Kraftsportler. (Das ist ziemlich verein-facht und lässt sich so nicht prüfen. Letztlich muss diese Aussage doch wieder in eine wenn-dann oder je-desto Form gebracht werden.)

Regeln für die Formulierung und Formatierung von Hypothesen:

- Eine Hypothese besteht immer nur aus einem Satz.
- Eine Hypothese hat maximal ein Komma.
- Eine Hypothese enthält in der Regel nicht das Wort „oder" (Ausnahme: Kanzler oder Kanzlerin oder ähnliche Personen) und besser auch nicht das Wort „und".
- Eine Hypothese enthält immer nur zwei Elemente, nicht drei oder mehr.
- Alle Substantive in der Hypothese müssen eindeutig definiert werden können.
- Typischerweise werden in einer Hypothese bestimmte Elemente mit bestimmten Merkmalen mit anderen Elementen mit bestimmten Merkmalen kombiniert. In unserem Beispiel ist es ein Lehrer, der qualifiziert ist und auf der anderen Seite eine Leistung, die ein bestimmter Schüler oder eine Gruppe von Schülern erbringen kann.
- Hypothesen werden über Quantitäten getestet.
- Hypothesen werden nummeriert mit H1, H2, H2a, H2b etc.

Wie viele Detailfragen und Hypothesen brauche ich?

Das hängt vom Objekt ab. Sicher sind es mehr als fünf Detailfragen, aber unter 25. Dasselbe gilt für Hypothesen. Du solltest aber auch jeden Fall erstmal die Detailfragen formulieren.

Welche Schritte gehe ich beim Aufstellen von Hypothesen

Schritt 1: eine themenrelevante Tatsache formulieren

Beispiele:

- Akademiker sind klug.
- Kinder lieben Musik.
- Ebook Leser wissen mehr.
- Ebook Leser verdienen mehr.
- Ebook Leser haben klügere Kinder.

Schritt 2: alle Substantive mit Attributen rausschreiben.

Die Substantive sind unsere Variablen. Sie lassen sich erkennen, beobachten beschreiben. Attribute machen ein Substantiv bereits zu einem anderen Objekt. Beispiele:

- Ebook Leser wissen mehr.
- Fleißige Ebook Leser verdienen mehr.

Lassen sich Verben substantivieren?

Klar, siehe diese Beispiele.

Verb: wissen ➜ Substantive: Wissen, Kenntnisse

Verb: verdienen ➜ Substantive: Einkommen, Verdienst, Gehalt

Verb: lieben ➜ Substantive: Vorliebe, Präferenzen, Anteil an der Freizeit

Lassen sich Attribute substantivieren?

Ja, mehr wissen = Mehr Fachkenntnisse (bessere Ergebnisse in Wissenstests)

Klüger = Mehr Kenntnisse, bessere Schulnoten (naja...)

Schritt 3: Substantive in Wenn und Dann (oder je – desto) Teil einsortieren.

Ebook-Leser sind klüger.

Substantiv im Wenn-Teil: Ebook-Leser

Substantiv im Dann-Teil: das Substantiv fehlt!!! Wir müssen es hinzufügen.

Schritt 4: Fehlende Substantive definieren oder ableiten.

Im DANN Teil ist oft das Gegenteil des Wenn-Substantivs zu finden:

WENN: Ebook-Leser

DANN: Nicht-Ebook-Leser

Es können aber auch einfach zwei Substantive mit verschiedenen Adjektiven (wieder Attribute) sein.

Beispiele: einsprachige Kinder, zweisprachige Kinder

Ebook-Leser, die Fachbücher lesen

Ebook-Leser, die Belletristik-Bücher lesen

Das sind an sich keine Gegensatzpaare im Sinne von direkter Gegensatz wie gut und schlecht. Aber sie stehen sich in der Hypothese gegenüber. Letztlich lassen sich auch diese Aussagen wieder in WENN-DANN Formulierungen überführen.

Beispiele:

Wenn Menschen Fach-Ebooks lesen, dann haben sie mehr berufliche Kenntnisse als Belletristik-Ebook-Leser.

Wenn Kinder zweisprachig sind, dann haben sie bessere Noten im Sprachunterricht (als einsprachige Kinder). Füge immer die anderen Substantive hinzu! Der Satz funktioniert eigentlich auch ohne die Inhalte in der Klammer. Aber füge sie besser hinzu, dann ist der Satz präzise und eindeutig.

Schritt 5: Wenn und Dann Teile ausformulieren.

Achte auf jedes Wort. Formuliere so, dass die Aussage klar und auch elementar ist. Eine erste Version der Hypothese:

Wenn Menschen viele Ebooks lesen, dann haben sie mehr Wissen als Nicht-Ebook-Leser. Da es Abstufungen in der Anzahl der Ebooks gibt, formulieren wir besser je – desto/umso

Je mehr Fach-Ebooks Menschen lesen, umso mehr Fach-Kenntnisse haben sie im Vergleich zu Nicht-Ebook-Lesern/Wenig-Ebook-Lesern.

Variante: eine gegenteilige Hypothese formulieren

Wir bilden ein Hypothesenpaar mit 1) Nullhypothese = kein Einfluss und 2) Alternativhypothese = Einfluss. Dann sind beide Varianten überprüfbar. Ist eine Hypothese falsch ist automatisch das Gegenteil wahr.

Schritt 6: Ermitteln, wie eine Hypothese geprüft werden kann

Prüfen heißt, Informationen über die Objekte in der Hypothese sammeln und dann statistisch auswerten. Es geht also um Messen und Erfassen und Rechnen.

Nehmen wir die Ebook-Leser. Was können wir für diese z. B. erheben oder ermitteln

- Wissensstand,
- Verdienst,
- Schulleistungen der Kinder,
- Anzahl der gelesenen Fach-Ebooks pro Zeitraum.

Dieselben Größen ermitteln wir für Nicht-Ebook-Leser!

Formuliere also Hypothesen so, dass sie überprüfbar sind.

Einfache Hypothese: Ein Akademiker ist klüger als andere.

Präzise:

Wenn ein Mensch einen akademischen Abschluss hat, dann schneidet er in Wissenstest besser ab als Menschen ohne akademischen Abschluss.

Oder das Beispiel mit dem Triathleten:

Einfache Variante: Triathleten werden seltener krank als Kraftsportler.

Bessere Variante: Wenn ein Triathlet mindestens 15 Stunden Ausdauertraining über 12 Monate absolviert, dann ist die Häufigkeit von Krankheitsdiagnosen geringer als bei Kraftsportlern, die dieselbe Anzahl Stunden Krafttraining absolvieren.

Woher weiß ich, dass sich für die Hypothesen Daten finden lassen?

Das ist ein wichtiger Punkt. Hypothesen musst Du mittels Daten prüfen können. Erinnere Dich, der Zugang zu Daten war einer der entscheidenden Aspekte beim Einstieg in die Arbeit... Wir beschäftigen uns ausführlich mit den Daten im nächsten Schritt.

Kann ich nicht erstmal mit einfachen Hypothesen anfangen?

Natürlich. Du fängst mit einfachen Formulierungen an. Aber dann musst Du die Hypothese so lange schleifen, bis sie konkret ist und sich prüfen lässt. Dann erst weißt Du, welche Daten Du erheben musst.

Was passiert, wenn ich eine Hypothese verwerfen muss? Ist das nicht negativ?

Es ist wie es ist. Die bisherige Forschung hat bestimmtes Wissen zutage gefördert und Du hast es jetzt im Detail überprüft. Es ist doch nicht Deine Schuld, dass es

keinen Zusammenhang gibt z. B. zwischen den Erfahrungen einer Lehrerin und den Leistungen ihrer Schüler.

Wie leite ich die Hypothesen überhaupt inhaltlich her? Die denke ich mir doch nicht aus, oder?

Die Hypothesen beschreiben die Forschungslücke in einer überprüfbaren Form. Sie ergeben sich folglich aus der Forschungslücke und im speziellen aus Deinem Modell mit den Variablen. Formuliere also jeweils eine Detailfrage zu zwei Variablen oder Objekten. Formuliere dann daraus die Hypothese. Aber natürlich wirst Du erstmal Notizen machen, nur für Dich. Die Entwürfe sind nie vorzeigbar.

Welche Elemente könnten sich ändern und welche Faktoren könnten dazu führen?

Andere Detailfragen und andere Hypothesen.

Praxis-Arbeit

Wie lauten die Detailfragen für die Praxis-Arbeit?

Die Grundidee der Detailfragen ist dieselbe wie bei der Empirie-Arbeit. Wenn es um ein Lösungskonzept geht, dann sind solche Detailfragen relevant:

- Welche Methoden oder Tools kommen überhaupt für die Lösung in Frage und aus welchen Gründen?
- Welche Kriterien A, B, C... spielen bei der Bewertung welche Rolle?
- Wie ist Tool 1 oder Methode 1 oder Option 1 oder Maßnahme 1 oder Alternative 1 nach den Kriterien zu bewerten?
- Wie ist Tool 2 oder Methode 2 oder Option 2 oder Maßnahme 2 oder Alternative 2 nach den Kriterien A, B, C... zu bewerten?

Usw.

Formuliere die Detailfragen in dieser Art und prüfe, ob Du damit das Ziel erreichen kannst.

Die Antworten auf diese Fragen kommen aus den externen und internen Quellen und aus Deinen Analysen.

Welche Mikrofragen helfen bei den theoretischen Grundlagen der Praxis-Arbeit?

- Was wird unter den verschiedenen zentralen Begriffen verstanden?
- Welche unterschiedlichen Definitionen gibt es für die Begriffe?
- Welche Modelle sind für das Thema relevant?
- Was sagen die Modelle aus?
- Welche Hilfsmittel bieten die Modelle und Theorien für die IST-Analyse, im Sinne einer Blaupause? (Checklisten, Schrittfolgen, Fragestellungen, Systeme etc.)
- Was empfehlen die Modelle für die Erarbeitung und die Inhalte des SOLL-Konzepts?
- Viele weitere Fragen...

Welche Mikrofragen helfen bei der IST-Analyse der Praxis-Arbeit?

Fragen zum Unternehmensprofil:

- Produkte, Mitarbeiter, Rechtsverordnung, Standorte, Zielgruppen, Technologie, wirtschaftliche Zahlen und deren Entwicklung etc.

Externe Analyse:

- Welche externen Aspekte spielen eine Rolle? (Das Modell PESTEL: Politische, herrschaftliche, soziale, technologische, ökologische, rechtliche Aspekte)
- Welche Informationen werden über die direkte Umgebung gebraucht, den Markt, die Region, die Organisation etc.?
- Welche Chancen bietet die Umgebung?
- Welche Risiken gibt es in der Umgebung?

Interne Analyse:

- Welche internen Informationen werden gebraucht?
- Welche Probleme gibt es?
- Welche Stärken weist das Unternehmen oder der Unternehmensbereich auf?
- Welche Schwachstellen gibt es?
- Welche Anforderungen haben die Verantwortlichen an die Lösungsansätze?
- Welche Ansätze scheiden von vornherein aus?
- und viele weitere Fragen...

Welche Mikrofragen helfen beim SOLL-Konzept der Praxis-Arbeit?

- Was sind grundlegende Überlegungen? (Prinzipien, langfristige Entscheidungen, Verwerfen bestimmter Optionen von vornherein, Leitbild etc.)
- Welche Maßnahmen, Methoden, Instrumente etc. kommen infrage?
- Welche Gründe sprechen für die Maßnahmen, welche dagegen?
- Wie werden diese Maßnahmen angewendet?
- Wie werden die Maßnahmen miteinander kombiniert?
- Welche Voraussetzungen müssen erfüllt sein?
- Welche personellen, finanziellen oder materiellen Ressourcen werden gebraucht?
- Welche Abfolge von Schritten ist notwendig?
- Welcher Zeitplan ist realistisch?
- viele weitere Fragen...

Diese Listen von Fragen sind nur ein Anfang. Sie müssen je nach Thema und Aufgabenstellung ergänzt werden. Damit ergibt sich ein ausführlicher Leitfaden für die Analyse selbst. Und vor allem das Schreiben.

Das Wichtigste auf einen Blick:

1. Die Detailfragen helfen Dir, konkret zu werden und zu bleiben.
2. Sie geben Orientierung in den Analysen und beim Schreiben der Ergebnisse.
3. Hypothesen brauchst Du bei quantitativen Analysen.

Mögliche „Mini"-Sprints (Änderungen, Ergänzungen):

Überarbeite die Detailfragen nur, wenn es notwendig ist. Mitunter sind aber Ergänzungen oder Verfeinerungen sinnvoll.

Sprint 24: Beschreibe und begründe die Methoden

WARUM?	Du willst Deine Methoden abgeleitet haben.
Dein Ziel?	...ist eine schriftliche Darstellung und Begründung Deiner Methoden.
Was steht danach NEU im Text?	Kapitel 5.2 Definiere und beschreibe die Methoden
Dauer	8 h

Wie komme ich zu meinen Methoden?

Beantworte diese Mikrofragen zur Auswahl der Methoden:

- Mit welchen Methoden bekomme ich meine relevanten Daten und Antworten?
- Welche Entscheidungskriterien spielen für die Methodenwahl eine Rolle?
- Gibt es Vorgaben bezüglich einer bestimmten Methode? Dann muss ich nicht weitersuchen.
- Was spricht gegen eine bestimmte Methode, ist aber nicht problematisch oder ein lösbares Problem?
- Welche Methoden kommen auch in Frage, werden aber nicht angewendet und warum nicht?
- Wie genau funktioniert die gewählte Methode?
- Wie genau wird die Methode angewendet? Welche Schritte werden gegangen?
- Auf welche Art und Weise wird sichergestellt, dass die gewünschten Daten mit der Methode gewonnen werden können?

Welche Kriterien spielen bei der Auswahl der Methoden welche Rolle?

- Eine Methode kann die Daten beschaffen und auswerten.
- Die Methode der Datenerhebung ist adäquat und beschafft die richtigen Daten, deckungsgleich mit den Variablen im Gesamtmodell der Analyse (Faktoren, Aspekte etc.).

- Die Methode der Datenanalyse ist adäquat und liefert zuverlässig Ergebnisse, die interpretiert werden können.
- Persönliche Aspekte spielen auch eine Rolle, sollten sie aber nicht. Die Beherrschung oder Nicht-Beherrschung einer Methode darf keine Rolle für die Anwendung spielen. Falls nötig kann man sie lernen oder mit einem Experten zusammen anwenden.

Was sind Indikatoren für passende Methoden?
- Die Methode wurde bereits von anerkannten Autoren für solche Arten von Untersuchungen verwendet.
- Die Methode ist ausführlich in Methodenbüchern beschrieben und jeder Schritt ist nachvollziehbar.
- Die Methode lässt sich auf das konkrete Forschungsdesign anpassen.

Welche Arten von Methoden kommen für die Datenerhebung in Frage?
Daten von Personen lassen sich erheben und protokollieren mit
- Fragebogen,
- Interviews.

Alle anderen Daten lassen sich mit einem Erhebungsbogen erheben. Dieser Erhebungsbogen ist an die Art der Daten anzupassen und daher äußerst vielgestaltig.

Welche Methoden brauche ich für die Datenauswertung?
Bei der Auswertung unterscheiden wir Methoden für
- die quantitative Datenanalyse (statistische Methoden aller Art),
- die qualitative Datenanalyse (Textanalysen, Inhaltsanalysen aller Art).

Welche Fragen muss ich für die Datenerhebung beantworten?
- Auf welche Art und Weise werden die Daten erhoben?
- An welchen Stellen im Prozess gibt es Risiken? Wie kann ich diese vermeiden?
- In welchem Format werden die Daten erhoben? Wie transformiere ich sie in digitale Daten?
- Wie organisiere ich die Datenablage? Welche Sicherheitsvorkehrungen muss ich treffen?

Welche Fragen sollte ich für die Datenauswertung beantworten?

- Welche Ziele habe ich bei der Auswertung?
- Mit welchen Daten kann ich die Auswertung machen?
- Welches Datenformat brauche ich für die Auswertung?
- Welche Methoden und Instrumente wie Programme brauche ich für die Auswertung?

Wie gehe ich bei der Befragung mittels standardisiertem Fragebogen vor?

Diese Liste ist für das ganze Projekt. Aktuell ist noch nicht jeder Schritt umsetzbar. Dazu fehlen noch Quellen, Informationen und Daten aller Art. Jedoch sollte dieser Plan schon früh zur Abstimmung der Schritte genutzt werden.

Schritt	Frage/Ziel	Tipps
Ziele der Befragung festlegen	Welche Informationen will ich gewinnen?	Art der Informationen, ergibt sich aus dem Ziel (Erkenntnisse!)
Liste der Unterfragen	Welche Detailfragen gibt es, abgeleitet aus der Forschungsfrage?	ca. 6-10 Fragen, offene Fragen, abgeleitet aus Hauptfrage
Kriterien für Auswahl der Probanden formulieren	Nach welchen Kriterien wähle ich die Probanden aus? Alter, Beruf, spezielle Merkmale	je mehr Merkmale, umso kleiner, Differenzierung kann auch durch soziodemographische Merkmale nach Befragung erfolgen
Zielgruppe/ Probanden festlegen	Wer wird befragt?	Erreichbar? Auskunftswillig? Auskunftsfähig?
Art und Weise der Befragung festlegen	WIE? Persönlich, Telefon, schriftlich, Straße, Hörsaal, Internet etc.	wenn möglich Internet, Testen, ob das geht
Ungefähren Zeitplan festlegen	Meilensteine festlegen, gemäß dieser Checkliste	in Tagen planen, mit Datum,
Fragen für Fragebogen sammeln	Liste von Fragen erstellen, mit Antwortmöglichkeiten/Skala	erst Brainstorming machen, dann sortieren, Antwortmöglichkeiten überlegen
Hypothesen formulieren	Vorbereitung mit Literaturstudium, Entwerfen	Beispiele anschauen,
Fragebogen entwerfen	Fragen in passende Reihenfolge bringen, Skalen abstimmen, Formulierungen optimieren	Feedback von Freunden nutzen, Vorlage für Fragebogen nutzen

Schritt	Frage/Ziel	Tipps
Auswertungsdesign festlegen	Welche statistischen Methoden? Warum genau diese?	mit Grundlagen der Statistik beschäftigen, z. B. Studeo Klausurtrainer Statistik,
Anschreiben entwerfen	motivierende Anrede, komm zur Sache, keine lange Vorrede, Gutschein erwähnen	Frage zum Einstieg motiviert, Haben Sie schon öfter nach XY gesucht?
Fragebogen testen/prüfen	Testlauf machen mit Freunden, kritisch prüfen	Minimum drei, besser fünf Leute, Feedback mündlich
Fragebogen mit Betreuer abstimmen	schriftlich per Email senden, Frage für Frage durchgehen	nachhaken, ob Fragebogen so ok, später ist es zu spät
Fragebogen fertigstellen	letzte Anpassungen vornehmen, schon online machen	Feedback aus dem Test berücksichtigen, Checkliste für Fragebogen berücksichtigen
Finalen Fragebogen "absegnen" lassen	letzte Version absegnen lassen	am besten schriftliche Bestätigung per Email
Hypothesen mit Betreuer abstimmen	Entwurf zusenden, um Feedback bitten	Schriftlich, wenn möglich
Befragung durchführen	Trommeln, um Probanden zu bekommen, alle Hebel in Bewegung setzen	Netzwerke nutzen, nach drei Tagen nachfassen, eine Woche sollte reichen, mindestens 30 Teilnehmer
Datendatei vorbereiten	Daten Tabellen aus dem Internet runterladen, Excel Format oder CSV Format, am besten gleich SPSS Format (.sav)	falls wenig Erfahrung, Härten nutzen
Auswertung	statistische Berechnungen selbst durchführen	sorgfältig sein, im Zweifel Fachbücher konsultieren oder Experten nutzen
Ergebnisse der Auswertung aufbereiten	Übertragung der Ergebnisse in eine Textdatei (Word)	am besten Dateivorlage benutzen, eine Extradatei ist sinnvoll
Ergebnisse der Auswertung interpretieren	Forschungsfrage und Unterfragen mithilfe der Ergebnisse beantworten,	erst Stichworte, dann ausformulieren, jede Datentabelle interpretieren, auch nichtssagende Daten interpretieren
Hypothesen prüfen	bestätigen oder verwerfen, argumentieren mit Daten, begründen	bei verwerfen Argumente für gegenteiliges Ergebnis bringen

Schritt	Frage/Ziel	Tipps
Datei mit Grafiken der Ergebnisse erstellen	Grafiken hellen den Text auf, Torten oder Balken,	sorgfältig bei der Auswahl sein, möglichst aussagekräftige Grafiken wählen
Anhang vorbereiten	Detail-Ergebnisse in Anhang einfügen	Studeo Vorlage nutzen, frühzeitig damit anfangen, auswählen
Methodenkritik	Wie könnte man es noch machen? Was für Methoden könnte man noch anwenden? Was ging nicht? Mögliche Fehlerquellen diskutieren	geht nicht um eigene Fehler sondern systematische Fehler

Wie gehe ich bei der Befragung von Experten mittels Interviewleitfaden vor?

Schritt	Frage/Ziel	Tipps
Ziele der Befragung festlegen	Welche Informationen wollen wir gewinnen?	Art der Informationen, ergibt sich aus dem Ziel (Erkenntnisse!)
Liste der Unterfragen	Welche Detailfragen gibt es, abgeleitet aus der Forschungsfrage?	ca. 6-10 Fragen, offene Fragen, abgeleitet aus Hauptfrage
Kriterien für Auswahl der Interviewpartner formulieren	Nach welchen Kriterien wähle ich die Probanden aus? Alter, Beruf, spezielle Merkmale...	je mehr Merkmale, umso kleiner, Differenzierung kann auch durch soziodemographische Merkmale nach Befragung erfolgen
Zielgruppe/ Probanden festlegen	Wer wird befragt?	Erreichbar? Auskunftswillig? Auskunftsfähig?
Art und Weise der Befragung festlegen	WIE? Persönlich, Telefon, schriftlich, Straße, Hörsaal, Internet etc.	wenn möglich Internet, Testen, ob das geht
Ungefähren Zeitplan festlegen	Meilensteine festlegen, gemäß dieser Checkliste	in Tagen planen, mit Datum,
Methode der Auswertung festlegen	meist Inhaltsanalyse, Bilden von Kategorien	von Anfang an klären, sonst Risiken
Fragen für Leitfaden sammeln	Liste von offenen Fragen erstellen, abgeleitet aus Forschungsfrage und Unterfragen	Brainstorming machen, liegen lassen, Art der Antwort überlegen

Schritt	Frage/Ziel	Tipps
Leitfaden für Befragung/Interview entwerfen	Fragen sortieren und ausformulieren	Das ist noch nicht die finale Version, also einfach locker drauflos.
Liste möglicher Interviewpartner erstellen	erst mal eine Liste der Wunschpartner machen	Kontaktinfos dazu,
Interviewpartner auswählen	mit Vorbehalt, ob sie auch bereit sind	realistisch sein, aber auch nicht zu ängstlich
Anschreiben oder Leitfaden für telefonische Ansprache entwerfen	motivierend sein, nicht mit Details nerven, ein mögliches Motiv finden	kurz und knackig, aus Sicht der anderen denken
Ansprache zur Teilnehmergewinnung	Kontakt aufnehmen, um Termin bitten, Anliegen und Nutzen für den Interviewpartner erklären	freundlich sein und hartnäckig bleiben, Nutzen betonen, mehr ansprechen als nötig sind, Einwände erkennen und behandeln
Interview-Leitfaden prüfen	Testlauf machen mit Freunden, kritisch prüfen	2 Leute intensiv, gleich Feedback zu einzelnen Fragen
Interview-Leitfaden mit Betreuer abstimmen	schriftlich per Email senden, Frage für Frage durchgehen	Nachhaken, ob Interview-Leitfaden so ok, später ist es zu spät
Interview-Leitfaden fertigstellen	finale Version erstellen	Sorgfalt!
finalen Interview-Leitfaden "absegnen" lassen	schriftlich, per Email	
technische Vorbereitung	Diktiergerät klarmachen, Transkription festlegen	Einwilligung für Aufnahme ist einzuholen
Befragung/ Interviews durchführen	Probanden befragen, Antworten dokumentieren (am besten mit Diktiergerät aufnehmen)	vorher Einverständnis einholen
Antworten aufbereiten	selbst abtippen oder Helfer damit beauftragen	dabei schon nach den eigenen Fragen schauen und sie soweit möglich beantworten

Schritt	Frage/Ziel	Tipps
Protokoll der Befragung/ Transkription auswerten	relevante Aussagen filtern, zuordnen zu Forschungsfrage und Unterfragen	sorgfältig sein; manche Inhalte passen zu mehreren Fragen
Ergebnisse der Auswertung interpretieren	abschließende Beantwortung der Forschungsfrage und Unterfragen	kurz und knapp; wenn es keine zufriedenstellenden Antworten gibt, ruhig zugeben
Text mit Interpretation entwerfen	Das Schreiben baut auf den Antwortnotizen zur Forschungsfragen und den Unterfragen auf.	Notizen und Antworten immer gleich sortiert ablegen, macht das Schreiben leichter

Das Wichtigste auf einen Blick:

1. Die Methoden müssen jetzt passen, damit das Projekt gelingt.
2. Orientiere Dich auch an den Ergebnissen der Vorstudie.
3. Lerne jetzt schnellstens die Methoden, welche Du noch zu wenig beherrschst.

Mögliche „Mini"-Sprints (Änderungen, Ergänzungen):

Die Methoden begleiten Dich und mancher Kniff wird noch notwendig sein, damit Du Deiner Ergebnisse bekommst.

Sprint 25: Wähle und beschreibe die Datenbasis

WARUM?	Du willst Deine Datenquellen klarmachen.
Dein Ziel?	...ist eine genaue Abgrenzung Deiner Datenquellen wie Probanden oder Experten oder Datenbanken.
Was steht danach NEU im Text?	Kapitel 5.2 Datenbasis die ausgewählte Zielgruppe oder Datenquellen
Dauer	8 h

Welche Arten von Daten gibt es?

- Daten in Datenbanken (Beispiele: Zeitreihen aller Art, Sozialstatistiken, Nutzungsstatistiken, Leistungsdaten),
- Daten in Texten aller Art (Beispiele: Studien, Interviews, Keynotes, Präsentationen, Protokolle),
- Daten als Wissen von Experten (Beispiele: Berater, Pädagogen, Projektmanager),
- Daten verbunden mit Objekten und deren Interaktionen (Beispiele: Personen, Gruppen, Motoren, Häuser, Materialien aller Art).

Welche Fragen zu den Daten muss ich beantworten?

- Welche Daten will ich?
- Welche Datenquellen gibt es und welche kommen in Frage? Welche nicht und warum nicht?
- Auf welche Weise sichere ich die Qualität der Daten?
- Welche Kriterien spielen bei der Auswahl der Datenquellen eine Rolle?

Wie beschreibe ich die Daten?

Zuerst definiere sie mit den wesentlichen Merkmalen. Dann liste die abgefragten oder zu erhebenden Merkmale auf. Nutze Listen oder Tabellen oder auch grafische Modelle. Wichtig ist, dass die Variable und die dazugehörigen Daten sichtbar sind.

- Profil der Datenquellen,
- genaue Gruppe definieren,
- Prüfkatalog von Einschlusskriterien, Ausschlusskriterien,
- Zugangswege definieren,
- Hilfsmittel für Erhebung erstellen, aus Vorstudie weiterführen,
- Mikrofragen formulieren und beantworten,
- wer, was, wo, wie viele, womit, wann,
- Risiken und Eventualitäten.

Was ist zu tun, wenn ich bestimmte Daten nicht bekommen kann?

Ohne Daten wird das nichts werden mit den Erkenntnissen... Versuche alles, um die Daten zu bekommen.

Zwei Fälle lassen sich unterscheiden. Du bekommst aus einer Datenquelle keine Daten. Dann suche eben eine andere.

Oder zu einer bestimmten Variable findest Du keine Daten. Das könnte das gesamte Projekt gefährden. Suche also bis Du fündig wirst. Eventuell gibt es Ersatzdaten, also Variablen, die einen Teil der Daten ausmachen.

Falls Du bestimmte Daten nicht bekommen kannst, dann musst Du den Fokus der Arbeit etwas verändern.

Beispiel: Lesezeiten bei Ebooks. Du bekommst nicht genug Datensätze von Lesern. Das wäre sehr negativ für die Analyse. In diesem speziellen Fall sollte das aber gar nicht passieren, weil es Millionen Leser gibt. Also, streng Dich an.

Wie finde ich Probanden oder Objekte der Untersuchung?

Wer	Merkmale/ Probleme	Wo zu finden	Wie ansprechen
Probanden Fragebogen	Menschen mit relevanten Merkmalen, gibt meist sehr viele, Interesse zu wecken oft schwierig, geringe Rücklaufquote	Online-Netzwerke, auf der Straße, Bekannte aller Art	Anschreiben kurz und motivierend, Gutscheine (25 EUR, amazon o. ä.) verlosen, sich empfehlen lassen durch Freunde, Familie,
Probanden Interview	Menschen mit relevanten Merkmalen, sorgfältige Auswahl, Bereitschaft, hoher Zeitaufwand	Online-Netzwerke, auf der Straße, Bekannte aller Art	telefonieren, seltener Anschreiben kurz und motivierend, sich empfehlen lassen durch Freunde, Familie, Respektspersonen wie Chef, Lehrer, Berater etc.
Probanden Beobachtung	Menschen mit relevanten Merkmalen, sorgfältige Auswahl, Bereitschaft, sehr hoher Zeitaufwand	Online-Netzwerke, auf der Straße, Bekannte aller Art	am besten über Empfehlungen, oder Respektspersonen wie Lehrer oder Therapeut oder Chef o. ä.
Experten	Wissen viel zum Thema, lange im Geschäft, viele Projekte,	Online-Netzwerke wie Google+, Xing, Linkedin, Institute, Verbände	Telefon, Email, persönlich, nicht um Hilfe betteln, sondern als Kollege betrachten (SIE werden auch gerade Experte), neue Erkenntnisse in Aussicht stellen,
Mess-Objekt	echtes Objekt wie Motor u. ä. oder in der Natur	In Fabrik/Labor u. ä. oder Natur	nur über Auftrag oder innerhalb eines Forschungsprojekts möglich

Hier findest Du Probanden und Experten:

Netzwerk	Merkmale	Vorteile	Nachteile
Xing	www.xing.com, Prof. Netzwerk, sehr gut für Experten	meist seriöse Kontakte, Klarnamen, durchsuchbar, sortiert, Themengruppen sichtbar, Empfehlungsgeber und Multiplikatoren	Premiumkonto nötig für Details, 60 EUR pro Jahr, Resonanz unsicher, nicht anonym, beschränkte Mitgliederzahl
Facebook	www.facebook.com, weniger professionelles Netzwerk, viele Leute, eher für Probanden	größtes Netzwerk, viele Mitglieder, kostenlos, virale Kampagnen möglich, kaum Barrieren, durchsuchbar, Verlinkungen zu weiteren Kandidaten	wenige Suchkategorien, wenig Struktur, wenig übersichtlich, wenige Suchergebnisse, viele Ergebnisse nicht sichtbar
Google+	eher professionelles Netzwerk, für Probanden und Experten	Verlinkungen zu ähnlichen Kandidaten, gut durchsuchbar, sehr übersichtlich, Nutzung durch Institute/Verbände	noch wenig verbreitet in Deutschland, Konto nötig
Twitter	twitter.com, Netzwerk für alle, viele Infos, gute für Probanden und Experten	Verlinkungen zu ähnlichen Kandidaten, durchsuchbar, Experten erkennbar an Followers, Riesenpublikum, sehr aktuell, hohes commitement der Teilnehmer	viel irrelevante Infos, Suche schwierig, Infos begrenzt auf 140 Zeichen, zeitaufwändige Suche, oft Zufallsfunde
Freunde, Familie	alle um mich herum	meist hohe Motivation, meist sofort verfügbar, schaffen Verbindungen zu anderen, neue Ideen, offenes Feedback	begrenztes Netzwerk, wenig repräsentativ weil ähnliche Typen, Verlässlichkeit unsicher, Abhängigkeit

Das Wichtigste auf einen Blick:

1. Die Wahl des Samples entscheidet über die Erkenntnisse der Arbeit.
2. Sei jetzt sicher, dass Du die Daten bekommen kannst.

Mögliche „Mini"-Sprints (Änderungen, Ergänzungen):

Die Beschaffung der Daten ist eine der größten Aufgaben während der Arbeit. Die Entscheidung für die Daten wird also immer wieder zu prüfen und die Auswahl gegebenenfalls anzupassen sein.

Sprint 26: Erstelle die Hilfsmittel und beschreibe sie

WARUM?	Du willst die Hilfsmittel für die Datenerhebung.
Dein Ziel?	...ein komplettes Kapitel mit detaillierter Beschreibung der Hilfsmittel.
Was steht danach NEU im Text?	Kapitel 5.3 Hilfsmittel Beschreibe die angewandten Instrumente und Mittel, ausgehend von den Detailfragen
Dauer	16 h

Für welche Zwecke brauche ich Hilfsmittel wie Erhebungsbogen, Interviewleitfaden oder Fragebogen?

- Für die Erhebung von Daten über Objekte aller Art wie Personen, Gruppen, Organisationen und
- für die Erhebung von Daten über Dynamisches, schwer zu Fassendes wie Prozesse, Projekte, Transaktionen.

Welche Hilfsmittel kommen in Frage?

- Erhebungsbogen wie Beobachtungsbogen oder Checkliste oder Profil,
- Interviewleitfaden, narratives Interview, halbstrukturiert, vollstrukturiert,
- Fragebogen mit standardisierten Fragen,
- Messvorrichtungen aller Art, je nach Fach und Thema.

Wie erstelle ich einen standardisierten Fragebogen?

Voraussetzungen

- Forschungsfrage ist formuliert,
- Hypothesen oder Fragen zur Analyse sind formuliert,
- thematische Bereiche oder Blöcke sind definiert

Schon bei der Planung einer empirischen Untersuchung sollten die notwendigen statistischen Auswertungen bedacht und ggf. vorbereitet werden:

- Wer oder was ist die Zielgruppe = Grundgesamtheit?
- Wie wird eine Stichprobe gezogen (Zufallsprinzip)?

- Wie groß sollte die Stichprobe sein, um ggf. auch Untergruppen vergleichen zu können?

Schritte der Fragebogenkonstruktion

- Festlegung der Frageinhalte, Erstellung des Item-Pools,
- Bestimmung der Form des Fragebogens und der Fragen,
- Test des Fragebogens (Pretest, Testbefragung),
- Item-Analyse und Überarbeitung des Fragebogens.

Item Sammlung

Ein mit einem Fragebogen zu erfassendes Konstrukt kann aus sozialwissenschaftlichen Theorien oder Modellen entspringen. Es kann aber ebenso gut aus eigenen Überlegungen, Alltagsbeobachtungen u. ä. abgeleitet werden. Dementsprechend kann die Sammlung der Items, wahlweise oder kombiniert auf unterschiedliche Quellen zurückgreifen: Fragen oder Feststellungen können vorzugsweise jedoch auch von bereits bestehenden Erhebungsinstrumenten übernommen werden (z. B. ZUMA Skalenhandbuch). Ebenso können Experteninterviews oder Probeinterviews als Ideenquelle für die Formulierung von Fragebogen-Statements dienen. Insbesondere in der Psychologie gibt es zahlreiche elaborierte und dokumentierte Tests und Skalen (Sets von Items), die gute Vergleichsmöglichkeiten bieten und mit denen man „auf der sicheren Seite" ist.

Gliederung des Fragebogens

Die „Dramaturgie" des Fragebogens muss so angelegt sein, dass eine Spannungskurve aufgebaut wird, die am Anfang und am Ende der Befragung relativ flach verläuft und damit die Motivation der Befragten stärkt bzw. erhält:

- Eröffnungsfragen („Eisbrecherfragen") sollten interessante, weniger wichtige, einfache Fragen sein, die zum Thema hinführen. (Beispiel: Wie lange ist ihr letzter Urlaub her?)
- Mit der Technik des „Trichterns" wird von allgemeineren zu spezifischen Fragen übergeleitet.
- Die wichtigsten Fragen sollten im mittleren Drittel des Fragebogens angeordnet werden.

- Problematische Fragen, die sensible Bereiche berühren, sollten gegen Ende des Fragebogens stehen (falls sie den Unwillen der Befragten erregen).
- Soziodemografische Fragen (Alter, Einkommen etc.) sollten am Ende stehen.
- Redundante Fragen sollten durch Filterfragen und Gabelungen vermieden werden.

Festlegung der Frageform

Standardisierte oder geschlossene Fragen enthalten zwei oder mehr Antwortvorgaben zum Ankreuzen und lassen sich leichter auswerten als offene Fragen. Mit ihrer Hilfe lassen sich Häufigkeiten ermitteln und Hypothesen gut verifizieren.

Offene Fragen sind schwieriger auszuwerten, werden deshalb vor allem qualitativ ausgewertet. Aber sie beleuchten u. U. Hintergründe und können auf Sachverhalte hinweisen, die der Forscher nicht berücksichtigt hat. Gelegentlich ist es sinnvoll, einen Sachverhalt nach mehreren standardisierten Fragen mit einer offenen Frage „auszuschöpfen". Damit wird auch eine mögliche Frustration von Befragten vermieden, die Ihre Erfahrungen und Meinungen in den geschlossenen Fragen nicht zum Ausdruck bringen konnten.

Items können als

- Fragen gestellt werden, z. B. „Halten Sie sich für einen geselligen Menschen?" oder „Sollte man allen Asylsuchenden eine Arbeitserlaubnis geben?", oder es können
- Statements (Feststellungen) dargeboten werden, z. B. „Ich bin ein geselliger Mensch" oder „Man sollte allen Asylsuchenden eine Arbeitserlaubnis geben", zu denen Zustimmung oder Ablehnung geäußert werden kann.

Bei standardisierten Fragen kann der **Antworttypus**, d.h. die Art der verlangten sprachlichen Reaktion auf sehr unterschiedliche Art und Weise gestaltet sein. In einfachster Weise wird auf eine Frage oder Statement lediglich ein zweistufiges (dichotomes) kategoriales Urteil verlangt: „Ja - Nein" oder „Stimmt - Stimmt nicht" u. ä.

Die Zahl der **Antwortkategorien** kann erweitert werden, z. B. im einfachsten Fall um eine dritte Antwortkategorie: „Ja – Neutral - Nein" etc. Durch Erweiterung um mehrere Kategorien entsteht eine sogenannten Schätz- oder Rating-Skala. Möglich sind:

- eine rein numerische Rating-Skala,
- eine graphische Rating-Skala oder
- eine verbal verankerte (d.h. an bestimmten Punkten der Skala mit Worten beschriftete) Rating-Skala.

Stimmt						Stimmt nicht
3	2	1	0	1	2	3

Ja				Nein
1	2	3	4	5

Stimmt	Stimmt eher		Stimmt eher nicht	Stimmt nicht

Erfahrungsgemäß führt die Einführung einer „mittleren" Antwortkategorie, sei sie explizit vorgegeben (z. B. durch die Antwortkategorie „neutral") oder durch Verwendung einer mehrstufigen Antwortskala mit ungerader Kategorienzahl, eher dazu, dass eine Antwortkonzentration der Probanden, die sich nicht entscheiden wollen oder können in der Skalenmitte erfolgt, als dass sie mit Vorteilen verbunden ist

Wenige Antwortalternativen sind oft einfacher zu bearbeiten. Sie sind bei geringer Probandenzahl eine angesagte Notwendigkeit, um aussagefähige Häufigkeiten in allen Antwortkategorien zu erhalten und damit der mathematisch-statistischen Auswertung (SPSS) eine solide Basis zu geben. Besonders wichtig ist eine Frage- und Antwortskalenkonstruktion, die eine Häufung der Antworten an einem Skalenende vermeidet und im Idealfall zu einer Normalverteilung führt. Fragt man beispielsweise Patienten im Krankenhaus nach ihrer Zufriedenheit mit dem Pflegepersonal, und 90 % sind „Sehr zufrieden", dann ist das zwar erfreulich, aber statistisch nicht mehr auszuwerten.

Hier sind Beispiele für die Benennung der Skalen

1. Dichothome Skalen	**2. Alternativ-Fragen = mehrere Antwortalternativen**	
Ja	Häufigkeit	Einmal,
Nein		zweimal,
		dreimal,
		viermal,
		fünfmal,
		öfter

2. Alternativ-Fragen = mehrere Antwortalternativen

	noch nie einmal einige male oft regelmäßig
	Nie selten gelegentlich oft immer
Zeit	Täglich, wöchentlich, monatlich, jährlich oder
	Täglich, mehrmals pro Woche, einmal pro Woche, mehrmals im Monat, einmal pro Monat, seltener

3. Likert-Skala (Aussage mit Grad der Zustimmung)

sehr gut
gut
befriedigend
ausreichend
schlecht
sehr schlecht

1
2
3
4
5
6

Sehr wichtig
wichtig
eher wichtig
eher unwichtig
unwichtig

3. Likert-Skala (Aussage mit Grad der Zustimmung)

sehr interessant
interessant
weniger interessant
überhaupt nicht interessant

Nicht
Wenig
Mittelmäßig
Ziemlich
sehr

Trifft voll zu
Trifft eher zu
Teils-teils
Trifft eher nicht zu
Trifft überhaupt nicht zu

Schwach
Mittel
Stark

Stimme voll zu
Stimme eher zu
Teils teils
Stimme eher nicht zu
Stimme überhaupt nicht zu

sehr interessant
interessant
weniger interessant
überhaupt nicht interessant

Faustregeln zur Formulierung von Fragen

- Formuliere eindeutig! Wähle eine einfache, klare, direkte Sprache!
- Vermeide Worte/Formulierungen, die nicht von allen verstanden werden.
- Vermeide Feststellungen, die von fast jedem oder von fast niemandem bejaht werden!
- Fragen sollten Gegenwartsbezug haben.
- Feststellungen sollten kurz sein (möglichst weniger als 20 Wörter).
- Jede Feststellung darf nur einen einzigen vollständigen Gedanken enthalten. Negativbeispiel: „Ich bin für den Bundeswehreinsatz im Kosovo, weil nur so dort Ordnung und Sicherheit gewährleistet werden können." – Richtig sind zwei Fragen mit entsprechenden Antwortmöglichkeiten: „Die Bundeswehr gewährleistet Ordnung und Sicherheit im Kosovo" und „Ich bin für den Einsatz".
- Wörter wie „alle", „immer", „keine", „niemals" etc. begünstigen Zweifel und sollten vermieden werden.
- Vermeide doppelte Verneinung!

Die vorgegebenen Antwortmöglichkeiten müssen erschöpfend sein, also alle relevanten Möglichkeiten enthalten. Ist eine erschöpfende Aufzählung der Antwortalternativen nicht möglich, sollte eine offene Kategorie „Sonstige", „Anderes" vorgesehen werden. Dies gilt vor allem bei Faktenfragen.

Auch **keine Antwort** ist eine Antwort und Meinungslosigkeit ist eine sozial wichtige Dimension. Zu den Antwortvorgaben gehört oft auch die Vorgabe „keine Meinung", bzw. „unsicher", „ist mir egal", „ich weiß nicht" oder „weder noch" oder „keine Angabe". Bei der späteren statistischen Auswertung kann entschieden werden, diese Kategorie einzubeziehen oder nicht.

Checkliste zur Prüfung der Fragen

- Ist jede Frage erforderlich?
- Gibt es keine Wiederholungen?
- Sind die Fragen eindeutig und einfach formuliert?
- Gibt es keine suggestiven Formulierungen?
- Sind die Antwortvorgaben angemessen? Stimmt die Polung?
- Bleibt die Motivation zur Beantwortung der Fragen erhalten?

Festlegung der Auswertungsmethodik

Spätestens hier muss über die Auswertung der erhobenen Daten entschieden werden. Deskriptive Methoden sind Häufigkeiten, Kreuztabellen, Korrelationen, Faktorenanalyse u. a. Hier besteht die letzte Möglichkeit, der eventuellen Umwandlung offener in geschlossene Fragen!

Testung des Fragebogens

Bevor ein Fragebogen zum Einsatz kommt, muss er in Probebefragungen überprüft werden. Anschließend erfolgt eine Überarbeitung vor allem unter sprachlichen Gesichtspunkten. Die Formulierung einer Frage soll die Befragten zu einer Antwort motivieren. Andererseits muss sicher sein, dass die Frage von den Versuchspersonen richtig verstanden wird. Auch ist darauf zu achten, dass die Antwortvarianz hoch ist. Fragen, bei denen fast alle Probanden die gleiche Antwortkategorie wählen, sind nicht auswertbar.

Frage und Antworttypen

Vom Antwortformat her lassen sich folgende Typen geschlossener Fragen unterscheiden:

- **Alternativfragen:** Es sind nur zwei Antwortmöglichkeiten gegeben (Ja – Nein; Stimmt – Stimmt nicht o. ä.).
- **Auswahlfragen:** Von mehreren Antwortvorgaben soll eine Antwort ausgewählt und angekreuzt werden. Eine Sonderform stellt die Skalenfrage dar (s. o. Rating-Skala). Sie ist dann geeignet, „wenn die vorgegebenen Alternativen als Abstufungen einer Fragedimension interpretiert werden können." (Hagmüller, 1979, S. 98) Z. B.: „Kreuzen Sie bitte nach Grad der Zustimmung an: Trifft völlig zu/ Trifft teilweise zu/ Trifft eher nicht zu/ Trifft überhaupt nicht zu". – Oder: Skala mit numerischer Unterstützung (sog. Likert-Skala): 1 – 2 – 3 – 4. Achtung: Bei „ungerader" Skalierung (z. B. 5stufig) gibt es eine „Mitte", die besonders von unschlüssigen Personen oder Befragten ohne dezidiertes Urteil angekreuzt wird („Tendenz zur Mitte"). Will man polarisieren, muss man eine „gerade" Skalierung (z. B. 4stufig) wählen. **Wichtig:** Von der Art der Antwortvorgaben hängt ab, welche Operationen hinterher bei der Auswertung möglich und zulässig sind wie z. B. beim Skalenniveau.

- **Mehrfachwahlfragen („Speisekarten"-Fragen)**: Aus einer Reihe von Begriffen, Eigenschaften, Aussagen usw. sind solche auszuwählen, die hinsichtlich einer bestimmten Fragestellung zutreffen. Man kann also die Auswahl mehrerer Antworten aus mehreren vorgegebenen Optionen zulassen. Es empfiehlt sich, die Auswahl zu begrenzen („maximal drei Nennungen").

- Solche Fragen sollten möglichst nur zur Exploration von Themenfeldern Anwendung finden. Sie ermöglichen, herauszufinden, welche Sachverhalte mehr oder weniger bzw. nicht relevant sind. Beispiel:
"Was machen Sie in Ihrer Freizeit? Bitte alles Zutreffende ankreuzen!

- Sport
- Disco besuchen
- Mit Freunden herumziehen
- Mit meinem Partner/meiner Partnerin zusammen sein
- Fernsehen
- Computerspiele
- Noch etwas Anderes (bitte angeben): .... „

Derartige Fragen lassen sich statistisch nur hinsichtlich der einzelnen Items, aber nicht insgesamt auswerten. **Besser:** „Kreuzen Sie Ihre drei häufigsten Freizeitbeschäftigungen an!" – **Noch besser:** „Vergeben Sie Rangplätze...", wobei die Zahl der Items unter zehn liegen sollte, damit die Befragten nicht die Übersicht verlieren. Komplette Rangfolgen lassen sich dann statistisch am besten verarbeiten. Unter explorativen Gesichtspunkten, aber auch um die Befragten nicht zu frustrieren, sollte zum Schluss auch eine offene Antwortmöglichkeit vorgesehen werden.

Sensible Themen, heikle Fragen

Es gibt Themen, die bspw. den Intimbereich tangieren, über die Menschen nicht gern Auskunft geben – z. B. Krankheiten, sexuelle Orientierung, Einkommen. Hierfür gibt es kein Patentrezept. Vertrauen in die Anonymität ist die wichtigste Voraussetzung dafür, hierzu Antworten zu erhalten. Ein erklärender Satz, warum man gerade danach fragt, kann helfen.

Häufig ist „das Einkommen" der Befragten von Interesse, sei es als Gradmesser ihres beruflichen Status' oder im Hinblick auf das Konsumverhalten. Wer schon einmal ein Einkommenssteuerformular in der Hand hatte, ahnt, wie viele verschiedene Arten von

Einkommen, Lohnersatzleistungen und Einkünften es gibt. Menschen wissen gar nicht genau, wie hoch ihr Brutto-Arbeitseinkommen ist; außerdem kann es durch Zulagen, Zuschläge und Sonderzahlungen (Urlaub, Weihnachten) schwanken.

Negativbeispiel:	Richtig wäre:
„Wie viel verdienen Sie im Monat?	„Wie hoch ist ihr monatliches Arbeitseinkommen (brutto) im Jahresdurchschnitt?
	- Ich bin nicht in einem Arbeitsverhältnis
bis 1000 Euro	- Unter 1000 Euro
1000 bis 2000 Euro	- 1000 bis unter 2000 Euro
2000 bis 3000 Euro	usw.

Bei solchen Staffeln sollte man sich immer an die Regel der amtlichen Statistik halten, die Gruppen von einer „runden" Zahl bis unter die nächste zu definieren. Was sollte sonst jemand ankreuzen, der 2000 Euro verdient?

An anderen Stellen ist die möglichst genaue Erfassung die beste Variante. Alter, Körpergröße und Gewicht sollte man unmittelbar angeben lassen und keine Staffeln vorgeben. Bspw. kann so später ein BMI berechnet werden. Wenn das Alter gestaffelt erfasst werden soll, dann in 5er bis 10er Schritten entsprechend der amtlichen Statistik (15 bis unter 20 Jahre usw.). Im Einzelfall können natürlich auch die juristisch relevanten 18 bzw. 21 Jahre eine Rolle spielen.

Vorschläge zur Gestaltung der sozialdemografischen Angaben

Wir bitten Sie um folgende Angaben zu Ihrer Person:

Ich bin	ein Mann	[ ]
	eine Frau	[ ]
Ich habe	keine Kinder	[ ]
	1 Kind	[ ]
	2 Kinder	[ ]
	3 oder mehr Kinder	[ ]
Mein höchster Schulabschluss	Ich habe keinen Abschluss	[ ]
	Hauptschulabschluss	[ ]
	Realschulabschluss	[ ]
	Abitur	[ ]

Meine höchste berufliche Qualifikation	Ich habe keinen beruflichen Abschluss	[ ]
	Ich bin Facharbeiter	[ ]
	Ich bin Meister	[ ]
	Fachhochschulabschluss, Bachelor	[ ]
	Hochschulabschluss, Master	[ ]

Statistische Auswertung

Für statistische Auswertungen gibt es zahlreiche statistische Methoden. Zur Einführung in die Statistik und SPSS werden die folgenden Bücher empfohlen

- Schwarze, Jochen (2009): Grundlagen der Statistik 1: Beschreibende Verfahren. 11. Auflage. (EUR 14,90)
- Schwarze, Jochen (2009): Grundlagen der Statistik 2: Wahrscheinlichkeitsrechnung und induktive Statistik. 9. Auflage. (EUR 14,90)
- Bühl, Achim (2011): SPSS 20: Einführung in die moderne Datenanalyse (Pearson Studium - Scientific Tools)

Für die Durchführung einer statistischen Auswertung gibt es drei Varianten:

1. Selbst auswerten mit SPSS, mit Büchern, SPSS-Videos etc.
2. SPSS-Workshop besuchen (mitunter kann man mit den eigenen Daten rechnen)
3. Statistiker finden, der bei den Berechnungen hilft. Anschließend die Ergebnisse selbst interpretieren.

Wie erstelle ich einen Interview-Leitfaden?

Die oberste Regel lautet: Was Hänschen versteht, versteht Hans auch.

Was sind Interviewfragen?

Interviewfragen sind offene Fragen, die in der Regel einem Gesprächspartner gestellt werden, persönlich oder auch fernmündlich.

Was ist das Ziel des Interviews?

Das Ziel sind Antworten zu bestimmten Fragen und Aspekten. Offensichtlich hängt die Qualität der Antworten von den Fragen ab. Willst Du bessere Antworten, dann stelle bessere Fragen.

Wie erstelle ich meinen Interview-Leitfaden?

Diese Voraussetzungen müssen erfüllt sein:

- Die Forschungsfrage ist formuliert
- Detailfragen zur Analyse sind formuliert,
- Thematische Bereiche oder Blöcke sind definiert

Schon bei der Planung einer empirischen Untersuchung sollten die notwendigen Auswertungen der Antworten bedacht und ggf. vorbereitet werden:

- Wer oder was ist die Zielgruppe = Grundgesamtheit?
- Wie werden die Interview-Teilnehmer ausgewählt, nach welchen Kriterien?
- Wie groß sollte die Anzahl der Experten sein?

Formulierungen für Fragen in einem Experteninterview

Du diskutierst mit den Experten. Du fragst nicht einfach etwas ab. Denke immer daran! Die Fragen an Experten können also anfangen mit:

- Wie beurteilen Sie Alfa?
- Was halten Sie von Beta?
- Wie bewerten Sie Gamma?
- Welche Erfahrungen haben Sie bisher mit Kappa?

Eventuell kann man auch Fragen anfangen mit:

- Mal angenommen, Sie müssten/könnten/hätten…
- Stellen Sie sich vor, Sie würden/wären/sollten…
- Was denken Sie, lässt sich mit Alfa erreichen?
- Was erwarten Sie, wird passieren, wenn…?
- Was könnte sich Ihrer Meinung nach ergeben, wenn…?
- Können Sie bitte kurz erklären, aus welchen Gründen…
- Welche Erfahrungen lassen Sie darauf schließen, dass…

Solche Wendungen helfen auch:

- Bitte beschreiben Sie mal einen Fall in dem…
- Bitte nennen Sie mal ein Beispiel für Gamma…
- Unter welchen Bedingungen haben Sie xxx erlebt?
- Welche Maßnahme würden Sie bevorzugen und aus welchen Gründen?
- Welchen Zusammenhang sehen Sie zwischen A und B?

Ein paar Tipps zum Formulieren von Fragen:

- Die Fragen müssen offen gestellt sein, sonst gibt es nur kurze und einsilbige Antworten.
- Vermeide Fremdwörter. Halte Dich an die Regel: „Was Hänschen versteht, versteht Hans auch."
- Umfangreich formulierte Fragen sind schwer zu verstehen. Auch gebildete Menschen tun sich damit schwer.
- Lange Erklärungen vorab sind nicht Ziel führend. Sie verbrauchen nur Aufmerksamkeit und Konzentration beim Gegenüber.
- Verben machen die Frage lebendig und sind leicht zu verstehen.

Nicht so gute Formulierungen:

Hier ist eine Frage, die zuspitzt:

Wenn Sie das Ganze jetzt noch mal Punkt für Punkt durchgehen und sich dabei in Erinnerung rufen, dass die Variante 1 sich bisher kaum bewährt hat, wohingegen Variante 2 sehr viel bessere Ergebnisse verspricht. Für welche der beiden Varianten sehen Sie die besten Chancen angesichts der bevorstehenden wirtschaftlichen und technologischen Herausforderungen insbesondere bei den ausländischen Zulieferern? So was will niemand hören. Da kann niemand folgen. Mach es besser kurz und knackig.

Besser:

Welche Erfahrungen lassen Sie schließen, dass...

Woher kommen die Interviewfragen?

Die Interviewfragen müssen aus der Forschungsfrage und den Detailfragen abgeleitet werden.

Welche Funktion oder Aufgabe haben Interviewfragen?

Interviewfragen sollen die Informationen und Daten beschaffen, um die Detailfragen und die große Forschungsfrage zu beantworten.

Wie sind Interviewfragen aufgebaut?

Sie sind offene Fragen, die ein klares Ziel verfolgen, nämlich eine möglichst präzise und umfassende Antwort. Umfassend meint dabei ergiebig und erschöpfend im Hinblick auf die untersuchte Variable.

Wie komme ich zu meinen Interviewfragen?

Gehe diesen Weg.

Stufe 1: Stichworte und Keyword Wolke

Sammle Fragen zu einzelnen Stichworten.

Fange mit W-Fragen an

Operationalisiere dann die Fragen. Nutze dazu die folgende Übersicht.

Fragewort	WIE
Beschreibung	Frage nach dem Modus, der ART und WEISE • Wie passiert etwas? • Wie erreicht man Ziel X oder wie löst man Problem Y? Hinter dem Fragewort WIE versteckt sich sehr viel. WIE ist ein Multifunktionales Fragewort. **Wichtig:** das Fragewort WIE muss übersetzt werden = Operationalisierung! **PASSIV:** (ohne unser Zutun = eine kausale Kette!) • Wie läuft das ab? • Was geschieht? • Wie wirkt das? Übersetzen: welche Phasen, Dauer, welche Faktoren wirken, welche Merkmale und welche Muster sind erkennbar, welche Veränderungen uvm. **AKTIV:** es geht um TUN, mit einem Ziel • Wie macht man das? • Wie kann man das machen? • Wie erreicht man das? • Wie fange ich an? • Wie komme ich zum Ziel? Übersetzen: Welche Schritte, welche Instrumente, welche Handlungen, welche Ressourcen wie Materialien, Vorlagen, Anleitungen, Zeit, Wissen, Kontakte uvm.?

Art der Antwort	**PASSIV:**
	• Ablauf, Verlauf mit Phasen und Zwischenzuständen etc.
	• Prozessbeschreibung
	• Darstellung von Wirkungen, Ursachen, Faktoren, Kausalketten
	AKTIV:
	• Beschreibung von Schritten, Ressourcen, Rahmenbedingungen, Phasen, Meilensteine etc. um Ziel zu erreichen, Problem zu lösen
	• Ziel- und Prozessbeschreibung: wer macht was, womit, wann, wo etc.
	• Darstellung von Plan, Strategie, Konzept, Methoden etc.
Beispiele + Varianten	Weniger relevante Varianten:
	• Zeitbezogen: Wie lange dauert das?
	• Mengenbezogen: Wie viele Quellen brauche ich?
	• Ergänzung des Modalen durch weitere Adjektive: Wie lang, wie weit, wie schnell, wie tiefgreifend?

Fragewort	WAS
Beschreibung	Wichtigstes und häufigstes Fragewort.
	sehr komplex, pauschale Verwendung – muss übersetzt werden
	Frage nach: Objekten und Erscheinungen und Phänomenen aller Art
	Zweck: Erkennen, Abgrenzen/Definieren, Einordnen, Kategorisieren
	WAS ist die Frage zur Definition von etwas.
	• Was ist das? Was ist das für ein X? => Einordnung des Phänomens = Welche Stellung hat das X im Vergleich zu anderen Objekten etc.?
	• Was ist wichtig? Was ist davon zu halten? => Bewertung = Welchen Nutzen hat das?
	• Was kann man damit machen? => Einordnung in ein Arsenal von Mitteln = Welche Möglichkeiten bietet X im Vergleich mit anderen Mitteln?
	• Was soll ich tun? => Einordnung der eigenen Handlungsmöglichkeiten = Welche Optionen habe ich und wie sind diese zu bewerten, damit ich mein Ziel erreiche?
Art der Antwort	• Beschreibung eines Objektes oder Phänomens durch Aufzählen von Merkmalen, Charakteristika
	• Definieren = Zurückführen eines Begriffs auf einen Oberbegriff
	• Bewertungen

Stufe 2: Entwurf und Prüfung der Fragen

- Ergänze die Fragen.
- Lass sie liegen.
- Ergänze weiter.
- Überlege, wie die Antworten aussehen könnten.
- Teste die Fragen mit Kollegen oder Freunden.

Stufe 3: Texten, Überarbeiten und Finale

- Sortiere die Fragen entlang der Detailfragen zur Forschungsfrage.
- Mache eine Probe und befrage jemanden.
- Schleife alle Fragen, die unklar waren.
- Prüfe nach dem ersten Interview noch einmal den Leitfaden.

Woran erkenne ich gute und schlechte Interviewfragen?

Gute Interviewfragen:

- bauen aufeinander auf,
- zielen auf einen Aspekt und nicht drei,
- sortieren die Inhalte gemäß dem Modell der Untersuchung (Beispiel: frage Experten erst nach ALLEN Aktivitäten zu einem Projekt, seine Antwort ist eine Liste, DANACH gehe auf einzelne Aktivitäten ein...),
- sind nicht allzu lang,
- enthalten vertraute Wörter statt abstrakter Wendungen,
- enthalten keine langen einführenden Erklärungen,
- machen neugierig auf die nächsten Fragen,
- aktivieren die Motivation der Experten.

Schwache Interviewfragen sind demnach jeweils das Gegenteil...

Realitätsnahes Beispiel für verschwurbelte Formulierung:

Welche Interaktionspraktiken sind besonders wirksam, um Akzeptanzprobleme von Mitarbeitern in Bezug auf Change Prozesse in Verwaltungsabteilungen zu überwinden? besser:

Welche Interaktionspraktiken waren besonders wirksam, um die Mitarbeiter für eine aktivere Teilnahme im Prozess zu gewinnen? Warum haben die so gut funktioniert?

Hier sind Tipps für gute Interviewfragen

- keine geschlossenen Fragen,

- so wenig Fremdwörter wie möglich,
- keine sehr langen Fragen,
- möglichst wenige Konditionalsätze,
- vertraute Begriffe verwenden, statt abstrakter.
- Versuche bitte, einfachere Verben zu verwenden.

Datenerhebungsbogen

Für welche Situationen und Datenquellen brauche ich einen Erhebungsbogen?

Für alle möglichen Situationen, in denen nicht Leute befragt werden
Beispiele sind:

- Beobachtung,
- Aufnahme (Betrachtung und Beschreibung),
- Experiment,
- Datensammlung aus Datenbanken (Statistiken, Zeitreihen etc.).

Die Erhebung wird oft mit anderen Methoden kombiniert wie Umfragen oder Interviews oder Textauswertungen.

Was für Daten werden überhaupt erhoben?

Informationen über Objekte, Zusammenhänge, Aktivitäten, Systeme aller Art aber auch Prozesse und Projekte.

Beispiele:

- Wie spielen Kinder?
- Wie antworten Schüler auf Fragen?
- Wie lernen Erwachsene?
- Wie werben Startups?
- Wie ahmen Babys die Aussprache der Eltern nach?
- Welche Inhalte haben verschiedene Ebooks oder Schaufenster oder Shops oder Softwareprogramme oder Apps oder Schulranzen etc.?

Was sind die Inhalte in einem Erhebungsbogen?

Nehmen wir konkrete Beispiele:

Lesegewohnheiten von Ebook-Lesern

Erstelle entlang der Modelle von Ebooks und von Lesegewohnheiten einen Erhebungsbogen. Darin dürften zu finden sein:

Gelesener Titel, Format, Gerät, Ort des Lesens, Zeitpunkt und Dauer, Anlass (müsste abgefragt werden!!!), Annotationen etc.

Social Media Aktivtäten von Event-Veranstaltern

Erstelle entlang der Modelle zu Events und der Social Media Vermarktung von Events einen Erhebungsbogen. Darin dürften zu finden sein:

Art des Events, Zielgruppen, Ort und Zeit, Name, Veranstalter, Künstler, Preise, Bilder, Filme, Links, Kommentare, Likes, Shares etc.

Mache das für weitere Themen wie

Leseschwäche von zweisprachigen Kindern

Digitalisierung der Prozesse im Beschwerdemanagement

Worauf kommt es bei der Erhebung an?

- Die erhobenen Daten sollen genau zu den untersuchten Variablen passen. Sie sollen Antworten auf die Detailfragen erlauben.
- Der Umfang der Daten muss ausreichen, um fundierte Aussagen abzuleiten.
- Die Erhebung muss unbedingt transparent und wiederholbar sein.

Auf welche Art und Weise werden die Daten erhoben?

Das Objekt der Erhebung wird vom Forscher betrachtet und auffällige Merkmale werden notiert. Das geschieht natürlich am Ort des Auftretens der Daten wie z. B. im Unterricht oder am Fließband.

Welche Hilfsmittel werden genutzt?

Ganz altmodisch Papier und Stift oder neumodisch Diktiergerät, Kamera für Fotos oder Filme.

In welchem Format werden die Daten erhoben?

Letztlich finden sich im Erhebungsbogen Checklisten mit entweder offenen oder geschlossenen Fragen zum Ankreuzen. Geschlossene Fragen haben den Vorteil der statistischen Auswertung.

Häufig liegen die Daten in Form von Diktaten, Fotos, Filmen, Skizzen, Protokollen u. ä. vor. Diese müssen anschließend so dokumentiert werden, dass die Informationen im Text eingebaut werden können. Fotos können in den Anhang. Ein Film muss beschrieben und transkribiert werden, wenigstens teilweise. Das gilt auch für Diktate. Eine einfache Regel lautet: bereite die erhobenen Daten so auf, dass sie im Anhang eingefügt werden können und im Text eindeutig darauf verwiesen werden kann.

Wie kann ich die Daten effizient erheben?

Die Vorbereitung ist enorm wichtig. Der Erhebungsbogen muss möglichst komplett sein.

Sollte man die Angaben ankreuzen oder abhaken oder lieber eintragen?

Es wird wohl eine Mischung werden.

Wie sortiere ich die Daten?

Die Sortierung erfolgt schon bei der Vorbereitung des Erhebungsbogens. Die Fragen sind entlang der Detailfragen geordnet.

Wie stelle ich sicher, dass der Erhebungsbogen gut ist?

Der Erhebungsbogen ist im Grunde ein Interviewleitfaden für ein Selbstgespräch. Er ist gut, wenn ich alle Daten bekomme, die ich brauche.

Wie stelle ich die Inhalte aus dem Bogen im Text dar?

Der Erhebungsbogen kommt einmal leer in den Anhang. Sodann hängt es von der Anzahl der ausgefüllten Bögen ab. Ist diese überschaubar, kommen sie auch in den Anhang. Falls nicht, dann solltest Du sie auf CD brennen und der Arbeit beilegen. In jedem Falle sind die Bögen ein zentrales Dokument der Arbeit.

Wie erstelle ich den Bogen?

Stufe 1: Stichworte und Keyword Wolke

Sammle Aspekte und Fragen zu einzelnen Variablen.

Fange mit W-Fragen an.

Operationalisiere dann die Fragen. Siehe dazu die Übersicht.

Stufe 2: Entwurf und Prüfung

- Ergänze die Fragen.
- Lass sie liegen.
- Ergänze weiter.
- Überlege, wie die Antworten aussehen könnten.
- Teste die Fragen mit Kollegen oder Freunden.

Stufe 3: Prüfung und Finale

- Sortiere die Fragen entlang der Detailfragen zur Forschungsfrage.
- Mache eine Probe und befrage jemand.
- Schleife alle Fragen, die unklar waren.
- Prüfe nach der ersten Erhebung noch einmal den Erhebungsbogen.

Wie teste ich den Bogen, in einer Vorstudie?

Du musst den Bogen testen. Das sollte auch nicht aufwändig sein. Fülle ihn einmal für ein Objekt aus und dann prüfe, ob Du mit den Ergebnissen zufrieden bist, ob Du damit den Antworten auf Deine Fragen näherkommen wirst.

Wie begründe ich die Inhalte im Erhebungsbogen mit Theorie?

Die Inhalte im Erhebungsbogen orientieren sich strikt an Deinen Modellen. Damit hast Du von Beginn an eine solide Basis.

Welche Hilfsmittel brauche ich noch?

- Anschreiben
- Vertraulichkeitserklärungen
- Sperrvermerke
- Protokollvorlagen

Das Wichtigste auf einen Blick:

1. Die Analysetools helfen bei der Beschaffung und Auswertung der Daten.
2. Sei sorgfältig bei der Auswahl und Entwicklung teste sie.
3. Dokumentiere alle Deine Schritte bei der Entwicklung. Du musst sie im Text beschreiben.

Mögliche „Mini"-Sprints (Änderungen, Ergänzungen):

Die Hilfsmittel können nach Test und Anpassung nicht mehr geändert werden, wenn die Ergebnisse der Datenerhebung und der Datenanalyse konsistent und vergleichbar sein sollen. Achte daher darauf, dass sie die nötige Qualität haben.

Sprint 27: Plane und beschreibe die Umsetzung

WARUM?	Du willst einen Umsetzungsplan.
Dein Ziel?	... ein detaillierter Plan zur Erhebung der Daten.
Was steht danach NEU im Text?	Kapitel 5.4 Durchführung Durchführung und Zeitplan der Analyse
Dauer	4 h

Was gehört alles in den Umsetzungsplan?

- Welche Schritte oder Phasen gibt es?
- Welche Meilensteine gibt es?
- Welche Aktivitäten sind nötig?
- Welche Personen oder Organisationen spielen bei welchem Schritte welche Rolle?
- Welche Instrumente und Hilfsmittel brauche ich?
- Mit welchen Risiken ist zu rechnen und wie sorge ich vor?

Beispiel Umsetzungsplan für eine qualitative empirische Untersuchung

Vorgehen bei der Befragung von Experten mittels Interviewleitfaden

Aufgabe	Dauer/Termin
Zielgruppe festlegen	
Art und Weise der Befragung festlegen, persönliches Treffen, Telefon, schriftlich, online etc.	
Kriterien für Auswahl der Interviewpartner formulieren	
Liste möglicher Interviewpartner erstellen	
Interviewpartner auswählen	
Anschreiben oder Leitfaden für telefonische Ansprache entwerfen	
Ansprache und Terminierung	
Interview-Leitfaden prüfen	

Aufgabe	Dauer/Termin
Vorstudie	
Interviews durchführen	
Antworten transkribieren	
Transkripte auswerten	
Ergebnisse der Auswertung interpretieren	
Text mit Interpretation entwerfen	

Beispiel Umsetzungsplan für eine quantitative empirische Untersuchung

Vorgehen bei Befragung mittels standardisiertem Fragebogen

Aufgabe	Dauer/Termin
Zielgruppe festlegen	
Art und Weise der Befragung festlegen, persönliches Treffen, Telefon, schriftlich, online etc.	
Kriterien für Auswahl der Teilnehmer formulieren	
Liste möglicher Teilnehmer erstellen	
Teilnehmer auswählen	
Anschreiben oder Leitfaden für Ansprache entwerfen	
Ansprache und Terminierung	
Vorstudie	
Umfrage durchführen	
Daten aufbereiten	
Datendatei vorbereiten, Excel oder SPSS oder andere	
Ergebnisse der Auswertung aufbereiten	
Ergebnisse der Auswertung interpretieren	
Datei mit Grafiken der Ergebnisse erstellen	

Fragen und Antworten zum Plan:

Wie detailliert muss der Plan sein?

Im Plan sollten alle Aktivitäten enthalten sein, am besten zum Abhaken. Aber gleichzeitig muss der Plan flexibel sein für Unvorhergesehenes.

Auf keinen Fall sollte man sich sehr lange mit dem Planen selbst aufhalten. Denn das kostet nur Zeit. Der Plan lässt sich unterwegs anpassen.

Sollte ich den Plan nicht erst skizzieren und am Ende ausformulieren?

Der Plan ist nicht so umfangreich. Mache die Liste und Du wirst sehen, dass die allermeisten Schritte auch so umgesetzt werden und damit am Ende im Text so beschrieben sein werden.

Sollte ich den Plan mit dem Betreuer abstimmen?

Der Plan ist Teil des Kapitels Forschungsdesign und sollte in der Konsultation besprochen werden.

Wie viel Zeit sollte ich für die Umsetzung einplanen?

Das ist eine gute Frage. Die Antwort hängt von den Daten ab, ob es einen Erhebungszeitraum mit unterschiedlichen Messpunkten gibt. Oft ist die Erhebung zu Ende, wenn man genug Daten hat.

Was mache ich, wenn der Umsetzungsplan gar nicht funktioniert?

Das sollte nach der langen Vorbereitung nicht mehr passieren. Aber falls doch, dann prüfe, welche Schritte nicht passen, aus welchen Gründen sie nicht passen und welche Alternativen es gibt, um doch noch die Daten zu gewinnen.

Das Wichtigste auf einen Blick:

1. Die Planung ist wichtig, um mögliche Probleme früh zu erkennen und zu lösen.
2. Halte den Plan gleich schriftlich fest. Er muss im Text erläutert werden.
3. Notiere auch Änderungen am Plan, damit die Darstellung im Text stimmt.

Mögliche „Mini"-Sprints (Änderungen, Ergänzungen):

Setze den Plan um und passe ihn unterwegs nur an, wenn es notwendig ist.

EMPIRIE-ARBEIT und PRAXIS-ARBEIT

MEILENSTEIN 6: Analyse und Ergebnis-Kapitel fertig!

MEILENSTEIN 6:
Analyse und Ergebnis-Kapitel fertig!

6

WARUM?	Du willst einen kompletten Text.
Dein Ziel?	...ist, in jedem Kapitel das Richtige stehen zu haben.
Dauer	86 h = 10,75 Arbeitstage

Sprint 28: Sammle die Daten

WARUM?	Du willst die Daten.
Dein Ziel?	...ist eine Datei mit allen Daten in digitalem Format (Word, Excel oder andere).
Was steht danach NEU im Text?	Der Anhang ist voller Daten.
Dauer	20 h

Du machst Interviews?

Dann triff die Gesprächspartner, frage sie aus, nimm alles schön per Diktier-App auf und sieh zu, dass Du zeitlich im Rahmen bleibst.

Du machst eine Umfrage?

Dann ran an die Teilnehmer, trommle jeden Tag für die Umfrage, überlege, wo noch Teilnehmer aufzutreiben sind und sieh zu, dass Du zeitlich im Rahmen bleibst.

Du machst eine Datenerhebung?

Dann ran an Deine Datenobjekte, fülle jeden Tag mehrere Bögen aus oder einen Bogen mit vielen Punkten und sieh zu, dass Du zeitlich im Rahmen bleibst.

Was sind die Zeitfresser bei der Datenerhebung und wie umgehe ich sie?

Zeit kostet vor allem:

- Keine oder schlechte Vorbereitung der Detailfragen und Hypothesen (kann Dir nicht mehr passieren)
- Nur wenig ausgearbeitete Hilfsmittel wie Leitfaden, Checklisten, Fragebögen etc. (kann Dir eigentlich auch nicht mehr passieren)
- Fehlende Kenntnisse in Statistik (es gibt Tutorials, Workshops und auch Experten)
- Fehlende Teilnehmer = mangelhafte Strategie zur Gewinnung von Probanden = mangelnde Vorbereitung
- Fehlende Auswertungsmethodik wie Statistik, Inhaltsanalyse...

Wie sammle ich die Daten für eine Praxis-Arbeit?

Welche Rolle spielt die Auswertung interner Quellen?

Für die Auswertung interner Quellen ist die Problembeschreibung sehr wichtig. Allerdings erfordert eine präzise Problembeschreibung schon das Studium interner Quellen. Deshalb ist der Betreuer im Unternehmen daraufhin anzusprechen, welche internen Quellen besonders relevant sind. Die Relevanz interner Quellen ergibt sich jedoch auch aus den theoretischen Grundlagen.

Geht es um die Erstellung eines Marketingkonzeptes, sollte die Auswahl der internen Quellen anhand der theoretischen Marketing-Konzeption erfolgen.

Typisch für eine praktische Arbeit ist das Aufeinander-Aufbauen der Quellen. Zu Beginn ist es nicht möglich, alle relevanten Quellen zu erfassen. Dafür sind tiefere Einblicke in die Problemlage, die internen und externen Rahmenbedingungen sowie die Anforderungen an die Lösung notwendig. Also führt mitunter eine Quelle zur nächsten Frage und damit zur nächsten Quelle. Damit besteht aber auch die Gefahr, zu vielen Spuren zu folgen. Deswegen ist die theoretische Grundlage so wichtig. Sie verhindert das Abschweifen.

Wie beschaffe ich interne Informationen mittels Gesprächen?

Immer wieder treten Lücken im Informationsteppich auf. Diese lassen sich nicht immer mit internen Dokumenten schließen. Dazu sind oft Gespräche mit internen Mitarbeitern oder externen Experten nötig. Diese Gespräche müssen sorgfältig vorbereitet werden. Im Unternehmen sind alle ziemlich beschäftigt und haben keine Zeit zu verschwenden.

Wie ist mein Vorgehen bei Gesprächen?

- Thema/Agenda wählen,
- Ansprechpartner suchen,
- Ansprache des Gesprächspartners mit genauer Beschreibung des Themas und Begründung sowie Terminvorschlag (Zeitfenster) und Dauer,
- falls möglich Fragen senden und um schriftliche Beantwortung bitten,
- manche mögen auch chatten, abklären,
- Fragen auflisten, Varianten der Fragen und Nachfragen überlegen,
- protokollieren,
- Protokoll an Gesprächspartner senden,
- Feedback senden, falls danach was gemacht wurde.

Tipps zur Quellenrecherche und Quellenauswertung

- sorgfältige Auswahl der Einstiegsquellen, abhängig von der Aufgabenstellung,
- Identifikation möglicherweise relevanter weiterer Quellen,
- Orientierung an den Analysefragen für Quellensuche und Auswertung,
- Abstimmung der Quellen mit internem Betreuer,
- Regelmäßige Überprüfung der Quellen, ob sie zum Ziel führen oder welche fehlen,
- Zeitliche Beschränkung der Beschäftigung mit den Quellen, damit Zwischenziele als Meilensteine fungieren können,
- Sicherung des Zugangs zu relevanten Mitarbeitern,
- Terminplanung für Gespräche mit Mitarbeitern frühzeitig beginnen,
- Frühzeitige Identifikation von Informationenlücken.

Welche schriftlichen internen Quellen gibt es?

Quelle	Hinweise
Gesprächsnotizen	eigene Notizen, aber Quelle ist der Gesprächspartner!
Vorträge	interne Dokumente, eher selten zu finden
Handouts von Workshops	gibt es meistens, digital oder gedruckt, im Intranet suchen
Protokolle	meist vorhanden, im Intranet suchen, danach fragen
E-Mails	schwer zu bekommen, aber da mehrere sie haben, sind die Chancen da
Intranet	Zugang über Betreuer, am besten eine Wunschliste übergeben
Handbücher/ Richtlinien	beim Qualitätsmanager, digital oder gedruckt, im Intranet suchen
Anweisungen	sehr unübersichtlich, schwer zugänglich, im Intranet suchen oder
Memos	meist in Emails, oft im Intranet, danach fragen
interne Analysen	meist im Intranet, danach fragen
Datenbanken	Intranet, Betreuer fragen

Welche internen und externen Personen dienen als „Quellen"?

Quelle	Hinweise
Geschäftsleitung	meist schwer zugänglich, für strategische Fragen, Super-Vorbereitung wichtig
Führungskräfte	meist wichtige Entscheider, brauchen meist das große Bild, weniger die Details
Mitarbeiter	tägliche Partner in der Arbeit = Kollegen, gutes Verhältnis ist wichtig, kennen sich aus
Interne Spezialisten	Konsultation bei Bedarf, schwer beschäftigt, gute Vorbereitung wichtig
Externe Experten	falls mit Unternehmen verbunden kosten sie das Unternehmen Geld, ob es welche gibt, ist abhängig vom Unternehmen, unabhängige Experten sind auch ansprechbar
Forschungsinstitute	wollen meist Aufträge und damit Geld, vor allem, wenn das Projekt von Unternehmen ausgeht, Ansatz: als Studi fragen
Kunden	Vorsicht: sehr heikel, gute Vorbereitung mit Kollegen wichtig, kein Schritt ohne Abstimmung, sorgfältige Auswahl
Lieferanten	Vorsicht: sehr heikel, gute Vorbereitung mit Kollegen wichtig, kein Schritt ohne Abstimmung, sorgfältige Auswahl

Quelle	Hinweise
Partnerunternehmen	Kontakt über Geschäftsleitung/Führungskräfte herstellen
Mitbewerber	am besten unabhängig von der Firma ansprechen, gut vorbereiten
Branchenverbände	Ansprache über das Unternehmen, schriftlich oder mündlich

Welche Herausforderungen gibt es bei der Beschaffung interner Infos und welche Lösungsvorschläge?

Immer wieder kommt es vor, dass interne Daten nicht oder nicht in ausreichender Zahl oder Qualität zur Verfügung gestellt werden. Das kann den Erfolg der Arbeit gefährden.

Herausforderungen	Lösungsvorschläge
Die exakten Informationen sind gar nicht verfügbar.	Das nehmen, was es gibt und Aufgabenstellung anpassen lassen, oder educated guess. Vorsichtig sein, alles dokumentieren, damit sich Lücken belegen lassen
Die Informationen sind sehr verstreut und die Sammlung bedeutet einen großen Aufwand	Sorgfältige Vorbereitung der Sammlung, Betreuer um Hilfe bitten, Dokumentation der einzelnen Aktivitäten, Bestimmung der kritischen Menge an Informationen
Mitarbeiter sind nicht bereit, Informationen herauszugeben	Von vornherein mit dem Betreuer abstimmen, offen kommunizieren, Schritte dokumentieren wie Anschreiben oder Telefonate, Betreuer um Hilfe bitten
Die verantwortlichen Mitarbeiter sind nicht rechtzeitig erreichbar.	Sehr früh die Liste der notwendigen Informationen erstellen und Mitarbeiter kontaktieren und terminieren
Die Infos sind in einem chaotischen Zustand.	Aufräumen! Das ist Teil der Übung und bringt Punkte bei der Firma. Sonst wäre diese Arbeit die erste Arbeit, die perfekte Informationen vorfindet.

Welche internen Suchorte kann ich nutzen?

Suchort	Hinweise
Intranet	geschlossenes Netz, Zugangsdaten notwendig, Abstimmung mit dem Betreuer notwendig, eventuell Informationen beschaffen lassen
Zentrale interne Bibliothek/Archiv/Interne Ablage	Die sind mitunter unübersichtlich. Digitale Quellen sind meist zuverlässiger und komfortabler.

Suchort	Hinweise
Auftraggeber/Betreuer	Alle im Unternehmen sind beschäftigt! Deswegen immer konkrete Fragen stellen, was genau brauche ich, in welcher Form brauche ich es, wo finde ich es oder wer hat es
Mitarbeiter mit ihren Ablagen	Moderne Firmen haben Intranet, dennoch ist noch viel bei Mitarbeitern auf dem Computer, gründliche und rechtzeitige Vorbereitung, eventuell Betreuer um Hilfe bei der Ansprache bitten

Was gehört in die Quellenliste der Praxis-Arbeit?

Art der Liste	Beschreibung	Beispiele/Erläuterungen
Literaturliste	Bücher, Artikel, Internet-Quellen	Wie bei anderen Themen-Mustern
Liste interner Dokumente	Protokolle, Emails, Handbücher, Richtlinien, Anweisungen etc.	Handout Workshop Vertriebsoptimierung, internes Dokument, 27.06.2013, Handbuch Qualitätsmanagement, internes Dokument, 2012.
Liste von Gesprächen	Auflistung aller Gesprächspartner, nicht verwechseln mit den Gesprächsprotokollen	Name, Vorname, Funktion, Zeit Maier, Jürgen, Vertriebsleiter, 27.06.2013
Anhang	Der Anhang sollte die wichtigsten internen Quellen enthalten, Ausschnitt statt komplettes Dokument ist in der Regel akzeptabel	Aus Sicht des Unternehmens sind vielleicht zwei Varianten der Arbeit denkbar, interne Version mit allen Anhängen, externe Variante mit absolut notwendigen Anhängen

Das Wichtigste auf einen Blick:

1. Die Daten-Sammlung muss ergiebig sein, damit Erkenntnisse gewonnen werden können.
2. Halte Dich an Deinen Plan.
3. Halte Ordnung in den Unterlagen und behalte damit den Überblick.
4. Notiere etwaige Veränderungen im Vorgehen für den Text.

Mögliche „Mini"-Sprints (Änderungen, Ergänzungen):
Während der Beschaffung der Daten wirst Du noch einige kleinere Herausforderungen meistern und das Vorgehen etwas anpassen. Notiere das
und sammle weiter. Die Aufbereitung der Daten ist eher nicht final. Bei der
Analyse gibt es sicher noch Aufbereitungsbedarf.

Sprint 29: Analysiere die Daten und beantworte die Detailfragen

WARUM?	Du willst die Erkenntnisse = Antworten.
Dein Ziel?	... ist eine detaillierte Liste von Erkenntnissen zu den Detailfragen.
Was steht danach NEU im Text?	Kapitel detaillierte Ergebnisse.
Dauer	20 h

Wie werte ich einen Erhebungsbogen aus?

Deine Detailfragen sind der Rahmen für die Auswertung. Schon bei der Erstellung des
Bogens hast Du die Detailfragen mit den Fragen im Bogen verbunden. Jetzt musst Du
die Ergebnisse der Erhebung nutzen, um die Detailfragen zu beantworten.
Nehmen wir das Beispiel-Thema **„Lesegewohnheiten von Fach-Ebook-Lesern"**
Die folgenden Detailfragen haben wir und dies sind unsere Unterkapitel:

6.2 Darstellung der detaillierten Ergebnisse und Erkenntnisse der Analyse

6.1.1 Motive des Lesens

6.1.2 Präferierte Inhalte

6.1.3 Verwendungszwecke der Inhalte im Beruf

6.1.4 Orte und Zeiten und Dauer des Lesens

Du hast bei einzelnen Lesern die Motive erhoben. Jetzt sammelst Du die Antworten und suchst darin nach Mustern, Gemeinsamkeiten, Häufungen, Gegensätzen, gemeinsam auftretenden Phänomenen. Drei von 15 sagen, sie lesen aus Vergnügen oder Spaß oder Langeweile. Vier der 15 lesen für die Erziehung, zwei wegen Hobby etc. Gehe auf diese Weise alle Fragen und gesammelten Daten durch.

Auswertung von Probanden-Interviews und Experteninterviews
Was ist das Ziel der Auswertung von Interviews/Experteninterviews?
Das Ziel ist eine Sammlung relevanter Aussagen zur Beantwortung der Detailfragen und der Forschungsfragen. Das sind

- gehaltvolle Aussagen und Fakten,
- die Essenzen der Antworten,
- Konkrete Beschreibungen und Darstellungen von Sachverhalten.

Tipps für den Einstieg in die Auswertung von Interviews/Experteninterviews
Mache Dir vor der Auswertung von Interview-Transkripten ein paar Fakten klar. Dann fällt Dir die Auswertung leichter.

- Die Auswertung von Interviews ist schwer, für alle!
- Niemand kann das leicht schaffen.
- Die Texte der Antworten in den Interviews sind meist komplex.
- Die Sätze können sehr unterschiedlich sein.
- Das Begriffsverständnis ist mitunter nicht einheitlich.
- Ohne ein Koordinatensystem geht es nicht.
- Es gibt meist Spielraum für Interpretationen der Aussagen.
- Jeder würde die Auswertung der gleichen Interview-Texte etwas anders machen.
- Der Auswerter beeinflusst die Auswertung.
- Jeder Gesprächspartner sagt etwas anderes oder betont andere Aspekte.
- Manche Antworten sind nicht brauchbar. Lass sie weg.
- Manche Teilnehmer schweifen sehr weit ab. Schleife das Überflüssige gnadenlos.
- Manche sagen Dinge, die Du noch gar nicht betrachtet oder berücksichtigt hast. Dann überlege, ob sie rein sollen.

Vorgehen bei der Auswertung von Interview-Transkripten (aus Experteninterviews)

Schritt 1: Mache Dir Dein Ziel klar: bei jeder Frage muss die Essenz der Antwort stehen.

Schritt 2: Gehe in das erste Interview und markiere alle Sätze und Satzteile in Rot, welche relevante Fakten und Aussagen enthalten.

Pause

Schritt 3: Wiederhole die Prozedur mit dem nächsten Interview und dann den weiteren Interviews. Prüfe nach der Behandlung aller Interviews unbedingt noch einmal die ersten Interviews.

Schritt 4: Gehe alle roten Stellen in den Interviews noch einmal durch und prüfe, ob sie tatsächlich relevant sind.

Schritt 5: Trage alle rot markierten Antworten zu jeweils EINER Frage in eine Tabelle ein. Nutze unsere Vorlage.

Schritt 6: Vergleiche die Aussagen zu einer Antwort. Finde gleiche/ähnliche Aussagen und verschiedene Aussagen. Markiere die gleichlautenden Aussagen mit Doppelbuchstaben (AA) für Aussage 1, (BB) für Aussage 2 etc.

Beispiele für gleiche Aussagen zum Thema: Auswirkungen von Schokolade auf die Motivation von Studenten.

Frage zur Motivationswirkung von heller Schokolade.

Gesprächspartner (GP) 1: Helle Schokolade hat eine motivierende Wirkung auf Studierende. Das zeigen alle Versuche.

GP 2: Die motivierende Wirkung von heller Schokolade ist eindeutig.

GP 3: Die Probanden zeigen nach dem Genuss heller Schokolade eine deutlich höhere Motivation.

GP 4: Unstrittig ist, dass helle Schokolade die Lernmotivation von Studierenden verbessern kann.

Beispiele für völlig unterschiedliche Aussagen:

GP 1: Helle Schokolade muss auf jeden Fall gekühlt sein, um wirklich zu motivieren.

GP 2: Uns ist aufgefallen, dass helle Schokolade im Hochpreissegment eine höhere Motivation haben kann.

GP 3: Die Tageszeit ist wichtig für die Motivationswirkung. Schokolade am Vormittag hat den besten Effekt.

GP 4: Nur wenn es neben dem Schokoladekonsum auch eine ausgewogene Ernährung gibt, kann ein positiver Motivationseffekt festgestellt werden.

Schritt 7: Erstelle aus den Detailfragen und Interviewfragen das Gerüst für den Text. Die Detailfragen sind Deine Zwischenüberschriften. Eventuell kannst Du das erst später machen, wenn Du alle Inhalte beisammenhast.

Schritt 8: Füge dann unter die Interviewfragen (also in die Zwischenkapitel) jeweils zuerst die gleichen Aussagen ein und dann die restlichen, also unterschiedlichen Aussagen. Vermerke dabei zu den Aussagen in Klammern den jeweiligen Interviewpartner (Gesprächspartner 1 = GP1, GP2 etc.)

Schritt 9: Formuliere dann einen Fließ-Text in den Kapiteln, in welchen die roten Aussagen eingefügt sind, kursiv und als wörtliche Zitate, also mit „... und ...".

Variante A: Schreibe Sätze und integriere die Aussagen in die Sätze.

Variante B: Schreibe Sätze und füge dann mit Doppelpunkt die Aussagen ein.

Mögliche Formulierungen:

Variante A: Der Experte Alfa betonte, dass „... die Backeigenschaften von weißer Schokolade ... besonders relevant für ihre Nutzung in der Herstellung von Weihnachtsgebäck..." sind.

Variante B: Experte Alfa stellte fest: „...Die Backeigenschaften von weißer Schokolade sind besonders relevant für ihre Nutzung in der Herstellung von Weihnachtsgebäck...".

(Tipp: lasse die Aussagen aus den Interviews BIS ZULETZT in Rot!!! Das erleichtert die Kontrolle.)

Schritt 10: Kontrolliere und schleife die Unterkapitel im Ergebniskapitel gründlich.

Schritt 11: Ziehe bei jeder Interviewfrage die Schlussfolgerungen. Bei den gleichlautenden Aussagen am besten jeweils hinter den gesammelten Aussagen. Bei den unterschiedlichen Aussagen ziehe sie nach ALLEN unterschiedlichen Aussagen.

Was sind die Besonderheiten bei Interviews mit Probanden?

Der Unterschied zu den Experteninterviews ist, dass die Aussagen von Probanden viel weniger reflektiert und verallgemeinert sind. Das hat Auswirkungen auf die Auswertung. Bei Experten-Interviews ist es möglich, auf Kategorien aus Modellen zurückzugreifen. Schon die Fragen sind darauf angelegt.

Bei Probanden-Interviews werden dagegen die Sachverhalte mit einer Vielzahl von Worten umschrieben. Diese Worte klingen auch unterschiedlich bei verschiedenen Probanden. Daher müssen als erstes aus den Aussagen im Text Kategorien abgeleitet werden. Kategorien sind Begriffe als Stellvertreter für bestimmte Aussagen.

Beispiel:

Kategorie: Gewohnheitsmäßiger Ebook-Leser

Dazu passen Aussagen wie:

Ich lese regelmäßig Ebooks.

Das ist eine klare Aussage. Aber es geht auch anders...

Kein Tag vergeht, an dem ich nicht im einen oder anderen Ebook stöbere.

ODER: ich habe mein Tablet immer dabei und kann daher immer auf meine Ebook-Sammlung zurückgreifen. Und das tue ich auch fast jeden Tag.

ODER: wenn ich zur Arbeit fahre, lese ich meistens Ebooks.

ODER: Ich habe so viele Ebooks, die kann ich gar nicht alle lesen. Aber ich versuche es jeden Tag auf Neue wenigstens ein paar Seiten zu lesen.

All diese Aussagen deuten auf eine einzige Kategorie hin: das ist ein gewohnheitsmäßiger Leser.

Von dieser Art von Aussagen gibt es Dutzende.

Du brauchst ein Kategoriensystem. Du musst es für Deine Fragestellung ableiten, kannst aber auf Modelle zurückgreifen.

Wie erarbeite ich mein Kategoriensystem?

Schritt 1: Markiere im ersten Interview alle Sätze und Satzteile mit relevanten Fakten und Aussagen in Rot.

Pause

Schritt 2: Mache das für die nächsten Interviews.

Schritt 3: Vergleiche alle roten Stellen in den Interviews und versuche, sie inhaltlich zu ordnen.

Schritt 4: Trage die rot markierten Antworten zu jeweils EINER Frage in eine Tabelle ein.

Schritt 5: Versuche, für die ähnlichen oder fast gleichen Aussagen jeweils einen Begriff zu finden. Aussage für Aussage. Das ist die Basis Deines Kategoriensystems.

Schritt 6: Gleiche die Begriffe ab und vereinheitlich sie. Am besten wäre, sie tauchen auch in Modellen auf. Du kannst dann diese Begriffe als Kategorien verwenden, WENN Deine Inhalte weitestehend deckungsgleich mit denen in den Modellen sind. Mache dazu am besten eine Tabelle, in der die Begriffe aufgelistet sind.

Schritt 7: Werte jetzt alle Interviews mit diesen Kategorien aus.

Noch ein paar Tipps:

- Du brauchst unbedingt eine Deadline für die Auswertung. Sonst sitzt Du monatelang daran. Wirklich.
- Du brauchst Pausen.
- Du brauchst parallel zur Auswertung die Beschäftigung mit anderen Kapiteln, damit Du auf andere Gedanken kommst.
- Du brauchst andere Menschen als Sparringspartner, nicht für alle Stellen und nicht ständig. Aber immer mal was erzählen entlastet Dich.
- Du kannst Dir und Deinem Urteilsvermögen inzwischen vertrauen. Du hast schon so viel in dem Thema erarbeitet, dass Du Dich auskennst.
- Das gesamte Bild ergibt sich erst am Ende der Auswertung. Sammle also die Details.
- Raste nicht aus, wenn es scheinbar wenige Erkenntnisse gibt. Auch nicht gewonnene Erkenntnisse sind Erkenntnisse.
- Lass noch was übrig für die nachfolgende Forschergeneration. Wenn Deine Fragen beantwortet sind, dann lass es gut sein.

Wie werte ich die Antworten in einem standardisierten Fragebogen aus?

Du hast Deine Detailfragen und Hypothesen und Dein Auswertungsdesign. Nimm also Deine rohen Daten, verarbeite sie mit einem Statistik-Programm und prüfe Deine Hypothesen und beantworte Deine Detailfragen.

Expertenhilfe ist häufig sinnvoll.

Praxis-Arbeit

Wie läuft die eigentliche Analyse bei einer Praxis-Arbeit ab?

Das Ziel dieser Analyse ist das Konzept als Sammlung von Lösungsansätzen für das Problem oder von Empfehlungen zur Erreichung des Ziels.

Die Analyse besteht aus den zwei Schritten IST-Analyse und Analyse zur Ermittlung der Ansätze für das SOLL-Konzept

Vorgehen bei der IST-Analyse

1. Ergänze die Detailfragen, auf Basis der Erkenntnisse aus der Literatur und je nach Firma, Problemstellung, Aufgabenstellung
2. Beantworte die Fragen mittels Auswertung interner Quellen und Gesprächen

Vorgehen bei der Erstellung des SOLL-Konzepts

1. Ergänze die Detailfragen zum SOLL-Konzept je nach Firma, Problemstellung und Aufgabenstellung.
2. Beantworte die Fragen mittels Auswertung interner Quellen und Gesprächen.
3. Stelle das Konzept zusammen und diskutiere es mit den Entscheidern.

Was gehört alles zum SOLL-Konzept

- Strategie als Rahmen,
- Voraussetzungen für das Konzept,
- detaillierte Zielbeschreibung aus Sicht des Auftraggebers (WAS),
- detaillierte Beschreibung der Schritte zum Ziel = Aktivitäten und Maßnahmen (WIE),
- Darstellung geeigneter Mitteln und Methoden (WOMIT),
- Ressourcen (Geld, Personal, Zeit),
- Verantwortlichkeiten,
- ungefährer Zeitplan,
- Instrumente zur Erfolgsmessung.

Beispielthema Ebooks SOLL-Konzept

Thema: Entwicklung eines Marketing-Konzeptes für einen Ebook-Fachverlag für den deutschen Markt

SOLL-Konzept allgemein	Ausprägung für das Beispielthema
Strategie als Rahmen	nur Fachbücher, Themen-Schwerpunkte, Zielgruppe Akademiker, günstige und teurere Ebooks; Online-Direktvertrieb aber auch über Kataloge
Voraussetzungen für das Konzept	bekannte Marke, Stammkundschaft vorhanden
Detaillierte Zielbeschreibung aus Sicht des Auftraggebers (WAS)	Gewinnung von 1000 neuen Kunden pro Monat, mit relativ beschränkten Budget
Detaillierte Beschreibung der Schritte zum Ziel = Aktivitäten und Maßnahmen (WIE)	Onlinemarke stärken, online-events, Aktivierung von Stammkunden als Empfehlungsgeber
Darstellung geeigneter Mitteln und Methoden (WOMIT)	Social Media Plattformen, eigene Webseite, Suchmaschinenmarketing, Empfehlungsmarketing, Affiliate/Partnerprogramm
Ressourcen (Geld, Personal, Zeit)	100 Manntage, 50.000 EUR Budget
Verantwortlichkeiten	Leiter Marketing
Ungefährer Zeitplan	1. Phase: 100 Tage Programm (Webseite, Facebook & Co., Suchmaschinen) 2. Phase: 300 Tage Programm (Partnerprogramm, Events)
Instrumente zur Erfolgsmessung	Tracking der Onlineverkäufe; Tracking aller online messbaren Kennzahlen

Das Wichtigste auf einen Blick:

1. Die Daten-Analyse soll die Erkenntnisse bringen. Sie ist ein kreativer Prozess.
2. Nutze die Methoden und hole aus den Daten raus, was geht.
3. Mache Pausen und besprich Dich mit anderen.
4. Notiere Deine Erkenntnisse akribisch.

Sprint 30: Erstelle den Anhang

WARUM?	Du willst den Anhang.
Dein Ziel?	… ist ein weitgehend fertiger Anhang für die Verweise in den Kapiteln.
Was steht danach NEU im Text?	Der Anhang.
Dauer	2 h

Warum sollte ich denn JETZT den Anhang erstellen?

Ganz einfach: Du wirst in Deinem Ergebniskapitel und allen folgenden Kapiteln auf Daten und Ergebnisse verweisen. Diese finden sich bei einer empirischen Arbeit im Anhang. Wenn Du aus Transkripten zitierst, dann musst Du die Fundstelle angeben, mit Anhang und Zeilenzahl. Nur dann ist alles nachvollziehbar.

Art der Liste	Beschreibung	Hinweise
Anhang Fragebogen	Anhang enthält den leeren Fragebogen, mit Anschreiben extra	Anhänge genau bezeichnen
Anhang Auswertungen	Daten und Auswertungen, die nicht im Text sind	Nicht alle Auswertungen müssen rein, Alle Anhänge genau bezeichnen
Anhang Interview-Protokolle	Transkription oder Notizen der Interviews bei qualitativer Untersuchung	Jedes Interview ist ein Anhang, Fragen in fetter Schrift; Idealerweise Zeilen durchnummerieren, dann sind Verweise leichter

Was kommt aus Interviews in den Anhang?

- der leere Leitfaden oder mehrere, wenn mehrere Gruppen interviewt wurden,
- die Transkripte aller Teilnehmer, entweder mit Namen oder einer Nummer,
- die Code-Tabelle, falls es eine Kodierung gab,
- die Datentabelle mit Aussagen zu einzelnen Punkten, falls Du solch eine Tabelle gemacht hast,
- ein Gesprächsverzeichnis mit Namen und Datum oder alternativ mit Nummer und Position oder Funktion.

Was kommt aus Fragebögen in den Anhang?

- der leere Fragebogen oder mehrere, wenn mehrere Gruppen befragt wurden,
- die Datentabelle mit Rohdaten,
- Tabellen mit Ergebnissen, die nicht im Text verwendet wurden, die aber für die Ergebnisse relevant sind.

Was kommt aus Erhebungen in den Anhang?

- der leere Erhebungsbogen oder mehrere, wenn mehrere Objekte betrachtet wurden,
- die ausgefüllten Erhebungsbögen, wenn sich die Anzahl im Rahmen hält. (Mehr als 20 sind sicher zu viele. Diese kommen dann auf CD.)
- die Code-Tabelle, falls es eine Kodierung gab,
- die Datentabelle mit allen Daten zu einzelnen Punkten.

Was kommt bei der Praxis-Arbeit in den Anhang?

- alle Protokolle und Vorlagen für Datensammlungen und Erhebungen aller Art und
- relevante interne Dokumente oder Auszüge daraus.

Was kommt NICHT in den Anhang?

Nur nicht öffentlich zugängliche Dokumente kommen in den Anhang. Alles, was sich in öffentlich zugänglichen Quellen findet, kommt daher nicht hinein. Das gilt für Bücher und Studien. ABER: eine Ausnahme sind Webseiten. Deren Inhalte können

gelöscht werden. Daher sind Screenshots sinnvoll, welche je nach Anzahl entweder im gedruckten Anhang eingefügt oder auf CD gespeichert werden.

Was mache ich, wenn ich viele mehrseitige interne Dokumente in den Anhang packen muss?

Nutze am besten Trennblätter. Pro Dokument gibt es ein Deckblatt mit Nummer und Name des Anhangs und normaler Seitenzahl. Ganz am Ende werden die internen Dokumente dann NACH dem Drucken und VOR dem Binden eingefügt. Sie können natürlich auch in der Druck- PDF eingefügt werden, wenn ein Programm zur Hand ist.

Das Wichtigste auf einen Blick:

1. Der Anhang ist unabdingbar für die Analysen und das Schreiben der Kapitel der Eigenleistung.
2. Arbeite von Anfang an mit unserer Vorlage.
3. Ergänze Anhänge, wann immer sie auftauchen.

Mögliche „Mini"-Sprints (Änderungen, Ergänzungen):

Der Anhang wird bis zum Ende der Arbeit wachsen. Nimm ihn ernst, weil das die Auswertung und das Schreiben leichter macht.

Sprint 31: Schreibe das Ergebnis-Kapitel

WARUM?	Du willst das Kapitel Ergebnisse fertig haben.
Dein Ziel?	... ein weitgehend fertiges Ergebniskapitel.
Was steht danach NEU im Text?	Kapitel 6 Ergebnisse Ergebnisse der empirischen Analyse
Dauer	32 h

Was kommt in das Kapitel mit den detaillierten Ergebnissen?

Hier stehen die Antworten auf Deine Detailfragen. Das sind die einzelnen Erkenntnisse und Ergebnisse Deiner Analysen und Auswertungen, Deine Eigenleistung, Dein eigener wissenschaftliche Beitrag.

Du hast diese finalen Erkenntnisse bei der Zielformulierung schon von der Struktur her beschrieben.

Wie schreibe ich das Kapitel Ergebnisse?

Deine Detailfragen sind die Unterkapitel im Kapitel Ergebnisse. Damit hast Du eine klare Ordnung der Ergebnisse. Gehe so vor:

- Sammle alle Argumente und Schlussfolgerungen aus Deiner Analyse und den Auswertungen.
- Schreibe sie jeweils unter die Detailfragen, in Stichworten oder Sätzen.
- Dann formuliere die Antworten auf die einzelnen Detailfragen aus.
- Lass den Text liegen und schleife danach wieder daran.
- Erkläre die Ergebnisse Deinen Freunden.
- Halte einen richtigen Vortrag, vor wem auch immer.

Nehmen wir das Beispiel-Thema **„Lesegewohnheiten von Fach-Ebook-Lesern"**
Diese Detailfragen haben wir und diese sind unsere Unterkapitel:

6.2 Darstellung der detaillierten Ergebnisse und Erkenntnisse der Analyse

6.1.1 Motive des Lesens

6.1.2 Präferierte Inhalte

6.1.3 Verwendungszwecke der Inhalte im Beruf

6.1.4 Orte und Zeiten und Dauer des Lesens

Vielleicht lassen sich die Inhalte auch anders darstellen. Aber die Logik und Klarheit der Detailfragen ist einfach zu bestechend, um das anders zu machen...

Hier ist noch ein Beispiel für die Darstellung der detaillierten Ergebnisse für das Thema **„Auswirkungen von Schokoladenkonsum auf die Motivation von Studierenden"**

Detailfrage 1: Welchen Einfluss hat der Schokoladenkonsum auf die Fähigkeit, länger zu arbeiten?

Die folgende Grafik gibt einen Überblick über den Zusammenhang zwischen den konsumierten Schokoladenmengen und den Arbeitsstunden. Auffällig dabei ist...

Detailfrage 2: Welcher Zusammenhang besteht zwischen der Schokoladensorte und dem Glücksniveau der Studierenden in der Prüfungsvorbereitung?
Den Zusammenhang zwischen der Schokoladensorte und dem Glücksniveau der Studierenden in der Prüfungsvorbereitung zeigt die folgende Übersicht. Offensichtlich führt ein höherer Zuckeranteil zu ... usw.

7 Tipps für das Kapitel mit den Ergebnissen

- Plane genug Zeit für die Ergebnisse ein. Das ist im Grunde das wichtigste Kapitel. Dafür gibt es die meisten Punkte. Vermeide, 80 % der Arbeitszeit für die Grundlagen und die Theorie zu verwenden und für die Ergebnisse nur kümmerliche zwei oder drei Tage übrig zu haben. Der Betreuer macht es bei seiner Begutachtung genau andersrum: er überblättert die Grundlagen und widmet sich die meiste Zeit den Ergebnissen.
- Die Ausarbeitung des Ergebniskapitels beginnt schon ganz am Anfang, wenn die Detailfragen festgelegt werden. Diese Detailfragen bilden das Grundgerüst für das Ergebniskapitel.
- Sortiere und schreibe immer entlang der Detailfragen.
- Mache Dir immer Notizen zu den Erkenntnissen, direkt zu den Detailfragen.
- Das Ergebniskapitel solltest Du nicht in einem Ruck schreiben müssen. Das muss liegen bleiben und geschliffen werden. Außerdem ergeben sich mit Pausen noch weitere Gesichtspunkte.
- Diskutiere die Ergebnisse mit anderen. Verteidige Deine Ergebnisse, erkläre die Ergebnisse, trage sie vor.
- Arbeite mit Stichworten, wenn Dir keine ganzen Formulierungen im Moment einfallen.

Formulierungen für die detaillierten Ergebnisse

- Die Befragung der XY Gruppe ergab einen engen Zusammenhang zwischen...
- Signifikante Ergebnisse zeigen die Untersuchungen des Zusammenhangs zwischen Alfa und Beta...
- Weniger stark ist der Zusammenhang zwischen Faktor Arpas und Betras...

- Wie die Abbildung XXX zeigt, fordert Alfa das Auftreten von Beta...
- Als Ursachen für den Zustand XY kommen vor allem das Vorhandensein von XZ in Frage...
- Abbildung 14 belegt den Einfluss von B auf D...
- Die Werte 1 und 2 deuten auf die Existenz eines XY hin... Allerdings ist auffällig, dass...
- Weniger eng ist der Zusammenhang zwischen X und Y bei der Gruppe der PP...
- Den stärksten Einfluss über Alfa auf Zeta aus...
- Der Wert von Zeta wird besonders von den Faktoren R und T bestimmt...
- Die zentrale Erkenntnis der Studie von XXX ist....
- Weiterhin gibt es einen Zusammenhang zwischen Alfa und Beta.
- Nicht erwartet wurde der Zusammenhang zwischen Beta und Theta.
- Eine weitere Erkenntnis betrifft den Zusammenhang zwischen ...
- Der Faktor Gamma spielt offenbar eine wichtigere Rolle für Lambda als bislang angenommen. etc.

Was ist die Methodenkritik?

Am Ende einer wissenschaftlichen Arbeit ist kritisch einzuschätzen, ob die gewählte Vorgehensweise geeignet war, das Problem der Arbeit zu lösen. Unzulänglichkeiten und Unvollkommenheiten sind zu benennen. Dies ist keine Kritik in dem Sinn, dass man etwas falsch gemacht hat. Vielmehr geht es darum zu zeigen, dass man mit diesen Mitteln nur ganz bestimmte Erkenntnisse gewinnen kann. Diese sind daher nur mit bestimmten Einschränkungen gültig. Für abschließende Erkenntnisse ist weitere Forschung notwendig, mit anderen Ansätzen, die aber im Rahmen dieser Arbeit nicht machbar sind.

Was sind die Inhalte im Kapitel Methodenkritik?

Nenne und beschreibe in diesem Kapitel die Vor- und Nachteile der Methoden und Tools wie Fragebogen und Interviews.

- Einschätzung, wie zuverlässig die genutzten Methoden und Tools wie Fragebogen und Interviews sind.
- Welche Probleme bei der Datenerhebung führten zu einer schlechteren Qualität der Daten?
- Welche Änderungen sollten bei einem künftigen Projekt vorgenommen werden, um bessere Ergebnisse zu erhalten?

- Welche Kompromisse müssten bei der Datenerhebung oder Datenauswertung gemacht werden, die bei neuen Versuchen vermieden werden sollten?
- Frage Dich, welche Methode wohl die besten Ergebnisse bringen könnte und dann vergleiche mit der genutzten Methode. Dabei werden Ansätze für die Beurteilung der genutzten Methoden sichtbar.

Ein Bewertungsmaßstab für Deine Methodenkritik ist einerseits der aktuelle Forschungsstand und auf der anderen Seite der Forschungsbedarf. Du setzt Deine eigenen Ergebnisse in Beziehung zu den bisher verwendeten Methoden. Damit ergibt sich eine Einordnung Deiner Arbeit, mit ihren Stärken und Schwächen. Der Forschungsbedarf gibt Dir Hinweise zu möglichen weiteren Methoden.

Mikrofragen Methodenkritik
- Waren die genutzten Methoden adäquat?
- Wie zuverlässig lieferten die genutzten Methoden und Tools wie Fragebogen und Interviews die gewünschten Daten?
- Welche Probleme bei der Datenerhebung führten zu einer schlechteren Qualität der Daten?
- Konnten die Methoden in der Zeit und mit den Objekten, so wie von den Methoden verlangt, angewendet werden?
- Hätte man mit anderen Methoden bessere Ergebnisse erzielen können?
- Hätte man mit mehr Zeit bessere Ergebnisse erzielen können?
- Gibt es Methoden, die besser wären, aber nicht angewendet werden konnten? Warum nicht? (Zeit, Kosten, Erreichbarkeit von Personen etc.).
- Welche Änderungen sollten bei einem künftigen Projekt vorgenommen werden, um bessere Ergebnisse zu erhalten?
- Welche Kompromisse mussten bei der Datenerhebung oder Datenauswertung gemacht werden, die bei neuen Versuchen vermieden werden sollten?

Ein Beispiel für eine Methodenkritik:
Beschreibe, was gut geklappt hat und was schwierig war.
Beispiel:
Das A-Verhalten der X-Gruppe ist bereits gut erforscht. Diese Arbeit konnte einige Erkenntnisse beisteuern. Allerdings ist die Aussagekraft der Erkenntnisse eingeschränkt, aufgrund der zeitlichen Beschränkung der Beobachtung auf eine Woche.

Die Herausforderung ist, Daten über das längerfristige B-Verhalten der X-Gruppe zu beschaffen. Dazu ist eine längerfristige Begleitung und Beobachtung des Verhaltens der Teilnehmer notwendig. Sinnvoll ist die Durchführung einer 3-monatigen Versuchsreihe zur Gewinnung entsprechender Daten. Allerdings müssen dafür einige ethische Aspekte geklärt werden.

Formulierungen für die Methodenkritik
- Wesentliche Defizite der gewählten Vorgehensweise sind die mangelnde Repräsentativität der Ergebnisse...
- Aufgrund des eingeschränkten Zugangs zur Zielgruppe war es nicht möglich, die Fragen 2 und 6 adäquat zu beantworten...
- Die Beschränkung der Fragen auf den Themenbereich 2 aufgrund der kurzen Interviewdauer führte dazu, dass die Tiefe...
- In einer neuen Befragung sollte auf X und Y geachtet werden.
- Die Lücken im Datensatz 14 erlaubten nicht, den Zusammenhang zwischen den Variablen A und B tiefer gehend zu untersuchen. Daher wurde...

Tipps für die Methodenkritik
- Gehe zu Deinen Anfangsideen für die Methoden zurück, zu den Methoden, die sich nicht nutzen ließen. Das sind Aufhänger für die Methodenkritik.
- Mache Dir immer wieder Notizen für die Methodenkritik.
- Betrachte die Arbeit aus der Distanz, als ob Du selbst sie bewerten müsstest.
- Schaue noch mal auf die Methoden der anderen Studien. Welche davon hättest Du auch gerne genutzt?

Wozu dient die Diskussion?

Die wichtigsten Erkenntnisse der Datenauswertung müssen diskutiert werden, um sie in das aktuelle Forschungsfeld einzuordnen. An sich ist eine Diskussion ein Austausch von Argumenten, Fakten, Positionen und Ideen zu einem Thema. Sie ist mündlich oder schriftlich.

In der Thesis ist die Diskussion die Erörterung der eigenen Erkenntnisse in Verbindung mit dem bisher Bekannten, den vorhandenen Theorien und Erklärungsansätzen. Verweise also auf zentrale, bereits vorhandene Erkenntnisse, Modelle, Theorien und Fakten und bringe diese in Verbindung mit den neuen Erkenntnissen.

Dazu werden die Standpunkte und Ansätze und Erkenntnisse von Autoren noch einmal aufgegriffen und den eigenen Erkenntnissen (nicht Deiner Meinung!!!) gegenübergestellt. Die Gliederung des Diskussionskapitels erfolgt am besten entlang der eigenen Erkenntnisse. Mit den wichtigsten Erkenntnissen solltest Du anfangen. Am Ende sollten mindestens fünf Erkenntnisse diskutiert werden.

Wie schreibe ich die Diskussion?
Die Diskussion sollte auf jeden Fall nicht erst zwei Tage vor dem Druck geschrieben werden! Die Diskussion ist ein Denkprozess und braucht etwas Zeit, Denkpausen und dann Überarbeitung.
Die inhaltliche Voraussetzung für das Kapitel mit der Diskussion ist das Kapitel mit den Ergebnissen. Stehen die Ergebnisse weitgehend fest, kann auch die Diskussion erfolgen. Sinnvoll ist, sich immer wieder Notizen bei guten Einfällen zu machen. Eine echte Diskussion mit einem Sparringspartner ist natürlich auch sinnvoll. Das ist wiederum ein Hinweis, dass die Diskussion nicht auf die Schnelle geschrieben werden darf.
Wichtig: Es gibt keinen echten Maßstab, was alles in die Diskussion gehört. Du hast die Arbeit gemacht. Du weißt, was wichtig ist. Wähle also die Inhalte selbst aus. Die Quelle für die Inhalte der Diskussion sind Deine Erkenntnisse und die im Text beschriebenen theoretischen Ansätze, empirischen Erkenntnisse, Fakten, Argumente und Modelle aus fremden Quellen. Es sollten jetzt keine neuen Quellen mehr auftauchen.

Liste von Fragen zum Schreiben der Diskussion
Schritt 1: Bisheriges Wissen
Was sind die drei bis fünf wichtigsten Ansätze, Modelle, Theorien, Gegebenheiten etc.?
Schritt 2: mein neues Wissen
Was sind meine wichtigsten eigenen Erkenntnisse, die noch nicht in wissenschaftlichen Quellen stehen?
Schritt 3: Verbindung zwischen bisherigen und meinen Erkenntnissen
- Welche bisherigen Erkenntnisse kann ich bestätigen?
- Welche bisherigen Erkenntnisse widersprechen meinen Ergebnissen?
  (Welche Ursachen kann es dafür geben? Wo sind eventuell Unterschiede im Forschungsdesign? Habe ich andere Erhebungsmethoden oder Auswertungs-

methoden verwendet? Habe ich eine andere Zielgruppe untersucht? Habe ich andere Fragen gestellt? etc.)
- Welche neuen Erkenntnisse kann ich zu einzelnen Fragen beitragen?
- Welche Fragen bleiben offen? Was muss weiter erforscht werden?

Wie hängt das Kapitel mit der Diskussion mit den anderen Teilen des Textes zusammen?

Das Kapitel mit der Diskussion ist die Krönung Deiner Arbeit. In der Diskussion wird auf die Standpunkte und Erkenntnisse anderer Autoren eingegangen. Diese werden mit Deinen Erkenntnissen im Zusammenhang betrachtet. Die Diskussion ist daher mit allen Kapiteln verbunden. Sie ist vor allem auch mit der Einleitung verbunden, weil in dieser die Detailfragen zur Forschungsfrage formuliert sind. Damit schließt sich der Kreis.

Diese Formulierungen helfen bei der Diskussion der Ergebnisse:

- Die Erkenntnisse A und B und D bestätigen die Ergebnisse der empirischen Studien von Autoren X; Y, Z.
- Die Daten zur Variable X12 widersprechen dem Modell von Autor M hinsichtlich der Frage ABC...
- Besonders die Frage K24 ist nach wie vor nicht beantwortet. Sie muss weiter untersucht werden...
- Eine Erweiterung des Ansatzes von Autor Gamma sind die Erkenntnisse über die Aspekte A und G und G1...
- Die Ergebnisse zeigen, dass unter bestimmten Umständen auch die Fähigkeiten A und B für X benötigt werden.

7 Tipps für die Diskussion der Ergebnisse der Analysen

1. Schiebe die Diskussion nicht bis auf den Tag vor dem Druck auf.
2. Mache Dir auch während der Arbeit schon Gedanken und Notizen für die Diskussion.
3. Fange mit den wichtigsten Erkenntnissen an.
4. Folge dem Schema der Detailfragen.
5. Halte zur Übung einen Vortrag zur Diskussion. Nimm ihn mit einer Diktier-App auf.

6. Diskutiere die Inhalte Deiner Diskussion mit Diskussionspartnern. Im Austausch finden sich immer die besten Argumente.

7. Sei kritisch bei Feedback zur Diskussion. Niemand hat sich so intensiv mit dem Thema beschäftigt wie Du. Nimm also gut gemeinte Ratschläge erstmal zur Kenntnis und reflektiere sie, bevor Du alles Mögliche änderst. Eine Nacht drüber schlafen hilft bestimmt.

Was sind Implikationen?

Implikationen sind Auswirkung der Erkenntnisse für andere. Die Erkenntnisse machen eventuell ein Handeln Dritter nötig. Das Kapitel kann auch mit Handlungsempfehlungen kombiniert werden.

Ein Beispiel:

Die sozialen Netzwerke sind für Menschen inzwischen attraktiver geworden als Fernsehen. Das hat Folgen für die TV-Sender. Diese müssen ihre Angebote überdenken.

Noch ein Beispiel:

Wikipedia verändert das Recherchieren und das Schreiben von Hausaufgaben. Die Didaktik muss diese Änderungen berücksichtigen.

Welche Mikrofragen helfen bei Implikationen?

- Für welche Stakeholder sind die Erkenntnisse relevant?
- Wer ist davon betroffen?
- Welchen Einfluss haben die Ergebnisse der Arbeit möglicherweise für die Stakeholder?
- Was müssen diese eventuell ändern im Hinblick auf Aktivitäten, Gewohnheiten, Herangehensweisen, Entscheidungen etc.?
- Welche Schlüsse können im Hinblick auf aktuelle Regelungen gezogen werden? Was sollte sich ändern?

Formulierungen für Implikationen und Schlussfolgerungen

- Die Erkenntnisse aus dieser Arbeit sind für die folgenden Zielgruppen besonders relevant...
- Die Gruppe XY (Beispiel: Leasing-Unternehmen) muss ihre Technologie in Zukunft...
- Mit der Änderung (ABC) ergeben sich neue Chancen für den Markteintritt von XY Unternehmen...

- Die Ergebnisse der Auswertung legen nahe, dass Alfa und Delta...
- Der Einfluss von A auf B lässt darauf schließen, dass...
- Langfristig ist zu erwarten, dass...
- Angesichts der vielfältigen Möglichkeiten im Bereich A und B könnte im Projekt...
- Damit ist offensichtlich, dass der Faktor Alfa mittelfristig eine größere Bedeutung gewinnen wird...
- Die Entscheidung für die Einführung von System XY muss auch den Einfluss von Beta berücksichtigen.

Das Wichtigste auf einen Blick:

1. Das Kapitel Ergebnisse ist das wichtigste Kapitel der ganzen Arbeit. Hier findet sich DEIN Beitrag zum Erkenntnisfortschritt.
2. Arbeite entlang der Detailfragen und der Ergebnisse der Analysen.
3. Arbeite die Hinweise aus dem Vortrag mit ein, dann wird das Gutachten super!

Mögliche „Mini"-Sprints (Änderungen, Ergänzungen):

Überarbeite das Kapitel Ergebnisse nachdem Du die Diskussion und die Schlussfolgerungen beendet hast.

Sprint 32: Schreibe das Fazit

WARUM?	Du willst das fertige Kapitel.
Dein Ziel?	... ist ein fertiges Kapitel für das Lektorat.
Was steht danach NEU im Text?	Kapitel 8 Fazit Schlussfolgerungen der Arbeit
Dauer	12 h

Welche Inhalte stehen im Fazit bzw. den Schlussfolgerungen? Aus welchen Quellen kommen sie?

Die Schlussfolgerungen oder das Fazit aus der Arbeit sind eine Übersicht der wesentlichen Lehren aus Deinem Erkenntnisprozess. Daher geht es um Deine Ergebnisse, aber auch um weitergehende Schlüsse und Konsequenzen aus der Analyse. Dazu wird auf die wichtigsten behandelten Bereiche des Themas verwiesen. ACHTUNG: hier geht es nicht um DIE Beantwortung der Forschungsfrage. Die Antworten auf die Forschungsfragen gehören in Dein Ergebniskapitel! Hier stehen nur die Hauptpunkte Deiner Antworten, in Kurzform. Die Quellen für das Fazit sind die eigenen Erkenntnisse und die bisherigen feststehenden Erkenntnisse, welche im Text behandelt worden sind

Hier ist ein Beispiel für ein Fazit

Die Forschung konzentriert sich bisher auf drei Faktoren, die Unwissenheit der Verursacher, die Unbedarftheit der Anwender und die Ignoranz der Entscheider. Zum Faktor Unwissenheit gibt es Erkenntnisse aus Experimenten mit Grauweiß-Störchen ….

Der Einfluss des Faktors Unwissenheit besteht vor allem darin, dass sich diese Tiere immer wieder verfliegen... Der Faktor Unbedarftheit konnte bisher nicht messbar gemacht werden. Dennoch gibt es erste Ergebnisse für die Gruppe der Nestbauer. Sie deuten darauf hin, dass sie immer zu wenig Baumaterial heranschaffen. Eine Ursache dafür könnte die fehlende Ortskenntnis sein. ...

Die Ignoranz der Entscheider ist schon ein viel erforschtes Phänomen. Allerdings sind die Datenerhebungen für Grauweiß-Störche bisher noch wenig aussagekräftig. Herausforderungen sind vor allem die mangelnde Beobachtbarkeit in der freien Flugbahn. Zum anderen wechseln diese Vögel ständig ihr Revier. Damit ist ein Verfolgen … Weitere Forschung ist vor allem nötig hinsichtlich der Ursachen des Trends zu zweistöckigen Nestern für die Unterbringung ganzer Storchenfamilien. Auch die Verbrüderung der Grauweiß-Störche mit den Weißgrau-Störchen ist ein neuartiges Phänomen und erfordert tiefergehende Erforschung.

7 Tipps für das Schreiben des Fazits

- Schreibe das Fazit nicht erst zwei Tage vor dem Druck.
- Sammle schon unterwegs Ideen für das Fazit.
- Sammle Stichworte und formuliere das Fazit am Ende aus.
- Fasse Dich kurz. Das Fazit hat nur ein paar Seiten.

- Mache eine Liste der wichtigsten Schlussfolgerungen. Wähle die drei bis fünf wichtigsten und schriebe zu diesen lieber etwas mehr als zu zehn Punkten jeweils nur zwei Sätze.
- Betrachte die gesamte Arbeit und die Ergebnisse mit etwas Abstand.
- Besprich das Fazit mit anderen.

Diese Mikrofragen helfen beim Schreiben von Fazit und Schlussfolgerungen

- Was sind die wichtigsten Erkenntnisse meiner Arbeit und welche Schlussfolgerungen ergeben sich daraus?
- Was sind die wichtigsten Lehren aus der Untersuchung?
- Welche Schlüsse lassen sich ziehen, im Hinblick auf A, B oder C?
- Welche Aspekte des Themas sind gut erforscht? Welche Fragen müssen weiter erforscht werden?
- Welche Analyse-Methoden haben sich als geeignet erwiesen, welche sind weniger passend, welche sollten ausprobiert werden?
- Welche Zielgruppen sind bereits analysiert worden? Welche müssen weiter erforscht werden?
- Was bedeuten die Erkenntnisse für Betroffene, für Akteure?
- Welchen Einfluss haben die Erkenntnisse auf Aktivitäten oder Prozesse von Akteuren?

Formulierungen für Schlussfolgerungen

- Die Erkenntnisse aus dieser Arbeit sind für die folgenden Zielgruppen besonders relevant...
- Die Gruppe XY (Beispiel: Leasing-Unternehmen) muss ihre Technologie in Zukunft...
- Mit der Änderung (ABC) ergeben sich neue Chancen für den Markteintritt von XY Unternehmen...
- Die Ergebnisse der Auswertung legen nahe, dass Alfa und Delta...
- Der Einfluss von A auf B lässt darauf schließen, dass...
- Langfristig ist zu erwarten, dass...
- Angesichts der vielfältigen Möglichkeiten im Bereich A und B konnte im Projekt...

- Damit ist offensichtlich, dass der Faktor Alfa mittelfristig eine größere Bedeutung gewinnen wird...
- Die Entscheidung für die Einführung von System XY muss auch den Einfluss von Beta berücksichtigen.

Was gehört in meinen Ausblick?

Der Ausblick ist das Ergebnis der Eigenleistung. Daher sind die eigenen Ergebnisse die Quelle für den Ausblick. Der Ausblick sollte die Ergebnisse und Erkenntnisse Deiner Arbeit weiterdenken. Dabei solltest Du auf künftige relevante Entwicklungen und Aspekte eingehen. Die offenen Forschungsfragen hängen damit eng zusammen. Hier steht dann auch ein letzter Satz, der den Kreis schließen soll. Dein letzter Satz sollte eine Art Essenz sein, nicht einfach irgendein Detail. Eine gute Idee kann sein, einen bekannten Autor als Autorität zu zitieren, in dem Sinne, der Autor XXX sagt das auch...

Beispiel für den Ausblick:

Ebooks werden in der Zukunft eine strategische Rolle im Verlagsgeschäft spielen. Daher müssen sich Verlage heute schon mit der zielgruppengenauen Publikation von Ebooks befassen und diese optimieren. Nur so sind sie für die Herausforderungen der Zukunft gerüstet.

7 Tipps für das Vorgehen beim Schreiben des Ausblicks

- Schreibe unbedingt ein paar Sätze zu offenen Fragen für die weitere Forschung.
- Sammle schon unterwegs Ideen dafür.
- Orientiere Dich an den Fragen.
- Besprich Deinen Ausblick mit anderen. Das müssen gar keine Fachleute sein.
- Schreibe den Ausblick nicht erst ganz am Ende, ein paar Stunden vor dem Druck. Das wird nicht gut.
- Spekuliere nicht. Wenn Dir wenig einfällt, dann schreibe eben nur drei Punkte hin.

- Überlege, die Aussage einer anerkannten Expert/in einzubringen, als Autoritätsbeweis.

Beantworte diese Mikrofragen für den Ausblick
- Was kann aus den Ergebnissen der Arbeit für die Zukunft geschlossen werden?
- Welche Entwicklungen sind zu erwarten?
- Was für Probleme können auftreten?
- Wer ist davon betroffen?
- Welche Chancen sind denkbar?
- Auf welche Aspekte muss wer achten?
- Was muss weiter erforscht werden?

Das Wichtigste auf einen Blick:
1. Das Fazit enthält die wichtigsten Erkenntnisse und Schlussfolgerungen und einen Ausblick.
2. Fasse Dich kurz und fokussiere auf das Wesentliche.
3. Schau schon auf den Vortrag in der Verteidigung.

Mögliche „Mini"-Sprints (Änderungen, Ergänzungen):
Das Kapitel Fazit steht am Ende und sollte nicht mehr überarbeitet werden müssen.

MEILENSTEIN 7:
Text gedruckt!

MEILENSTEIN 7:
Text gedruckt

WARUM?	Du willst fertig sein.
Dein Ziel?	...sind gedruckte Exemplare der Thesis.
Dauer	16 h = 2 Arbeitstage

Sprint 29: Lasse Plagiatsanalyse, Lektorat und Korrektorat machen (Sprint 33 Empirie-Arbeit und Praxis-Arbeit)

WARUM?	Du willst einen Tipp-Top-Text.
Dein Ziel?	... sind stilistische Verbesserungen und Null Fehler und Null plagiatsgefährdete Stellen im Text.
Was steht danach NEU im Text?	Weniger Text und besserer Text.
Dauer	8 h

Was ist ein Plagiat?

Prof. C. Schwarzenegger schreibt 2006:

- wörtliche oder sinngemäße Übernahme von Textstellen anderer ohne Quellenangabe,
- Verwendung von Textteilen aus dem Internet, ohne www-Adresse und Zugriffsdatum,
- Verwendung eigener Studienarbeiten,

- Übersetzungen ohne Quellenangabe,
- Ghostwriting.

Können auch Abbildungen Plagiate sein?

Ja! Sie sind auch geistiges Eigentum.

Abb. sind mit Plagiatssoftware nicht auffindbar aber Betreuer können sie als Plagiat erkennen

Lösung: eigene Abbildungen machen oder Abbildung ändern und Quelle angeben

Nach/In Anlehnung an Mustermann, 2007, S. 15

Was ist kein Plagiat?

Kein Plagiat sind...

- ganz allgemeine Aussagen,
- allgemeine Redewendungen,
- eigene Gedanken/gewonnene Erkenntnisse.

Wie kann eine Plagiatsprüfung helfen?

Eine Plagiatsprüfung ist unbedingt zu machen! Sie kann schon nach dem Schreiben des Theorieteils gemacht werden. Dann bleibt mehr Zeit.

Besonders alte Arbeiten, die online erworben wurden, sind leicht von der Plagiats-prüfsoftware zu finden und damit auch leicht zu ersetzen.

Ist wortwörtliches Abschreiben mit Quellenangabe ein Plagiat?

Nein! Aber die Fundstelle sollte besser umformuliert werden oder auch paraphrasiert werden.

Ein Text mit vielen längeren wörtlichen Zitaten sagt zweierlei:

1. Der Autor war faul.
2. Der Autor kann Gedanken anderer nicht in seine Argumentation einbauen.

Lösung:

Immer schön umschreiben/paraphrasieren und Quelle angeben!

Das Lektorat

Vorgehen beim Lektorat:

- Lies aufmerksam Satz für Satz.
- Prüfe Abschnitt für Abschnitt, Absatz für Absatz.

- Lösche überflüssige Wörter.
- Schreibe schiefe Formulierungen um, auch radikal.
- Gehe die Kapitel nicht in der tatsächlichen Reihenfolge durch, sondern eher durcheinander, also Kapitel 4, Kapitel 1, Kapitel 3, Kapitel 5, Kapitel 2 lesen. Beginne das Lektorat mit einem Kapitel in der Mitte.
- Mache regelmäßige Pausen. Denn diese hochkonzentrierte Arbeit macht müde.
- Achte darauf, den Text nicht zu verschlimmbessern.

Das Korrektorat

Was ist der Unterschied zwischen Lektorat und Korrektorat?

Im Korrektorat werden Rechtschreibung, Grammatik und Zeichensetzung geprüft und korrigiert. Im Lektorat werden zusätzlich stilistische Verbesserungen vorgenommen und Vorschläge inhaltlicher Art, aber auf einer Mikroebene gemacht. Nicht der gesamte Rote Faden wird geprüft, sondern eher die Stimmigkeit der Absätze.

Wie mache ich das Korrektorat oder lasse es machen?

Lass den Korrektor in Ruhe arbeiten. Idealerweise sollte er auf Papier arbeiten. Denn so lassen sich am besten Fehler in Rechtschreibung, Grammatik und Interpunktion wie auch formelle Fehler finden und rot markieren. Der Korrektor sollte ein Briefing bekommen, worauf er achten soll. Auch die formalen Hinweise sollten dabei sein. Die Korrekturen arbeitest Du entweder selbst ein oder der Korrektor. Lege das vorab fest.

- Datei formatmäßig fertigstellen,
- Datei ausdrucken,
- Datei elektronisch zuschicken,
- Dateiausdruck zuschicken,
- Datei zurückerhalten,
- Korrekturen prüfen,
- Korrekturen einarbeiten,
- Erstellen der Druckdatei in PDF,
- Letzte Prüfung der PDF-Druckdatei im Ausdruck.

Wie bereite ich das Korrektorat vor?

Für das Korrektorat muss alles in einer Datei sein. Der Text sollte so ausgedruckt werden, wie er am Ende auch gedruckt werden soll, am besten aus der PDF-Datei.

Nun geht es darum, die letzten kleinen Fehlerchen in Rechtschreibung, Grammatik, Interpunktion wie auch Formatierung zu finden und auszubügeln. Ist das Korrektorat fertig, muss der Text druckfertig sein.

Quality-Check für das Korrektorat

- Rechtschreibung perfekt,
- Grammatik perfekt,
- Interpunktion perfekt,
- Fußnoten perfekt,
- Zitate perfekt,
- Verzeichnisse perfekt,
- Datei zum Druck bereit.

Stelle sicher, dass die Korrekturen auch im endgültigen Text vorgenommen werden. Entweder mache das selbst oder der Korrektor. Öffne die Datei, gehe diese Zeile für Zeile durch und ändere die fehlerhaften Inhalte. Du musst darauf achten, keine neuen Fehler zu verursachen. Beliebt sind verschobene Seitenumbrüche. Du musst hinterher prüfen, ob alles an der richtigen Stelle ist.

Einarbeiten der Änderungen aus dem Korrektorat

- Datei unter neuem Namen speichern,
- Änderungen im Text vornehmen,
- Datei alle zehn Minuten unter einem neuen Namen speichern (also text1.doc, text2.doc, text3.doc),
- Finale Rechtschreibprüfung,
- Suchen&Ersetzen von Doppel-Leerzeichen,
- Prüfen Seitenumbrüche,
- Aktualisieren der Verzeichnisse,
- Datei für Druck vorbereiten.

Das Wichtigste auf einen Blick:

1. Sieh zu, dass Du Experten an Deiner Seite hast. Das machts leichter.
2. Nutze die Checklisten für die Plagiatsanalyse sowie Lektorat und Korrektorat.
3. Sorge für ausreichend Energie. Auf den letzten Metern darf sie nicht ausgehen.
4. Setze Dir und den Profis Deadlines!

Mögliche „Mini"-Sprints (Änderungen, Ergänzungen):

Jetzt ist Schluss mit Überarbeitungen. Der Drucktermin steht fest.

Sprint 30: Formatiere, probedrucke, drucke (Sprint 34 Empirie-Arbeit und Praxis-Arbeit)

WARUM?	Du willst Dein gedrucktes Werk.
Dein Ziel?	... ist ein perfekt formatierter, fehlerfreier und gedruckter Text.
Was steht danach NEU im Text?	Der Text ist gedruckt.
Dauer	8 h

Formatierung der Druckdatei überprüfen

Du solltest von Anfang an in unsere Schreibvorlage schreiben, siehe Sprint 26.

Falls nicht, dann hole Dir jetzt diese Schreibvorlage und kopiere Deine Inhalte hinein.

Natürlich kannst Du auch in Deiner eigenen Vorlage schreiben.

Kläre mit dem Betreuer ab, welche formalen Anforderungen er hat. Nutze diese Tabelle:

Formatelement	Mögliche Ausprägungen	Anforderungen meines Lehrstuhls
Seitenzahl der Arbeit	• 60-80 Seiten	
Format	• A 4, einseitig	
Zeilenabstand Text	• 1,5-fach	
Schriftart Text	• Arial oder Times New Roman • Blocksatz	
Schriftgröße Text	• 12 Punkt Schrift	
Schriftart Fußnoten	• einfacher Zeilenabstand • 10 Punkt Schrift	
Schriftart Überschriften	• Arial oder Times New Roman • Fettdruck oder Unterstreichen • durchgehende Nummerierung (Dezimal)	
Rand oben	• 2 cm	
Rand unten	• 2 cm	
Rand links	• 3-5 cm	
Rand rechts	• links 3-5 cm (Korrekturraum)	
Seitenzahlen	• rechts unten oder • oben mittig • Schriftart: Arial oder Times New Roman • Schriftgröße: 10 oder 12	
Seitenzählung	• Seite 1 ist erste Seite Haupttext • Seiten mit Verzeichnissen werden mit römischen Zahlen nummeriert • Anhang entweder Fortsetzung Nummerierung vom Haupttext oder vom Inhaltsverzeichnis	
Kopfzeile	• Alternative 1: keine • Alternative 2: Thema der Arbeit • Alternative 3: Kapitelüberschriften	
Abbildungs-unterschrift und Tabellen-unterschrift	• unter die Abbildung • automatisch durchnummeriert • mit Quellenverweis direkt darunter oder als Fußnote • Schriftart: Arial oder Times New Roman • Schriftgröße: 10 oder 12 • Schrifttyp: normal oder Kursiv	

Für den Probedruck solltest Du dieser Übersicht folgen.

1	**Zelebriere den Probedruck!**	☐

Der Probedruck ist die vorletzte Aktion nach vielen Monaten Arbeit an der Thesis. Also kann es ruhig etwas feierlich zugehen. Auch Gäste können geladen werden, die dann verschiedene Aufgaben übernehmen können.

2	**Plane zwei Probedrucke ein.**	☐

Wenn noch viele Änderungen in der ausgedruckten Datei notwendig sind, kann nach der Einarbeitung der Änderungen noch ein zweiter Probedruck notwendig sein. Dafür sollte noch Zeit bleiben.

3	**Bereite den Probe-Druck technisch akribisch vor**	☐

Das sollte der leichteste Teil sein: Drucker, Tintenpatronen, genug Papier, Kabelanschluss funktioniert. Das Technische lässt sich gut delegieren.

4	**Bereite die Datei richtig vor**	☐

Die Druck-Datei sollte fix und fertig sein, also lektoriert, korrigiert, formatiert und auf Plagiat geprüft. Alle Teile sollten enthalten sein, vom Deckblatt bis zur Selbständigkeitserklärung.

5	**Umwandlung in PDF**	☐

Eine Umwandlung in PDF sollte mit dem Computer möglich sein. Falls das nicht möglich ist, muss man im Internet nach einem PDF-Umwandler suchen.

6	**Beziehe andere mit ein**	☐

Für Familie und Freunde ist der Probedruck sicher auch ein Fest. Daher ist es eine gute Gelegenheit, ihren guten Willen für den guten Zweck auszunutzen und sie mit leichteren Aufgaben zu betrauen. Sie können beim Ausdrucken selbst helfen, beim Kontrollieren der Datei und auch bei der Einarbeitung der Änderungen. Denn vier oder sechs Augen sehen mehr.

7	**Lass Dir Zeit dafür und mache Pausen.**	☐

Jede Minute für die sorgfältige Überprüfung des Probeausdrucks kann hinterher viel Ärger ersparen. Die Arbeit ist anstrengend. Deshalb sind Pausen sehr wichtig.

8	**Kontrolliere die Kapitel kreuz und quer, erst 4, dann 7... Nicht von vorne!**	☐

Das sorgfältige Kontrollieren des Probeausdrucks verlangt volle Konzentration. Die Einleitung und ersten Kapitel wurden schon X mal gelesen. Um die Konzentration aufrechtzuerhalten, sollte man die Kapitel durcheinander lesen.

9	**Gehe alles akribisch durch**	❏

Jetzt kommt es drauf an. Fehler sind unerwünscht!

10	**Arbeit mit rotem Stift oder Marker.**	❏

Für die Einarbeitung ist eine schnelle Orientierung sehr wichtig. Daher immer schön farbig anmerken.

11	**Achte auf die Seitenumbrüche**	❏

In Probeausdruck kann man sie zwar anmerken. Nach der Einarbeitung ergeben sich aber mit Sicherheit Seitenverschiebungen. Daher ist die finale Kontrolle der Seitenumbrüche erst ganz am Ende sinnvoll.

12	**Nicht mehr am Text arbeiten.**	❏

Die Arbeit ist fertig! Am Text arbeiten heißt, nochmal irgendein Fass aufmachen. Jetzt sind nur noch Formalien im Fokus.

Wie läuft der Druck ab?

Folge diesen Hinweisen, die sparen Überraschungen.

Aspekte für die Druckberatung

1. Möglichkeiten für Binden
2. Arten von Deckblättern
3. Farben für das Deckblatt
4. Mögliche Arten von Papier
5. Mögliche Wege zur Übergabe der Druckdatei
6. Handling von mehreren Dateien für Druck
7. Möglichkeit für das Einfügen farbiger Blätter
8. Mögliche Arten von Formaten der Druckdatei
9. Dauer des Drucks
10. Worst case Dauer
11. Kosten Farbdruck
12. Kosten Schwarz-Weiß
13. Kosten 80g/qm Papier
14. Kosten 100g/qm Papier

Tipps zum Vorbereiten des Drucks

Du solltest das Drucken sehr ernst nehmen, rechtzeitig planen und absprechen.

- Formalien klären
- Briefing für Drucker erstellen
- Drucker aussuchen
- Druckberatung
- Druckprozess festlegen
- Drucktermin vereinbaren
- Drucken

Wie mache ich die Datei druckfertig?

Druckfertig heißt fertige Datei in PDF. Alles ist drin, ein Knopfdruck genügt und die Datei ist gedruckt. Du brauchst also einen PDF-Konverter als Umwandlungsprogramm. Suche im Internet danach. Du musst die Datei noch ein letztes Mal prüfen:

- Seitenübergänge,
- Überschriften,
- Tabellen,
- Abbildungen,
- Abbildungsunterschriften,
- Verzeichnisse,
- Anhange,
- Deckblatt etc.

Wenn nicht alle Inhalte in einer Datei sind, musst Du am Ende mit mehreren Dateien hantieren. Vermeide das besser.

Du kannst aber auch verschiedene Dateien im Programm Adobe Acrobat in eine PDF-Datei einfügen, mit der Funktion „Seiten einfügen". Dann hast Du eine fertige Druckdatei. Das ist eine gute Lösung.

Jetzt kann aber noch ein Problem auftreten. Es kommt immer wieder vor, dass bei der Konvertierung von Word in PDF Fehler auftreten. Linien sind plötzlich da, wo keine sein sollten, eine Tabelle wird nicht sauber gedruckt, eine Abbildung verschiebt sich immer wieder, obwohl sie in Word an der richtigen Stelle ist. Das ist wenige Stunden vor der Abgabe der Albtraum schlechthin...

Da kann im Grunde auch nur ein Profi helfen. Denn die Fehlerquellen sind praktisch unendlich und sehr schwer vorherzusehen. Das ist ein Grund mehr, den ganzen Prozess mindestens zwei Tage vor der Abgabe zu beginnen. Also nicht erst um 12.00

Uhr ist Abgabe - um 9 mache ich mein Druckdokument, um dann 11.15 Uhr meine fertige Arbeit zu holen und dann zum Prüfungsamt zu rasen. Das ist sehr gefährlich. fünf Minuten können den gesamten Erfolg gefährden und die Arbeit von Monaten zunichtemachen. Fange also rechtzeitig an!

Wenn Du merkst, dass es nicht klappt wie geplant, hole Dir frühzeitig professionelle Hilfe, bevor etwas schiefgeht. Experimente solltest Du nicht machen.

Wie läuft der Druckprozess ab?

Gehe die folgenden Schritte.

15. Drucker-Briefing fertigstellen
16. Datei fertigstellen
17. Datei mit Briefing zusenden
18. Ausdruck begutachten
19. Eventuell farbige Seiten einlegen
20. Seiten sortieren
21. Bindung machen lassen
22. Druckexemplare prüfen
23. Unterschrift
24. Abgabe

Quality-Check der Druckdatei

- Alle Dateiteile in Word
- Seitenzahlen korrekt
- Verzeichnisse aktualisiert
- Literaturquellen sortiert
- Fußnoten korrekt
- Abbildungen an der richtigen Stelle
- Qualität der Abbildungen korrekt
- Qualität der Tabellen korrekt
- Verzeichnisse korrekt
- Anhänge korrekt
- Seitenumbrüche korrekt

Wie wähle ich den Drucker/Copyshop aus?

- Erfahrung
- Dauer des Drucks
- Flexibilität/Öffnungszeiten
- Qualität Beratung/Betreuung
- Referenzen von Kommilitonen
- Kosten

Das Wichtigste auf einen Blick:

1. Sieh zu, dass Du Experten für Formatierung an Deiner Seite hast.
2. Nutze die Checklisten für den Probedruck.
3. Sei sorgfältig bei den Kontrollen. Zelebriere sie. Sei froh über jeden gefundenen Fehler
4. Setze Dir und den Profis Deadlines!
5. Setze einen Termin für eine Abgabe-Party an!!!
6. Und vielleicht einen Auto-Corso für die Fahrt zum Prüfungsamt.

Mögliche „Mini"-Sprints (Änderungen, Ergänzungen):

Finaaaaaale. Schluss! Aus! Vorbei! Der Text ist abgegeben.

31 Tage Masterplan - Literaturarbeit/Literature Review

Meilensteine und Sprints	Stunden	Tage / Meilenstein
MEILENSTEIN 1: Thema, Quellen. Leitfrage gefunden!	**26**	**3,25 Tage**
Sprint 1: WARUM schreibe ich die Thesis? - Lege Ziel und Motiv fest	0,25	
Sprint 2: BEI WEM schreibe ich? - Entscheide über Betreuer und Fach	1	
Sprint 3: WELCHE Art Thesis schreibe ich? - Lege die Art der Thesis fest	0,25	
Sprint 4: WORÜBER schreibe ich? - Finde ein Arbeitsthema	4	
Sprint 5: WAS kommt in meine Thesis? - Folge der Mustergliederung	0,5	
Sprint 6: WIE schaffe ich die Thesis? - Folge dem Masterplan	0,5	
Sprint 7: WOMIT fange ich an? - Mache einen Bauplan (Exposé)	0,5	
Sprint 8: Finde erste relevante Quellen	4	
Sprint 9: Finde Definitionen und Beschreibungen für die Begriffe	4	
Sprint 10: Finde wissenschaftliche Studien	2	
Sprint 11: Formuliere Forschungsfrage oder Leitfrage	1	
Sprint 12: Formuliere das Ziel der Arbeit	1	
Sprint 13: Schreibe Ausgangssituation und Studienüberblick	6	
Sprint 14: Konsultation mit dem Betreuer	1	
Meilenstein 2: Gliederung, Exposé und Einleitung fertig!	**14**	**1,75 Tage**
Sprint 15: Wähle Methoden und beschreibe das Vorgehen	4	
Sprint 16: Formuliere Kapitelüberschriften mit der Mustergliederung	2	
Sprint 17: Schreibe das Exposé = Einleitung fertig	6	
Sprint 18: Sende dem Betreuer das Exposé und melde an	2	

31 Tage Masterplan - Literaturarbeit/Literature Review

Meilensteine und Sprints	Stunden	Tage / Meilenstein
Meilenstein 3: Theorie-Kapitel fertig!	**30**	**3,75 Tage**
Sprint 19: Lege die Schreibdatei an und lerne unsere Schreibtechnik	2	
Sprint 20: Schreibe das Kapitel Theorie	28	
Meilenstein 4: Kapitel Forschungsstand fertig!	**40**	**5 Tage**
Sprint 21: Werte die Quellen und Studien aus	24	
Sprint 22: Schreibe das Kapitel Forschungsstand	16	
Meilenstein 5: Ergebnis-Kapitel fertig!	**96**	**12 Tage**
Sprint 23: Schreibe das Kapitel Detailfragen	8	
Sprint 24: Schreibe das Kapitel Vorgehensweise	8	
Sprint 25: Sammle Antworten für die Detailfragen	48	
Sprint 26: Schreibe das Ergebnis-Kapitel	32	
Meilenstein 6: Text fertig!	**26**	**3,25**
Sprint 27: Schreibe das Kapitel Fazit	16	
Sprint 28: Prüfe letztmalig die Inhalte im Text	10	
Meilenstein 7: Text gedruckt!	**16**	**2 Tage**
Sprint 29: Lasse Plagiatsanalyse, Lektorat und Korrektorat machen	8	
Sprint 30: Formatiere, probedrucke, drucke	8	
Gesamtzeit	**248 h**	**31 Tage**

31 Tage Masterplan - Empirie-Arbeit/Praxis-Arbeit

Meilensteine und Sprints	Stunden	Tage / Meilenstein
MEILENSTEIN 1: Thema, Quellen. Leitfrage gefunden!	**26**	**3,25 Tage**
Sprint 1: WARUM schreibe ich die Thesis? - Lege Ziel und Motiv fest	0,25	
Sprint 2: BEI WEM schreibe ich? - Entscheide über Betreuer und Fach	1	
Sprint 3: WELCHE Art Thesis schreibe ich? - Lege die Art der Thesis fest	0,25	
Sprint 4: WORÜBER schreibe ich? - Finde ein Arbeitsthema	4	
Sprint 5: WAS kommt in meine Thesis? - Folge der Mustergliederung	0,5	
Sprint 6: WIE schaffe ich die Thesis? - Folge dem Masterplan	0,5	
Sprint 7: WOMIT fange ich an? - Mache einen Bauplan (Exposé)	0,5	
Sprint 8: Finde erste relevante Quellen	4	
Sprint 9: Finde Definitionen und Beschreibungen für die Begriffe	4	
Sprint 10: Finde wissenschaftliche Studien	2	
Sprint 11: Formuliere Forschungsfrage oder Leitfrage	1	
Sprint 12: Formuliere das Ziel der Arbeit	1	
Sprint 13: Schreibe Ausgangssituation und Studienüberblick	6	
Sprint 14: Konsultation mit dem Betreuer	1	
Meilenstein 2: Gliederung, Exposé und Einleitung fertig!	**14**	**1,75 Tage**
Sprint 15: Wähle Methoden und beschreibe das Vorgehen	4	
Sprint 16: Formuliere Kapitelüberschriften mit der Mustergliederung	2	
Sprint 17: Schreibe das Exposé = Einleitung fertig	6	
Sprint 18: Sende dem Betreuer das Exposé und melde an	2	

Meilensteine und Sprints	Stunden	Tage / Meilenstein
Meilenstein 3: Theorie-Kapitel fertig!	**20**	**2,5 Tage**
Sprint 19: Lege die Schreibdatei an und lerne unsere Schreibtechnik	2	
Sprint 20: Schreibe das Kapitel Theorie	18	
Meilenstein 4: Kapitel Forschungsstand fertig!	**32**	**4 Tage**
Sprint 21: Werte die Quellen und Studien aus	20	
Sprint 22: Schreibe das Kapitel Forschungsstand	12	
Meilenstein 5: Methoden-Kapitel fertig!	**54**	**6,75 Tage**
Sprint 23: Formuliere Detailfragen und Hypothesen	18	
Sprint 24: Beschreibe und begründe die Methoden	8	
Sprint 25: Wähle und beschreibe die Datenbasis	8	
Sprint 26: Erstelle die Hilfsmittel und beschreibe sie	16	
Sprint 27: Plane und beschreibe die Umsetzung	4	
Meilenstein 6: Analyse und Ergebnis-Kapitel fertig!	**86**	**10,75 Tage**
Sprint 28: Sammle die Daten	20	
Sprint 29: Analysiere die Daten	20	
Sprint 30: Erstelle den Anhang	2	
Sprint 31: Schreibe das Ergebnis-Kapitel	32	
Sprint 32: Schreibe das Fazit	12	
Meilenstein 7: Text gedruckt!	**16**	**2 Tage**
Sprint 33: Lasse Plagiatsanalyse, Lektorat und Korrektorat machen	8	
Sprint 34: Formatiere, probedrucke, drucke	8	
Gesamtzeit	**248 h**	**31 Tage**

Thesis-Coaching

STUDEO

Persönlich & professionell & legal!

- Schwieriger Einstieg?
- Nebenberuflich?
- Methodenprobleme?
- Perfektionismus?
- Kein Ende in Sicht?

Silvio Gerlach
Erst- Gespräch mit Chef-Coach

FREE: 0800 7883361
coaching@studeo.de
Studeo.de/coaching

 **Aristolo**

...Und ehe man sich versieht, hat man eine wissenschaftl. Arbeit zu Papier gebracht...

ANNA B., STUDENTIN HEALTH CARE

⊛ Beispiel   +

⊛ Mikrofragen   +

In 31 Tagen zur Thesis–
Der interaktive Thesis Guide

Ab 19,99 €/mtl

Alle Inhalte aus dem Buch PLUS:

+ Suche in über 1000 Fragen, Videos, Vorlagen

+ Digitaler Zeitplaner

+ Digitaler Kapitelplaner

+ Digitale Checks für Exposé, Kapitel, Text

 Über Aristolo

Aristolo bietet den ersten interaktiven Guide für die Thesis und Dissertation. Der macht das Schreiben leichter, den Text besser und die Schreibenden happy.

„...”Ich schreibe ständig Artikel und Texte, aber sobald man dann vor seiner eigenen Datei sitzt, wäre es als ob man plötzlich keine Buchstaben mehr übrig hätte. Ich liebe die Textbausteine, sobald ich ‚nen Knoten im Kopf habe, orientiere ich mich an Ihnen und plötzlich ist das nächste Unterkapitel fertig.”...”

Sandra, Magdeburg, BWL

Guide gratis testen – **Aristolo.com**